习近平新时代中国特色社会主义思想研究工程（二期）

杨德山 等 ◎ 著

新时代伟大斗争的理论与实践

上海人民出版社

目　录

导　论 /1

第一节　"斗争"是马克思主义政党的显著特征 /1

一、马克思主义政党在斗争中产生、壮大 /3

二、列宁领导创建新型无产阶级政党和第一个社会主义国家的斗争 /18

三、中国共产党领导人民进行革命、建设和改革的斗争 /27

第二节　本研究的几个基本问题 /48

一、问题的提出与发展的过程 /48

二、研究的进程和上升的空间 /53

三、本研究特点和研究方法 /57

四、基本构架和主要内容 /59

第一章　新时代伟大斗争的新的历史特点 /62

第一节　新时代党领导人民进行的伟大斗争 /63

一、巨大成就下的严峻形势 /63

二、迎难而上，义无反顾的斗争 /64

三、影响深远重大"战役" /67

第二节　"新的历史特点"的判断依据 /69

一、中国特色社会主义进入新时代 /70

二、中华民族伟大复兴战略全局 /73

三、世界百年未有之大变局 /77

第三节　"新的历史特点"的主要方面 /80

一、新时代伟大斗争的长期性 /81

二、新时代伟大斗争的复杂性 /85

三、新时代伟大斗争的艰巨性 /91

第四节　"新的历史特点"的基本要求 /95

一、坚定战略自信，保持必胜信念 /96

二、增强忧患意识，坚持底线思维 /99

三、坚定斗争意志，增强斗争本领 /101

本章小结 /104

目　录

第二章　新时代伟大斗争的根本方向 /105

第一节　坚持党的领导不动摇 /106

一、党的领导是历史的选择、人民的选择 /106

二、坚持和加强党的全面领导 /110

三、同一切危害党的领导的言行作斗争 /115

第二节　坚持我国社会主义制度不动摇 /120

一、制度优势是一个国家的最大优势 /120

二、坚持和完善中国特色社会主义制度 /124

三、同一切动摇我国社会主义制度的言行作斗争 /127

第三节　坚定新时代伟大斗争根本方向的重要意义 /131

一、为进行伟大斗争提供正确道路指引 /132

二、为进行伟大斗争提供根本政治保证 /135

三、为进行伟大斗争提供有力制度保障 /137

本章小结 /140

第三章　新时代伟大斗争的根本目的 /141

第一节　始终维护人民群众根本利益 /142

一、人民对美好生活的向往是党的奋斗目标 /142

二、依靠人民群众创造历史伟业 /146

三、斗争的成果由人民检验、由人民共享 /150

第二节　始终推进中华民族伟大复兴 /155

　　一、实现中华民族伟大复兴是中国共产党百年奋斗的历史
　　主题 /155

　　二、实现中华民族伟大复兴进入不可逆转的历史进程 /159

　　三、实现伟大梦想必须进行伟大斗争 /163

第三节　把握新时代伟大斗争根本目的重要意义 /167

　　一、在伟大斗争中牢记党的初心和使命 /167

　　二、明确伟大斗争的根基和底气 /169

　　三、掌握伟大斗争的战略主动 /172

本章小结 /174

第四章　新时代伟大斗争的基本内涵 /176

第一节　应对重大挑战 /177

　　一、应对外部环境挑战 /177

　　二、应对推动高质量发展挑战 /179

　　三、应对突发公共事件挑战 /181

　　四、应对全球性挑战 /183

第二节　抵御重大风险 /185

　　一、防范化解政治和意识形态安全风险 /185

　　二、防范化解经济发展风险 /187

　　三、防范化解社会稳定风险 /189

目　录

四、防范化解生态安全风险 /191

五、防范化解党的建设面临的风险 /193

第三节　克服重大阻力 /195

一、克服思想观念束缚 /196

二、克服利益固化藩篱 /199

三、克服体制机制弊端 /202

第四节　解决重大矛盾 /204

一、解决社会主要矛盾 /205

二、解决人民内部矛盾 /207

三、解决敌我矛盾 /210

本章小结 /213

第五章　新时代伟大斗争的基本原则 /214

第一节　坚持党的领导 /215

一、坚持党的领导是赢得伟大斗争胜利的根本保证 /215

二、坚持党的领导面临的挑战 /217

三、坚持党的全面领导、党中央集中统一领导和党的
绝对领导相统一 /219

第二节　充分发挥社会主义制度的独特优势 /222

一、中国特色社会主义制度优势的主要体现 /222

二、坚持中国特色社会主义制度面临的挑战 /225

三、通过理论和实践斗争捍卫中国特色社会主义制度 /228

第三节　紧紧依靠广大人民群众 /230

一、人民至上是新时代伟大斗争的价值旨归 /231

二、为人民群众参与伟大斗争创造有利条件 /232

三、动员广大人民参与新时代伟大斗争 /234

第四节　坚持思想舆论斗争、法治斗争及其他形式斗争相统一 /236

一、开展思想舆论斗争 /237

二、开展法治斗争 /239

三、坚持多种形式斗争相统一 /242

本章小结 /244

第六章　新时代伟大斗争的基本要求 /246

第一节　发扬斗争精神 /247

一、增强志气、骨气、底气 /247

二、勇于担当、善于作为 /249

三、敢于斗争、敢于胜利 /251

第二节　掌握斗争策略 /253

一、合理选择斗争方式 /254

二、及时调整斗争策略 /255

三、调动一切积极因素 /257

目　录

第三节　练就斗争本领 /259

　一、保持"本领恐慌"意识 /259

　二、增强八项执政本领 /261

　三、提高七种干事能力 /266

第四节　投身斗争实践 /270

　一、在斗争中经受考验 /270

　二、在斗争中学会斗争 /272

　三、在斗争中赢得胜利 /274

本章小结 /276

结语　新时代伟大斗争理论与实践的价值 /277

第一节　马克思主义"斗争"理论的新篇章 /277

第二节　新时代新征程上的自我革命 /283

第三节　伟大斗争永远在路上 /289

参考文献资料 /294

后　记 /300

导　论

　　本书在认真研读党的十八大以来相关历史文献和实证资料基础上，以伟大斗争的历史和思想渊源为背景，阐说新时代伟大斗争新的历史特点，继而从根本方向、根本目的、基本内涵、基本原则、基本要求等方面依次展开，从而对新时代伟大斗争的理论与实践价值进行总结分析，得出对新时代新征程伟大斗争的启示和展望。

第一节　"斗争"是马克思主义政党的显著特征

　　马克思主义政党自诞生之日起就把斗争写在自己的旗帜上。无论是共产主义者同盟时期，还是第一国际、第二国际阶段，马克思主义政党始终以战斗的姿态出现在历史的舞台上。作为共产主义政党创始人的马克思、恩格斯不但参与领导共产主义政党发动和组织的工人阶级反抗剥削、压迫的斗争，还同工人阶级内部各种错误的思想，尤其是改良主义、无政府主义思想作坚决的斗争，捍卫了马克思主义政党的纯洁性。列宁在创建新型无产阶级政党和领导无产阶级夺取政权的革命斗争中，同第二国际和俄国社会民主工党内的修正主义等各种错误思潮进行了政治的、思想的、组织的坚决斗争，不但捍卫了马克思主义政党的纯洁性，而且丰富了马克思主义党的学说。列宁领导的布尔什维克党不但在斗争中创造性地实现了社会主义革命在一国的胜利，而且在斗争中创建和巩固了新生的无产阶级专政政权，并对马克思主义执政党建设作了初步的探索。在俄国十月革命和中国五四运动影响下，中国共产党自成立起，就秉承了马克思主义政党的斗争禀赋，在坚持共产主义理想和信念的前提下，把实现中华民族伟大复兴作为己任，团结领导中国人民通过 28 年艰苦卓绝的斗争推翻了三座大山的反动统治，建立了人民民主专政的国家；经过 7 年的艰苦努力，党团结带领人民战胜了敌对势力的挑衅、颠覆，巩固了新生政权，建立起了社会主义经济制度，取得了社会主义工业化建设的初步成就；在其后的 20 年时间里，尽管遭遇了严重的挫折，但是党团结带领人民在与重重困难的斗争中，取得了社会主义建设事业的巨大成就。十一届三中全会后，党团结带领全国人民自力更生、艰苦奋斗，以"杀出一条血路"的斗争勇气，通过改革开放，开辟出中国特色社会主义道路，取得了现代化建设的重大成就；进入中国特色社会主义新时代，党团结带领人民，攻克了许多长期没有解决的难题，办成了许多事关长远的大事要事，推动党和国家事业取得举世瞩目的历史性成就。

导 论

一、马克思主义政党在斗争中产生、壮大

马克思主义政党是工人阶级运动与共产主义理论相结合的产物。马克思、恩格斯在创立共产主义组织和领导无产阶级同资产阶级和其他剥削阶级的斗争中，始终战斗在第一线，直至生命的最后一息。他们开创的共产主义伟大事业和他们的精神品质，赋予了共产主义政党与生俱来的斗争禀赋。

（一）马克思、恩格斯创立共产主义理论的斗争

自发阶段的工人斗争是马克思主义政党产生的历史基础。18 世纪 60 年代，珍妮纺纱机和瓦特蒸汽机的出现标志着工业革命时代的到来，资本主义的生产模式开始由手工工场阶段转向机器工厂阶段，生产过程越来越依靠科学技术的运用，生产要素、过程、产品出路愈益呈现出社会化特征，资本主义的生产方式逐渐占据社会主导地位。而生产的社会化和生产资料私人占有之间的矛盾——这一资本主义社会的基本矛盾逐渐形成并显现尖锐化趋势。这些变化又直接导致了阶级关系的重大变革——雇佣劳动者（工人、无产者）的人数激增且呈扩大趋向，但他们的劳动报酬越来越低，资产者（资本家）的财富却越来越多。1825 年，英国发生了第一次全国性的经济危机（生产过剩危机），此后便 8 年至 10 年发生一次。1836 年，经济危机再次在英国发生并波及美国。1847 年，经济危机席卷欧洲，成为世界性的周期性经济危机。这是资本主义社会基本矛盾发展到一定阶段的结果，也是阶级矛盾尖锐化的直接缘由。为了生存，无

产阶级开始了改变自己命运的斗争。

　　早期工人阶级的自发斗争形式主要有：（1）卢德运动。目标是改善工作条件、减轻工作强度、提高工资收入，斗争的对象是机器、厂房和产品，采取的手段是物理性毁坏，以使资本家财产受损失，规模由部分工人发展到同一工厂工人，到某一地方某一部门工人。18世纪70—80年代，这一运动在英国兴盛一时，19世纪初期，被英国政府镇压而失败。（2）组织工会罢工。18世纪末，英国的各业工会就已在各地方以同业俱乐部的形式开始成立，它们通常在公共场所集会。工会以罢工为主要手段，以规定工资和适当提高工资为目的，虽然不能改变生产资料所有制和劳动力市场的供求关系，但达到了团结工人的目的。（3）参加资产阶级领导的反封建残余的斗争。在资产阶级取得政权但还未完全巩固的时候，工人阶级参加了资产阶级领导的与封建势力的斗争，如1830年，8万多名巴黎工人和市民参加了资产阶级自由派主导的推翻波旁王朝的"七月革命"。尽管参加起义的工人缺乏组织，也没有达到他们自身的目的，但是工人阶级在斗争中学会了政治斗争的一些基本方法。（4）政治罢工和武装起义。资本主义社会周期性经济危机发生后，社会阶级矛盾激化，酿成工人阶级有组织的大规模的政治罢工和武装起义，比较典型的是19世纪30、40年代，欧洲三大工人运动，即法国里昂工人起义（1831年11月21日、1834年4月13日）、英国宪章运动（1836—1848年）和德国西里西亚纺织工人起义（1844年6月）。从工人阶级自发阶段斗争的进程看，具有不断发展、深化的特征，即由对生产资料的毁坏，到行业性、区域性经济罢工，到参加暴力抗争，到有组织的政治斗争。不过，斗争的目标还主要集中在经济领域，参加的工人群众还没有阶级意识，更没有把自己视为一个阶级和独立的政治力量存在，更遑论了解自己的历史使命。

工人阶级的斗争从自发阶段进入自觉阶段是在马克思主义诞生之后。马克思是马克思主义主要创始人之一，从小受自由主义、人道主义、理想主义的教育和熏陶，中学毕业时立誓要选择"最能为人类而工作的职业"。马克思 17 岁（1835 年）进入大学后，在学习法律专业的同时，钻研哲学、历史学，探究人类社会发展的奥秘，参加青年黑格尔派，在政治上主张革命民主主义。大学毕业（1841 年）后，积极投身实际政治斗争，成为《莱茵报》主笔（1842 年），遭政府迫害（1843 年）。其间，放弃对黑格尔哲学的信仰，接受费尔巴哈唯物主义思想，研究社会实际问题，得出市民社会决定国家的结论。迁居巴黎（1843 年）后，深入工人群众，了解他们的生活状况和社会需求，参加他们反对资本家的斗争和一些社会主义团体的活动。其间，认真研究法国大革命史、德国古典哲学、英国政治经济学和欧洲空想社会主义学说。1844 年 2 月，著《论犹太人问题》，阐述"政治解放"（资产阶级革命）的局限性，认为"人类解放"（从一切社会和政治的压迫中解脱出来）才是彻底的解放；同月，所著《〈黑格尔法哲学批判〉导言》公开发表，首次提出"人类解放"和无产阶级历史作用之间的关系，并申明自己的哲学为无产阶级服务。这些标志着他的世界观（从唯心主义到唯物主义）和政治观（从革命民主主义到共产主义）发生了重要转变。

马克思主义的另外一位主要创始人是恩格斯。他中学尚未毕业就被其父派到商行做实习生。不过，他志不在经商和应酬，而是关心政治和社会，主动了解工人阶级的生活和期望，也对黑格尔哲学产生了兴趣。他19岁发表的《乌培河谷来信》（1839年）描述了劳动者的凄惨境遇，揭露了工厂主的贪婪本性和宗教的伪善面目。1841年，恩格斯在服兵役期间旁听柏林大学的哲学课程，了解了辩证法，并与青年黑格尔派交往。1842年年中，在费尔巴哈的影响下，他在世界观方面转向唯物主义。这年冬天，他来到曼彻斯特从事工商活动，开始对英国的经济和政治状况进行调查，加深了对工人阶级生活状况的了解，深化了对无产者具有的社会力量和作用的认识。他还经常与当时英国的社会主义者和工人组织的领导人交往。他在1844年2月发表的《政治经济学批判大纲》中强调资本主义社会的一切矛盾根源于私有制；同年发表的《英国状况》强调只有无产阶级才代表了社会的未来。这些著述表明恩格斯实现了与马克思一样的世界观和政治观的重要转变。

马克思、恩格斯在青年时代经过书本学习思考、社会调查实践，并不断进行认识和思想的斗争，殊途同归地实现了自身思想的转变，为共产主义理论的创建奠定了坚实的基础。1844年8月，两人在巴黎相见，从此开始了他们共同的理论研究和积极的实践探索。在创建共产主义理论的过程中，他们进行了三个方面的斗争。

一是不断追求思想的革新和进步，同旧有认识和判断进行不懈斗争。1844 年 9 月至 11 月间，马克思、恩格斯合作撰写了第一部著述《神圣家族》（1845 年 2 月出版），对他们曾经信奉的青年黑格尔派唯心主义哲学观念进行了全面的批判，阐述了唯物主义诸多原理，突出了物质资料的生产在整个社会发展过程中的决定性地位。后来，他们又各自撰写或合作著述《英国工人阶级状况》（恩格斯，1845 年 3 月出版）、《关于费尔巴哈的提纲》（马克思，1845 年春撰写）、《德意志意识形态》（马克思、恩格斯，1845 年 9 月至 1846 年下半年撰写）、《哲学的贫困》（马克思，1847 年 4 月出版）、《雇佣劳动与资本》（马克思，1847 年底撰写）等阐明了他们的革命理论，尤其是唯物史观和剩余价值论。

二是同各种资产阶级、小资产阶级思潮，特别是空想社会主义思潮进行彻底的理论斗争。针对性、斗争性是马克思、恩格斯创建、创新共产主义理论的显著特征。以上述著作中阐述的理论观点为例，它们不但都是建立在马克思、恩格斯对现实社会、对历史发展反复思考的基础上得出的结论，也是在回应和批判同一时代其他思想者的观点中产生的。其间，在批判魏特林的空想社会主义时，他们指出，无产阶级应当而且必须参加资产阶级民主革命，为无产阶级革命创造条件。① 在批判赫斯、格律恩、克利盖等人的"真正的社会

---

① 魏特林空想社会主义表现为粗陋的平均主义、浓厚的宗教神秘主义、封闭的宗派主义、过时的密谋主张等。马克思、恩格斯在《帕·瓦·安年科夫关于布鲁塞尔共产主义通讯委员会的一次会议的报道》（1846 年 2 月）中予以了批判。

主义"时指出，科学社会主义旨在维护无产阶级的利益，通过社会革命废除私有制建立公有制而实现。① 在批判蒲鲁东、海因岑小资产阶级思想时指出，同资产阶级作斗争策略适应实际发展的需要，每个时代的财产关系是该时代的生产方式和交换方式的必然结果而不是人为的结果，在资本主义社会无产阶级的革命具有必然性。②

三是同自身的生活处境作顽强的斗争。马克思、恩格斯青年时代正处于资本主义发展的上升时期且固有矛盾已经开始显现的阶段，又由于欧洲资本主义在每个近代民族国家发展的不平衡性，注定了他们在反对现存的资本主义及其他各种剥削制度、创建共产主义理论的过程中充满了斗争。以马克思为例，1843 年 3 月 17 日，由于普鲁士书报检查机关的迫害，他被迫退出《莱茵报》编辑部；同年秋天，新婚不久即被流放去了巴黎；1845 年，因尖锐批判普鲁士专制主义，被普鲁士政府要求法国政府予以驱逐，并招致政府所派

---

① "真正的社会主义"主张"在个性不受损害的基础上的共产主义是真正的社会主义"设想，鼓吹超阶级的爱和抽象的人性，代表小资产阶级利益，美化前资本主义的社会制度，主张用平均分配土地的办法使小生产者摆脱剥削，认为德意志可以越过资本主义工业化阶段过渡到社会主义。马克思、恩格斯在《德意志意识形态》第二卷第四章、第五章（1845—1846 年），以及《反克利盖的通告》（1846 年 5 月 11 日）中对此进行了批判。

② 他们主张实行"蒲鲁东协作社计划"，可以任意改变财产关系、继承权，进行合法斗争，不需要进行无产阶级革命。恩格斯在《致布鲁塞尔共产主义通信委员会》（1846 年 9 月 16 日）中，马克思在《致巴维尔·瓦西里也维奇·安年柯夫》中（1846 年 12 月 28 日），恩格斯在《共产主义者和卡尔·海因岑》（1847 年 9 月 26 日和 10 月 3 日）中对此进行了批判。

的流氓殴打，被迫迁至布鲁塞尔，愤而退出普鲁士国籍，成为"世界公民"；欧洲革命爆发后，1848 年 3 月 3 日，被比利时当局下令驱逐，再次来到巴黎。此外，马克思由于专心于理论研究，并无正常的收入，饥饿和贫穷始终困扰他和他的家庭，有时甚至置他于绝境——所幸，常常得到恩格斯的接济。但这些并没有使马克思放弃年轻时的初心——"重担就不能把我们压倒，因为这是为大家而献身"①。

（二）马克思、恩格斯创建共产主义者同盟，投身欧洲革命的斗争

马克思、恩格斯在创立共产主义理论的同时，特别注意这一理论与工人运动的实践相结合，并充分意识到只有组建无产阶级的"自觉的阶级政党"，才能保证无产阶级革命的最终胜利。他们认为，这种政党与一般工人阶级政党相区别之处集中在：有先进的理论武装，团结工人群众，使无产阶级自觉地认识到自己所担负的历史使命。为此，他们做了两个方面的主要工作，一是 1846 年 2 月在布鲁塞尔创建了共产主义通讯委员会，宣扬共产主义理论，并逐步建立起了一些通讯委员会的分支和小组，加强和英、法、德等国社会主义团体的联系。该会的重要成员有 W. 沃尔弗、J. 魏德迈、K. 沙佩尔、H. 鲍威尔、J. 莫尔、G. J. 哈尼、P. 日果等。这为共产主义政党的建立创造了基本的思想和组织条件。二是改造既有的工人阶级政治组织。当时影响比较大的工人阶级政治组织主要有德国的正义

---

① 《马克思恩格斯全集》第 40 卷，人民出版社 1982 年版，第 7 页。

者同盟 ①、英国的全国宪章派协会 ②、法国的四季社 ③ 等。经过反复观察，马克思、恩格斯选择了正义者同盟，并对它的指导思想进行逐步改造，且获得了同盟领导人的认同。1847 年初，马克思、恩格斯接受了正式邀请，帮助改组正义者同盟。经过 3 个月的准备和酝酿，6 月，正义者同盟改组大会在伦敦秘密举行。虽然马克思未能莅会，但是派了代表沃尔弗参加并担任大会的秘书长。更重要的是，恩格斯主持和参与了大会所有文件的起草和审议工作，保证了大会的正确方向。大会讨论并初步通过了恩格斯、沃尔弗参与拟定的《共产主义者同盟章程（草案）》，讨论通过了恩格斯起草的《共产主义信条草案》，将正义者同盟正式改名为共产主义者同盟，第一个世界性的共产主义政党诞生，而且它以坚决斗争的姿态出现在世人面前。9 月创办的同盟机关刊物《共产主义杂志》试刊号的发刊词中明确

---

① 德国工人阶级第一个独立的政治组织，1836 年成立于巴黎，成员为从德国流浪者同盟中分化出来的激进成员，宗旨是以少数人的密谋活动建立财产公有的新社会。巴黎起义失败后，主要领导人沙佩尔、鲍威尔等迁居伦敦。在新的环境里，他们逐渐改变了小生产者的狭隘性和密谋活动方式。

② 世界上第一个工人政党，1840 年 7 月 20 日成立于曼彻斯特。设中央执行委员会，每年改选一次。会员按 10 人编组，组长由执委会指派，每周开会一次。地方组织曾扩张到全国，成员一度达 5 万名之众。主要任务是领导英国的宪章运动。1858 年解散。

③ 法国的秘密革命团体，由布朗基 1837 年创立。7 名成员一组称星期，每 4 个星期组成月，每 3 个月合为季，每 4 个季构成年，每个成员必须无条件服从上级，各个组织之间不发生横向联系。成员多为工人、手工业者和小资产阶级知识分子。旨在用暴力推翻金融贵族的统治，实行少数革命家专政，建立一个无产、无特权、平等、正义、和平的社会。成员一度达四五千人。1839 年 5 月，在巴黎发动武装起义，被镇压，组织也随之瓦解。

提出了"全世界无产者，联合起来"口号，代替了"四海之内皆兄弟"呼号，强调"我们不是某种制度的兜售者"，"我们不是沉湎于爱的梦想的共产主义者"，"我们不是现在就来奢谈永久和平的共产主义者，此时我们在各地的敌人正在磨刀霍霍"，"我们不是那种以为斗争一胜利，便可以像变魔术一样立即实现财产公有制的共产主义者"①，等等。11—12月召开的同盟第二次代表大会批准了马克思修改后的同盟章程。1848年2月，同盟的纲领《共产党宣言》正式发表，强调必须用暴力的手段推翻资产阶级的统治，建立无产阶级的政治统治，消灭资本主义占有方式，发展社会生产力，同传统的观念实行彻底的决裂，最终建立起自由人组成的"联合体"。《共产党宣言》充满自信地宣告："让统治阶级在共产主义革命面前发抖吧。无产者在这个革命中失去的只是锁链。他们获得的将是整个世界。"②

　　共产主义者同盟成立不久，欧洲革命爆发。尽管各国国情不同，但革命的性质基本属于资产阶级革命范畴，即旨在扫清阻碍资本主义发展的封建残余。对这场革命，共产主义者同盟给予了积极的支持。法国二月革命爆发不久，3月，同盟中央委员会决定将其驻地迁至巴黎，马克思当选为主席，恩格斯当选为委员。德国三月革命爆发后，马克思、恩格斯将同盟的注意力转移到了德国，起草《共

---

① 王学东主编：《国际共产主义运动历史文献》第2卷，中央编译出版社2011年版，第70—71页。

② 《马克思恩格斯选集》第1卷，人民出版社2012年版，第435页。

产党在德国的要求》，主张支持德国资产阶级的民主革命和实行国家统一，并努力将资产阶级的民主革命引向社会主义革命。3月下旬至4月初，马克思、恩格斯同多名盟员秘密分散回德国参加革命。恩格斯和一些盟员直接参加了德国一些地方的武装起义，有些盟员牺牲在战场上。为指导革命，马克思、恩格斯创办了《新莱茵报》，宣扬《共产党宣言》和《共产党在德国的要求》的基本精神和革命斗争的策略，并将德国革命与欧洲其他国家的革命联系在一起进行宣传。由于普鲁士当局的压迫，《新莱茵报》于1849年5月停刊，5月16日马克思被当局驱逐出境前往巴黎。8月24日，因法国当局迫害，马克思被迫离开巴黎前往伦敦，着手筹办《新莱茵报·政治经济评论》，并重新组织共产主义者同盟中央委员会。1850年夏，同盟改组和重建时，内部在对革命形势的估计和对待资产阶级的策略和态度上发生了分歧。12月，普鲁士政府强迫《新莱茵报·政治经济评论》停刊，并搜捕盟员。1851年9月，普鲁士警察当局蓄意制造"科伦共产党人案"，致一些盟员骨干被逮捕判刑。基于这些原因，根据马克思的提议，1852年11月17日，同盟宣布解散。此后，马克思、恩格斯对1848年革命经验教训作了深刻的总结。1848年的欧洲革命不但检验了马克思主义学说，还丰富和发展了科学社会主义理论。

（三）马克思、恩格斯参加创建新的工人阶级国际组织及同修正主义作斗争

1848年的欧洲革命为资本主义的发展进一步扫清了障碍，无产

阶级的队伍亦随之不断壮大。1857 年世界性经济危机的爆发加剧了资本主义社会的阶级矛盾，以罢工为主要形式的工人运动在欧美国家再次兴起，合法的工人组织也在斗争中如春草怒生。与此同时，欧洲、北美各国争取民族统一、种族平等、民族自由的斗争风起云涌，亚洲人民反对西方列强侵略和殖民统治的斗争初露锋芒。更为重要的是，这些斗争形成互相支援态势。马克思、恩格斯密切关注着现实生活中发生的这些斗争。1864 年 9 月，英国工人在伦敦举行声援波兰人民起义大会，法国工人代表及一些旅居英国的欧洲其他国家的工人代表参加了大会，马克思应邀莅会，并被选入大会的主席团。大会通过了无产阶级为反对资产阶级加强国际团结和联合斗争的文件，决定成立国际工人协会（第一国际）。10 月，马克思抱病参加了协会中央委员会第一次会议。他受托在一周内起草好了协会的成立宣言和临时章程，并获中央委员会一致通过。两份文件将《共产党宣言》的精神和工人运动的实际水平及工人的接受能力结合在一起，体现了原则的坚定性和策略的灵活性的有机统一，为世界上第一个政党性的国际工人组织摆脱资产阶级的影响奠定了思想和组织基础。

第一国际成立后，国际无产阶级斗争进入新阶段。1866 年马克思为日内瓦代表大会起草了协会具体的行动纲领，强调联合各国无产阶级共同斗争；在具体帮助英国、法国、德国、瑞士的工人斗争中，第一国际发挥了巨大作用，马克思承担了许多任务；第一国际还始终把支持被压迫民族人民的斗争作为自己的责任，尤其是支持波兰和爱尔兰人民的斗争，在一些集会上，马克思作重要讲话；1867年9月，《资本论》第一卷在德国出版，它对《共产党宣言》的基本思想作了全面系统的科学论证；1868年第一国际布鲁塞尔大会通过决议，号召所有国家的工人都来学习《资本论》。马克思、恩格斯在积极参加第一国际的实际斗争及不断进行共产主义理论研究探索的同时，还同在工人运动中有较大影响的各种错误思潮如蒲鲁东主义、工联主义、巴枯宁主义等进行了坚决的理论斗争，传播了马克思主义，初步确立了它在工人运动中的指导地位。

1871年3月18日，巴黎爆发了工人革命，并建立起全世界无产阶级的第一个政权——巴黎公社。尽管它仅仅坚持了72天即被镇压，但是具有深远的历史影响。马克思、恩格斯一直关注革命的发展，给予公社的实践高度的评价。革命失败第三天，马克思就为第一国际总委员会起草了关于巴黎公社的宣言，即《法兰西内战》。后来，他与恩格斯通过书信、文章和演讲，进一步总结巴黎公社的经验教训，阐明它的实践价值。巴黎公社革命失败后，工人运动遭遇挫折，第一国际处境艰难，总部被迫迁至北美，并于1876年宣告解散。

19世纪六七十年代，发电机的问世将人类社会带入电气时代，第二次工业革命兴起。资本主义社会的生产力水平在科技革命的推动下迅速发展，生产和资本的日益集中使企业规模不断扩大，生产的垄断现象开始出现，垄断组织和金融寡头随之诞生，资本主义社会的固有矛盾因此不断加深，经济危机频频出现，阶级矛盾更加激化，工人运动的形式、规模、范围发生了重大变化，如英国的新工会运动、美国的"五一"大罢工，以及法国议会出现工人党团、俄国出现有组织的群众性工人运动，等等。在这些斗争的推动下，各国工人阶级的政党应运而生。1869 年世界上第一个民族国家的共产主义政党德国社会民主工党（艾森纳赫派）成立。随后，丹麦、美国、法国、西班牙、意大利、俄国、英国、比利时、挪威、奥地利、瑞士、瑞典等国先后建立起了社会主义政党。

为推动世界工人运动沿着正确的方向发展，马克思、恩格斯和其他共产主义理论家对各种资产阶级和小资产阶级错误思潮进行了坚决的斗争。1875 年四五月间，针对德国社会民主党"哥达纲领"中"拉萨尔主义"的若干错误主张，马克思抱病写成《哥达纲领批判》，首次阐明了从资本主义到共产主义的过渡时期内必须实行无产阶级专政；共产主义发展经过两个阶段；只有消灭雇佣劳动制度，工人阶级才能获得彻底的解放；只有通过革命手段，才能建立社会主义。1876 年 9 月底至 1878 年 6 月间，针对德国社会主义工人党内反对科学社会主义理论的杜林主义影响不断扩大的趋势，恩格斯在其机关报《前进报》上连续发表文章展开批判（恩格斯将它们编辑成《反杜林论》一书出版），总结了马克思主义诞生以来无产阶级的革命经验和自然科学方面的成就，全面阐述了这一理论的三个组成部分及其相互关系，坚持、捍卫和丰富了马克思主义。1879 年 9 月，针对德国社会主义工人党内出现的"苏黎世三人团"右倾机会主义言论，马克思、恩格斯致该党领导人通告信，予以坚决地批判。

他们指出：无产阶级只有通过阶级斗争和革命的手段推翻资产阶级的统治，而不是议会活动，才能求得自身的解放。而放弃斗争，一味相信走合法的改良主义道路，就会陷入投降主义的泥淖。这三次理论斗争，不但纠正了德国党内的各种错误思潮和言论，捍卫了科学社会主义的原则，还更加广泛地传播了马克思主义，培养了一批工人运动的领袖和马克思主义的理论家、宣传家。不幸的是，马克思积劳成疾，于1883年3月14日逝世。

垄断资本主义时代的到来，工人运动的蓬勃发展，马克思主义在世界范围内的传播，各国工人阶级政党的建立，迫切需要一个国际性的组织领导和协调反对资本主义的共同斗争。在这一酝酿过程中，恩格斯在揭露企图攫取国际组织领导权的"可能派"机会主义本质的同时，亲自指导召开国际社会主义代表大会的筹备工作。1889年7月4日，大会在巴黎召开。会议期间，马克思主义者同改良主义者和无政府主义者在若干重要问题上展开辩论，并取得胜利。会议的召开标志着第二国际的诞生。

第二国际成立后便发动和领导各国工人阶级进行广泛的斗争。在经济和社会生活领域，确定每年5月1日为国际劳动节，恩格斯于1890年亲自参加了伦敦20万人的"五一"集会游行；建立社会主义政党领导下的新的工会组织，并以此为基础于1901年建立了国际工会组织；要求各社会主义政党利用合法的议会斗争形式，在争取劳工立法的同时，把社会主义运动的革命目标放在首位；将妇女解放运动视为工人运动的重要组成部分，1907年8月成立第二国际领导的国际民主妇女联合会，1910 年 8 月第二届国际社会主义妇女代表大会决定将每年的 3 月 8 日确定为全世界劳动妇女的战斗日。在反对军国主义斗争中，第二国际最初的几次代表大会都作出了决议，主张废除常备军，实行全民武装，谴责列强的掠夺和殖民政策，号召各国社会主义政党组织反战集会游行。针对工人阶级队伍中出现的无政府主义现象，第二国际前几次代表大会都坚持了马克思主义的原则，对此进行了坚决的斗争，尤其是 1893 年恩格斯在批判无政府主义将工人运动引入歧途的同时，对迷信选票提出了尖锐的批评。

　　当然，第二国际最重要的斗争还是内部反对修正主义的斗争。1895 年 8 月 5 日，恩格斯不幸去世。不久，伯恩斯坦便开始从哲学、政治经济学、科学社会主义理论等方面全面"修正"马克思主义，抛出《社会主义的前提和社会民主党的任务》一书，提出"社会主义的最终目的是微不足道的，运动就是一切"的修正主义公式。伯恩斯坦修正主义一经出现便在各国党内引发极大的震动。各国党内的左派同伯恩斯坦修正主义作了坚决的斗争，捍卫了马克思主义的基本原理和原则，保持了共产主义方向。但是由于他们对修正主义的阶级根源、实质和危害等认识并不深刻，对资本主义发展的新情况、新特征缺乏认真分析，对在新的历史条件下如何发展马克思主义也没有作积极的理论探索，所以，到第二国际后期，修正主义在不少社会主义政党内泛滥开来。第一次世界大战爆发后，大多数国家的社会主义政党背叛了《巴塞尔宣言》，支持本国政府进行帝国主义战争，成了社会沙文主义者，第二国际名存实亡，1923 年 5 月宣告终结。

二、列宁领导创建新型无产阶级政党和第一个社会主义国家的斗争

列宁在同第二国际内部修正主义思潮进行斗争和本国的改良主义、无政府主义思想斗争中，捍卫和发展了马克思主义理论，并以此为指导创建了新型无产阶级政党，且在这一新型政党的领导下，创立了第一个社会主义国家。在巩固政权、建设国家、反对官僚主义的斗争中，列宁忘我奋斗，并提出了许多有关社会主义建设和马克思主义执政党建设的开创性的理论观点。

（一）列宁领导创建新型无产阶级政党的斗争

尽管 1861 年俄国进行了农奴制改革，开始发展资本主义，但是改革极不彻底，封建势力依然强大。在沙俄封建军事专制统治下的俄国工人阶级生活处境异常悲惨，不得不起来进行殊死抗争。首先进行反抗的是乌拉尔地区的工人，但怠工、逃跑、递抗议书等自发的经济斗争方式屡屡失败。19 世纪 70 年代，俄国资本主义得到了发展，工人运动的中心转移到圣彼得堡。在遭遇以经济利益诉求为目的的罢工斗争失败后，工人阶级把目光转向政治斗争。1875 年，俄国第一个独立的工人阶级组织南俄工人协会成立，但由于组织力不强，很快被沙俄政府破坏。1878 年，受到第一国际影响，吸收欧洲工人运动经验的俄国北方工人协会成立，领导罢工、宣传鼓动、

出版刊物，遭沙皇政府镇压。俄国工人阶级英勇无畏的斗争精神，使得俄国的工人运动蓬勃发展，然而，工人运动总以被镇压而告终，其最主要的原因是受民粹主义影响，认为俄国不需要经过资本主义充分发展，不需要强大的工人力量做基础，只需要以"农村公社"为基础，依靠农民的力量，就可以实现社会主义。这些观点受到了俄国第一个马克思主义革命家普列汉诺夫的深入批判。不过，他后来又否定俄国资产阶级革命向无产阶级革命转变的必然性和可能性，因而成为俄国工人运动沿着正确方向发展的障碍。俄国革命迫切需要新的无产阶级革命领袖，这位领袖就是列宁。

列宁少小聪明好学，并对劳苦群众的生活境遇非常同情，对沙皇政权统治下的社会状况强烈不满，涉猎进步书籍，深受革命民主主义思想影响，中学高年级时接触马克思主义著作，兄长因参加革命活动被当局杀害，这增强了他对沙皇政府的仇恨。刚上大学不久，因参加进步学生运动被当局逮捕、放逐。1888 年秋，他参加马克思主义小组活动，开始系统研究《资本论》和普列汉诺夫的著作，成为马克思主义者。1891 年大学毕业后获律师助理资格，经常为贫苦农民辩护。1893 年，他在圣彼得堡组织和领导马克思主义小组活动，一面积极宣传马克思主义理论，一面同各种错误思潮作斗争。1894 年，他批判自由主义民粹派的主张和政纲，阐述唯物史观基本原理，提出了建立工人政党的任务。1895 年春，他考察西欧工人运动，并与当地俄国人创立的马克思主义团体劳动解放社领导人建立联系；10 月，发起成立圣彼得堡工人阶级解放斗争协会；年底，因内奸告密而被捕入狱 14 个月，后被判处流放西伯利亚 3 年；在流放地著文，彻底清算了民粹派的错误理论。1900 年初，列宁结束流放生涯回圣彼得堡后不久即辗转西欧多地，从事职业革命活动，创办首份俄国社会民主党报纸《火星报》，宣传马克思主义理论，批判经济派思潮，抨击第二国际内的修正主义理论和主张。

俄国工人运动屡遭失败的教训清楚地告诉俄国的马克思主义者，批判的武器终究不能代替武器的批判，物质的力量还必须通过物质来摧毁，只有组织革命的政党才能使工人阶级形成强大的战斗力。沙皇政权的封建军事专制主义性质及其对待工人运动采取的高压政策，使俄国的马克思主义者难以组织起类似西欧国家的社会主义政党，所以列宁只能根据马克思主义政党学说的基本理论，并与俄国的具体国情、俄国工人运动的具体实际相结合，探索建立适应俄国革命要求的新型无产阶级政党。1895 年，列宁在组建"工人阶级解放斗争协会"时就开始为之斗争。是年 12 月，他起草《社会民主党纲领草案》；次年 6 月至 7 月，又起草《纲领说明》，明确指出俄国社会民主党的任务是通过提高工人的阶级觉悟，并把他们组织起来，实现国家政权从资本和土地所有者手中转到工人阶级手中，进而帮助和支持工人阶级争取彻底的解放。1897 年年底，他在《俄国社会民主党人的任务》中强调，根据俄国的国情，社会民主党必须领导工人阶级将争取资产阶级的民主主义革命与无产阶级的社会主义革命两种斗争有机地结合起来并取得最后的胜利，党才算完成自己的使命。1901 年秋至 1902 年 2 月，列宁在《怎么办？》中系统阐述了新型无产阶级政党的建党学说：建立一个革命的、集中的、战斗的马克思主义政党而不是工会组织，是工人阶级取得革命胜利的保证；党是无产阶级的先锋队，是工人阶级的最高组织形式，工人阶级是革命的先锋队，工农联盟是推翻专制统治的主要力量；党是工人阶级有组织的部队，由其中最优秀、最忠诚、经受过考验和长期政治锻炼的职业革命家组成的集体，是"人民的代言人"，能在每个小事情上反映出自己的社会主义信仰和政治主张，并为广大工人所高度信任；在沙皇政府的高压下，党坚持"秘密性和集中性"的组织原则（1906 年发展为"民主集中制"）。

　　列宁的这些建党主张是在坚持马克思主义党的学说和原则基础上，对俄国工人阶级组织发展和社会民主党建设经验教训的总结，又是在斗争中形成并在斗争中继续得到丰富和完善。其一，同"经济派"作斗争。俄国社会民主工党成立后，党内的"经济派"反对工人阶级的政治诉求，将其目标限制在经济领域；否定革命理论的指导作用，崇拜工人的自发运动；反对建立集中统一的党及党的领导作用，主张听任工人阶级运动自由发展。1899 年 8 月，列宁起草《俄国社会民主党人抗议书》批判了他们的观点，强调在无产阶级的斗争中，经济和政治斗争不可分割，且政治斗争必须放在首位；革命的马克思主义是工人阶级解放的旗帜，不是庸俗改良主义，党应该保卫和捍卫它。其二，同马尔托夫斗争。1903 年 7—8 月，在俄国社会民主工党第二次代表大会召开期间，马尔托夫反对把无产阶级专政写进党纲，认为那是"雅各宾主义"；信任群众行动的自发性，主张把一切愿意入党的人全部吸收进来。列宁对此进行批驳，强调无产阶级革命和无产阶级专政是马克思主义最基本的原则，必须写进党纲；党员必须参加党的组织，使党成为有组织、有纪律的队伍，成为领导无产阶级革命的集中统一的指挥中心。这些鲜明的主张载入了大会通过的党纲、党章。大会表决中央委员会和《火星报》编委会人选时，支持列宁主张的人成为多数派（即布尔什维克），赞成马尔托夫观点的人成为少数派（即孟什维克）。布尔什维克的出现标志着俄国新型无产阶级政党的诞生。会后，孟什维克进行了许多分裂俄国社会民主党的活动，尤其是在 1910 年至 1911 年俄国出现革命新高潮时更为变本加厉。1912 年 1 月，布尔什维克召开俄国社会民主工党第六次代表大会，通过了开除孟什维克出党的决定，布尔什维克从此成为独立的马克思主义政党。其三，批判伯恩斯坦修正主义。俄国社会民主工党内的非马克思主义的思潮很大程度上是第二国际内伯恩斯坦修正主义影响的产物。1908 年至 1913 年，列宁撰写多篇著述对伯恩斯坦修正主义的思想体系、内容实质、表现形式和产生根源进行了系统的、深刻的批判。他认为，以"批评自由"为幌子，把马克思主义视为"过时的""教条主义"，为的是从根本上"修正"马克思主义，而本身并不懂得马克思主义具有普遍适用性和时代创造性相结合的特点；所谓"社会主义殖民政策"荒谬绝伦，是在为帝国主义侵略行径作辩护。

（二）列宁领导十月革命和创建第一个社会主义国家的斗争

就在第一次世界大战爆发后，第二国际内机会主义者背信弃义，支持本国政府参与战争之际，列宁及其领导的布尔什维克旗帜鲜明地表明了对战争的态度和立场，即坚持国际主义，反对社会沙文主义；"变帝国主义战争为国内战争"，发动革命，推翻旧政权，建立无产阶级专政，实现社会主义；积极团结各国社会主义政党的左派，为建立新的"国际"准备条件。1915年8月，列宁发表《论欧洲联邦口号》，提出了"社会主义可能首先在少数甚至在单独一个资本主义国家内获得胜利"的重要思想。1916年上半年，他写了《帝国主义是资本主义的最高阶段》一书，全面分析帝国主义的本质、特征和基本矛盾及其必然灭亡的客观规律，彻底批判了考茨基的相关错误主张。

作为第一次世界大战主要参与方、协约国重要成员的俄国，随着战争的推进，处境日益不利，到了1916年原先占领的东欧地区多被德军占领，俄军损失达350万人。战争使俄国经济陷入绝境，将近十分之一的人口调往前线，致使城市工厂停工，运输瘫痪；农村劳力匮乏，粮食产量下降。工农反战情绪高涨，仅1916年全国参加罢工的工人人数就达100万人。统治集团内部也矛盾重重，沙皇的宫廷随时都有政变的危险。整个俄国处于统治者不能照旧统治下去、被统治者不愿照旧生活下去的危机状态。1917年3月8日至12日，俄国爆发革命运动，即二月革命，统治俄国304年的罗曼诺夫王朝被推翻，俄国君主专制统治结束。二月革命后俄国出现了两个政权，即临时政府和苏维埃政权并立的局面。临时政府代表了大地主、大资产阶级的利益，秉承了沙皇政府的战争政策、土地政策，对广大群众改变生活处境的要求置若罔闻。这就激起了工农群众的强烈反对。到 1917 年秋季，俄国 90% 的农村地区出现了农民起义。工人和士兵也兴起了大规模的游行示威活动。临时政府的统治摇摇欲坠。

身在国外的列宁密切注视着国内动荡的政局，及时指导俄国革命。3 月，他在《真理报》上连续发表 5 篇指示信（《远方来信》），明确提出了向社会主义革命过渡的任务。4 月 16 日，列宁回到俄国，在火车站发表演说，发出"社会主义革命万岁"的号召。17 日，他在全俄工兵代表苏维埃会议的布尔什维克代表会议上作《论无产阶级在这次革命中的任务》的报告（《四月提纲》），强调革命的任务是使政权从资产阶级手中转到无产阶级和劳苦农民手中；革命的过程具有从资产阶级民主革命向社会主义革命过渡的特点；根据形势变化，革命只能通过组织和武装群众，采取暴力夺取手段进行。根据报告的精神，布尔什维克党广泛发动群众和士兵，使他们认清社会革命党人和孟什维克的面目，逐渐向布尔什维克靠拢。7 月，俄军前线惨败的消息传到彼得格勒，愤怒的群众和士兵走上街头游行示威要求临时政府下台。临时政府采取暴力手段镇压示威群众，造成 400 多人伤亡，布尔什维克的宣传机构遭到破坏，党员和革命群众多人被捕。临时政府还下令通缉列宁，他被迫转入地下活动。8 月 22 日，列宁秘密前往芬兰，通过著述和通信的方式继续领导国内革命。10 月 23 日，他秘密回国，参加俄国社会民主工党中央委员会。会议通过列宁提出的武装起义决议案，成立以列宁为首的中央政治局以对起义进行政治领导。经过紧张而周密的部署、动员，11 月

6 日深夜，列宁直接领导彼得格勒工人、士兵等发动武装起义。7 日晚，全俄苏维埃第二次代表大会开幕。大会宣布资产阶级临时政府已被推翻，国家的一切权力转移到了工兵农代表苏维埃；选举产生苏维埃中央执行委员会，并成立国家管理机关——人民委员会，列宁当选为主席。至此，世界上第一个社会主义国家诞生。由于革命的群众基础雄厚，至 1918 年春，俄罗斯绝大部分地区建立了苏维埃政权，社会主义革命在俄国取得了胜利。

（三）列宁领导巩固政权、建设国家，探索执政党建设的斗争

苏维埃政权建立后，国内外反动势力必欲置其于死地而后快。1918 年夏至 1920 年底，英、法、美、日等国对苏俄不宣而战，侵占俄国大片领土，勾结国内沙皇支持势力白卫军向苏维埃政权发动了三次进攻。为集中全国力量对付强敌，布尔什维克党颁行"战时共产主义政策"，实施战时体制，与敌展开顽强的军事抗争，以军民伤亡 900 多万人的代价，赢得了战争的最后胜利，巩固了苏维埃政权。在保卫和巩固新生政权的同时，列宁领导布尔什维克党和苏俄人民进行了建设新政权的斗争。一是在政治上，废除旧社会遗留下来的一切等级、身份、封号和官僚制度、司法体制，赋予人民平等、自由、民主权利，建立人民法院、工人民警和民选地方审判员制度，同与之对抗的旧官员、职员和反革命势力作坚决的斗争；废除资产阶级议会共和制度，用宪法法律形式确立无产阶级专政国体、苏维埃代表大会政体、社会主义公有制、国内民族平等、联邦制等制度。二是在经济上，通过土地改革，消灭了封建农奴制和土地私有制，

建立起了一些国营农场和集体农庄；颁布工商业国有化法令，初步建立起一批影响国计民生的国营企业，并成立最高经济委员会制定和调节国内生产计划；对私营企业实行工人监督制度，迈出了工人在生产活动中主人翁地位的第一步。为解决战时共产主义政策带来的经济和社会动荡，1921 年 3 月起，苏俄实行新经济政策，并很快取得了成效，经济和社会生活充满了生机活力。

十月革命胜利后，布尔什维克党成为执政党，尤其是不久苏俄变成了一党制国家后，党的建设面临着前所未有的难题。在 1918 年 3 月召开的党的七大上，俄国社会民主工党（布尔什维克）改名为俄国共产党（布尔什维克）。列宁认为，党在执政以后，党员、干部要学会管理国家；新经济政策实施后，他强调要改造党的全部工作，使党能够领导苏维埃的经济建设并取得实际的成就；同时，他告诫全党要谨防新的经济环境中党内滋生资产阶级习气，以及党员干部个人发财现象的出现，并用法律的手段与之斗争。在列宁最后的岁月中，它对党内已经出现和有了苗头的不正常现象提出了批评、警告和建议，如增加中央委员的人数、加强对领导机关和领导人的监督、加强集体领导、解除个人品质不可靠的领导人的职务，等等。

列宁及其领导的布尔什维克党经过长期艰苦卓绝的斗争，不但完成了民主主义革命的任务，实现了由民主主义革命向社会主义革命的过渡，而且建立和巩固了苏维埃政权，初步建立了社会主义政治和经济制度，对马克思主义政党建设作了开创性的探索。这些都对全世界的共产主义运动产生了广泛的影响。

三、中国共产党领导人民进行革命、建设和改革的斗争

为中国人民谋幸福，为中华民族谋复兴，是中国共产党人的初心和使命。从 1921 年 7 月中共一大召开、中国共产党宣告正式成立到 1949 年 10 月中华人民共和国宣布诞生，党领导人民经过 28 年的浴血奋斗，推翻了"三座大山"的反动统治，实现了民族独立、人民解放，中国人民从此"站起来"了。从新中国成立到 1978 年 12 月党的十一届三中全会召开，党领导人民进行了社会主义革命，建立了社会主义制度，推进了社会主义建设，取得了独创性理论成果和巨大成就。从党的十一届三中全会开始，党领导人民踏上了中国特色社会主义道路，采取了改革开放这一决定当代中国前途命运的关键一招，中国大踏步赶上了时代，中国人民由此"富起来"了。

（一）党领导人民进行新民主主义革命的斗争

自 1840 年鸦片战争爆发后，西方列强入侵和封建统治腐败使中国逐步沦为半殖民地半封建社会，中华民族遭受了前所未有的劫难。为拯救民族危亡，一代代仁人志士上下求索、奋起抗争。中国历史上规模最大的农民革命太平天国运动历时 14 年，影响 17 省，加速了封建社会崩溃，阻止了中国殖民化进程。以"自强""求富"为目标的洋务运动历时 34 年，推动了近代中国生产力的发展，催发了中国民族资本主义的萌生，一定程度上抵制了外国资本输入，开启了国防近代化建设进程，引发了人们对近代教育科技的关注。戊戌变法尽管历时仅百余日，但其爱国救亡激情警醒了时人，六君子舍生

取义气概震撼人心；同时推动了中国政治、思想、文化和社会朝向近代化方向加快发展。尽管一代代中国人不断地进行抗争、探索，但均以失败告终。1911 年 10 月爆发的以孙中山为首的革命党人领导的辛亥革命推翻了统治中国几千年的封建君主专制制度，传播了民主共和理念，推动了中华民族思想大解放，并以其强烈的震撼力促进了中国社会的重大变革，但也未能改变中国半殖民地半封建的社会性质和中国人民的悲惨命运，仁人志士仍然在黑暗中摸索。然而，随着俄国十月革命爆发、中国五四运动发生，马克思主义在中国传播并与中国工人运动日益结合，中国共产党应运而生。中国人民争取民族独立解放、人民幸福安康、社会稳定进步而进行的伟大斗争，由此有了全新的思想指导和全新的组织领导，中国近代革命史的面貌从此焕然一新。

党在创建时期明确了最高纲领——"渐次达到一个共产主义的社会"和最低纲领——"消除内乱，打倒军阀，建设国内和平"，"推翻国际帝国主义的压迫，达到中华民族完全独立"[①]等。从中国共产党成立到 1927 年 7 月，党不但领导了工人、青年、农民、妇女运动，而且推进并帮助国民党完成改组工作、建立起国民革命军，掀起大革命高潮，全国范围内的反帝反封建伟大斗争进入全新境界。然而，由于国民党内反动集团叛变革命，以及共产党内陈独秀右倾

[①] 《建党以来重要文献选编（1921—1949）》第 1 册，中央文献出版社 2011 年版，第 133 页。

机会主义错误在党的领导机关中占了统治地位，大革命运动最终还是失败了。1927 年 8 月南昌起义爆发，共产党开始独立领导中国革命。1927 年 10 月，毛泽东领导军民在井冈山建立第一个农村革命根据地，并在其后的革命探索中，开辟了农村包围城市、武装夺取政权的正确革命道路。由于王明"左"倾教条主义在党内的错误领导，党创建的革命根据地和白区革命力量遭遇极大损失。1935 年 1 月中央政治局召开的遵义会议使党在思想上、政治上、组织上实现了伟大转折，不但在最危急关头挽救了党、红军和中国革命，而且为此后党战胜张国焘分裂主义、红军胜利完成长征，以及开创中国革命新局面奠定了坚实的基础。九一八事变的发生标志着抗日战争的开始，党在准确判断中国社会主要矛盾发生变化的基础上，不但旗帜鲜明坚持武装抗日，发动群众开展救亡运动。而 1936 年西安事变发生后，我党以国家前途命运为大局，促成西安事变和平解决，推动国共再次合作、团结抗日。七七事变后，党坚持全面抗战路线，坚持持久战战略总方针和人民战争战略战术，开辟敌后战场，建立抗日根据地，领导抗日武装英勇作战，赢得了抗日战争的最后胜利。但是，国民党反动派不顾人民对和平、民主、团结的向往，悍然发动全面内战，党领导广大军民历经积极防御和战略进攻的艰辛，赢得辽沈、淮海、平津三大战役和渡江战役的胜利，并向中南、西北、西南全面进军，消灭国民党反动武装，推翻国民党反动政权，一举推翻了帝国主义、封建主义、官僚资本主义"三座大山"，夺取了新民主主义革命的最后胜利。

（二）党领导人民进行社会主义革命和社会主义建设的斗争

新中国成立初期，党领导人民进行了肃清国民党残余和土匪势力、和平解放西藏、稳定物价、统一财经、民主改革、土地改革、镇压反革命、抗美援朝及"三反""五反"等重大斗争，巩固了新生的政权，初步展现出新社会风貌。1953 年开始，党领导人民进行"一化三改"的斗争，不但建立起社会主义经济制度，而且创建了独立的工业体系雏形。与此同时，在党的领导下，人民代表大会制度、党领导的多党合作和政治协商制度、民族区域自治制度等人民民主制度初步建成。1956 年召开的党的八大明确提出中国社会主要矛盾为人民对于经济文化迅速发展的需要同当前经济文化不能满足人民需要的状况之间的矛盾，党的中心任务是领导人民集中力量发展社会生产力，实现国家工业化。但是在社会主义建设道路的探索过程中，出现"大跃进"运动、人民公社化运动等错误，反右派斗争被严重扩大化。毛泽东对国内阶级形势以及党和国家政治状况判断失误，发动和领导了"文化大革命"，且被林彪、江青两个反革命集团所利用，酿成十年内乱，使党、国家、人民遭受了新中国成立以来最严重的挫折和损失。1976 年 10 月，中央政治局执行党和人民的意志，粉碎了"四人帮"，结束了"文化大革命"。尽管如此，在1956 年至 1976 年的 20 年间，党领导人民战胜了各种艰难险阻，建立起了独立的比较完整的工业体系和国民经济体系，显著改变了农业生产条件，国防工业从无到有逐步发展起来，国防尖端科技不断取得突破，人民解放军从单一陆军发展成为合成军队，教育、科学、文化、卫生、体育事业也有了长足发展。这期间，党坚持独立自主的和平外交政策，坚定维护国家独立、主权、尊严，支持和援助世界被压迫民族、被压迫人民的正义斗争，坚决反对帝国主义、霸权主义、殖民主义、种族主义。党审时度势调整外交战略，推动恢复中华人民共和国在联合国的一切合法权利，打开对外工作新局面，推动形成国际社会坚持一个中国原则的格局。中国作出永远不称霸的庄严承诺，赢得国际社会特别是广大发展中国家尊重和赞誉。更重要的是，以毛泽东同志为核心的党中央始终在关注执政条件下党的建设的重大课题，不断加强干部理论学习和知识培训，要求全党特别是党的高级干部自觉维护党的团结统一；开展整风整党，加强党内教育，整顿基层党组织；反对党员干部和各级机关中的官僚主义、命令主义和贪污浪费现象，着力防范党员干部腐化变质。

（三）党领导人民进行改革开放和中国特色社会主义现代化建设的斗争

在世界经济、科技快速发展的背景下，纠正"文化大革命"错误，使党和国家重新奋起，是党内外群众共同的心愿。1978 年 5 月开始的真理标准问题的讨论，使全党获得了一次马克思主义的思想大解放。同年底召开的党的十一届三中全会重新确立马克思主义的思想、政治和组织路线，果断结束"以阶级斗争为纲"，要求"全党工作的着重点和全国人民的注意力转移到社会主义现代化建设上来"，并且强调这将是"一场广泛、深刻的革命"。① 其后，党完成了指导思想的拨乱反正，对新中国成立以来党史上的若干问题作出决议，统一了全党思想；坚持"两个不管"方针，大规模平反冤假错案；摆脱"左"的干扰，坚决调整社会关系；为同党内不良作风作斗争，重新成立中央纪律检查委员会，颁行《关于党内政治生活的若干准则》。针对国民经济发展中重大比例关系失调严重的情况，党中央制定和施行了新"八字方针"；为解决经济体制束缚生产力发展问题，克服"人民公社"体制的弊端，党中央支持和推动了农村普遍实行家庭联产承包责任制；为克服计划经济体制的弊端，党中央领导和推动以扩大企业经营自主权为主要内容的改革逐步推开。在改革不断深入推进的同时，对外开放有了重大突破，1980年5月，党中央、国务院决定建立经济特区。与之相适应，改革党和国家领导体制，使民主制度化、法律化等政治领域的改革开始起步。党的十二大明确提出了建设有中国特色的社会主义重大命题和"小康"社会目标，改革开放全面展开。党的十三大系统阐述了社会主义初级阶段理论，明确提出了这一阶段党的基本路线，确定了社会主义现代化建设"三步走"发展战略。依据党中央的工作部署，从1982年9月到1989年6月，我国的改革开放、物质文明、精神文明、民主法治、统一战线、军队和国防、祖国和平统一、对外关系、党的建设等各个领域、各条战线，都取得了重大突破和巨大成就。

---

① 《三中全会以来重要文献选编》上，人民出版社1982年版，第4—5页。

但是，在思想战线、意识形态领域，一方面，20 世纪 80 年代，苏联及东欧社会主义国家内部矛盾长期得不到有效解决，政局开始动荡；西方资本主义国家对社会主义制度"不战而胜"甚嚣尘上。另一方面，一段时间里，由于主持中央工作的领导人未能认真贯彻自改革开放以来邓小平确立的反对资产阶级自由化的方针，致使这种思潮不断扩散以致泛滥。国际"大气候"和国内"小气候"的影响最终导致了 1989 年春夏之交政治风波的发生。在这一关系党和国家生死存亡的关键时刻，中央政治局在邓小平等老一辈革命家坚决有力的支持下，紧紧依靠人民群众，采取果断措施，平息了北京地区的反革命暴乱。随后，全国各大中城市很快恢复了正常秩序。

从 1989 年 6 月到 1991 年 12 月，在国际斗争中，面对政治风波后西方反华势力给中国施加政治压力和经济"制裁"，中国政府进行了有理、有利、有节的斗争；面对苏联解体、东欧社会主义国家发生的政治剧变，世界社会主义运动遭受严重挫折，以及海湾战争中以美国为首的多国部队取得的压倒性成功，邓小平提出了一系列保持战略定力的指导方针，为党和政府继续执行改革开放以来的基本外交政策指明了方向。在国内生活中，党的十三届四中全会确立新的中央领导集体后，加强了党的建设和思想政治工作，对经济环境和经济秩序进行了卓有成效的整顿，基本上超额完成了"七五"规划确定的各项经济指标。当然，这期间经济发展速度放缓，国内一些人因国际社会主义运动发生严重挫折而对改革开放基本国策产生怀疑等因素，都严重影响了改革开放和社会主义现代化建设的顺利进行。1992年1月18日至2月21日，邓小平先后到武昌、深圳、珠海、上海等地视察，并发表重要谈话。他关于坚持党的基本路线不动摇、判断改革开放成败得失标准、思想领域中防止倾向性、社会主义的本质、吸收借鉴人类文明、抓住时机和加快发展、处理改革开放中各种关系和矛盾、坚定社会主义信念和马克思主义信仰等方面的重要论述，总结了新时期以来的经验，回答了困扰和束缚人们思想的难题，又一次解放了全党和全社会的思想，改革开放和社会主义现代化建设也由此进入全新的境界。党的十四大确定了要抓住机遇，加快发展，集中精力把经济建设搞上去；明确建立社会主义市场经济体制为经济体制改革的目标；确立邓小平建设有中国特色社会主义理论在全党的思想指导地位。党的十五大是在世纪之交和邓小平逝世背景下召开的。大会将邓小平理论确定为党的指导思想、继续前进的旗帜；提出了党在社会主义初级阶段的基本纲领；对我国所有制结构和公有制形式、依法治国方略等作出了新的阐述；提出了新"三步走"发展战略和"两个百年"奋斗目标及战略部署。不可否认，党的十三届四中全会后的十三年，人们公认，这是我国综合国力大幅度跃升的时期——2001年，我国国内生产总值达到95933亿元，比1989年增长近2倍，年均增长9.3%，经济总量已居世界第六位，是我国社会长期保持安定团结、政通人和的时期，是我国国际影响显著扩大、民族凝聚力极大增强的时期。[①] 当然，这

---

① 《十六大以来重要文献选编》上，中央文献出版社2005年版，第5页。

些成就是在不断艰苦斗争中取得的。除了改革开放过程中遇到的可以预见和想象到的困难和阻力——诸如深化市场经济体制改革、开发开放浦东、推动沿海沿边沿江沿线和内陆中心城市对外开放、加入世界贸易组织谈判外，一些不可预知的挑战和挑衅接踵而至，"我们遇到了苏东剧变、海湾战争、一九九一年华东大水、'台独'分裂势力加紧进行分裂祖国的活动、亚洲金融危机、一九九八年严重洪涝灾害、科索沃战争和美国轰炸我国驻南联盟大使馆、中美撞机事件、九一一事件和阿富汗战争等一系列重大事件，我们都进行了妥善处理和应对"①。

跨入新世纪，中国进入全面建设小康社会、加快推进社会主义现代化的发展新阶段，党的十六大的召开是其标志。江泽民在大会上明确回答了新世纪新阶段中国共产党人的政治信仰、政治信念、努力目标等重大理论问题；阐释了"三个代表"重要思想的历史基础、理论定位、实践价值；对经济、政治、文化、国防和军队、祖国统一、对外关系、党建等各个方面的建设和改革作出了战略部署。胡锦涛在党的十七大提出了在新的历史起点上实现全面建设小康社会奋斗目标的新要求，充分肯定了改革开放对当代中国、对中华民族振兴的历史意义，并总结了其重要经验。大会首次对中国特色社会主义理论体系作出了概括，并突出了科学发展观重大的理论和实践价值；对经济、政治、文化发展，民生改善，国防和军队建设创

---

① 《江泽民文选》第 3 卷，人民出版社 2006 年版，第 515 页。

新，祖国和平统一大业、和平发展道路等作出了新的部署。按照两次大会的部署，党领导人民取得了改革开放和社会主义现代化建设的辉煌成就，"我国经济总量从世界第六位跃升到第二位，社会生产力、经济实力、科技实力迈上一个大台阶，人民生活水平、居民收入水平、社会保障水平迈上一个大台阶，综合国力、国际竞争力、国际影响力迈上一个大台阶，国家面貌发生新的历史性变化。人们公认，这是我国经济持续发展、民主不断健全、文化日益繁荣、社会保持稳定的时期，是着力保障和改善民生、人民得到实惠更多的时期"①。当然，这些辉煌成就的背后是艰辛的奋斗。落实科学发展观，推动经济又好又快发展，构建社会主义和谐社会、不断改善民生，促进区域、城乡协调发展，积极稳妥推进民主法治建设和政治体制改革，推动社会主义文化大发展大繁荣，推进生态文明建设，加强军队和国防建设，推进"一国两制"实践，加强党的执政能力建设和先进性建设等，无一不在克服重重障碍和阻力的斗争中前行。在党中央的领导下，党和人民经受住了各种严峻考验，不但改革开放和社会主义现代化建设大局得以巩固和发展，中国的国际地位得以提高，而且中国特色社会主义的巨大优越性和强大生命力得以彰显，中国人民和中华民族的自豪感和凝聚力得到了增强。

总结马克思主义政党的峥嵘岁月，尤其是总结中国共产党从成立后到党的十八大之前的艰辛历程，有如下经验性认识值得思考：

---

① 《十八大以来重要文献选编》上，中央文献出版社 2014 年版，第 5 页。

其一，斗争，并且勇于公开承认斗争、宣扬斗争，是马克思主义政党的鲜明特征。首先，马克思主义政党的初心使命决定了它必须进行艰苦卓绝的斗争。马克思主义政党创始人认为共产主义政党初心使命就是为了实现全人类的彻底解放，"代替那存在着阶级和阶级对立的资产阶级旧社会的，将是这样一个联合体，在那里，每个人的自由发展是一切人的自由发展的条件"。要达到这一目标就必须进行不断的革命、不断的斗争。第一步，夺取政权的革命，"共产党人的最近目的"是"使无产阶级形成为阶级，推翻资产阶级的统治，由无产阶级夺取政权"；第二步，生产资料所有制的革命，"无产阶级将利用自己的政治统治，一步一步地夺取资产阶级的全部资本"，"共产党人可以把自己的理论概括为一句话：消灭私有制"；第三步，生产力的革命，即在消灭资本主义所有制的过程中，无产阶级将"把一切生产工具集中在国家即组织成为统治阶级的无产阶级手里，并且尽可能快地增加生产力的总量"。在这一系列的革命过程中还要进行思想文化领域的革命，"共产主义革命就是同传统的所有制关系实行最彻底的决裂；毫不奇怪，它在自己的发展进程中要同传统的观念实行最彻底的决裂"。如前所述，斗争贯穿着这些革命的始终。需要说明的是，马克思主义者从不隐瞒自己斗争的特性，"共产党人不屑于隐瞒自己的观点和意图。他们公开宣布：他们的目的只有用暴力推翻全部现存的社会制度才能达到"①。不但如此，马克

---

① 《马克思恩格斯选集》第1卷，人民出版社2012年版，第413—435页。

思主义政党还坚决抵制各种在阶级矛盾和阶级斗争面前的改良主义、调和主义、修正主义的主张和举动。

马克思主义经典作家还坚持无产阶级革命是民族性和世界性相统一的立场。"如果不就内容而就形式来说，无产阶级反对资产阶级的斗争首先是一国范围内的斗争。每一个国家的无产阶级当然首先应该打倒本国的资产阶级。""在无产者不同的民族的斗争中，共产党人强调和坚持整个无产阶级共同的不分民族的利益。"①中国共产党在中国领导人民进行的革命、建设、改革事业，均是在共产主义革命理论指导下，并与中国具体国情相结合进行的。与共产主义革命的第一步相应，党领导人民经过新民主主义革命，推翻了"三座大山"，从国民党反动集团手中夺取了政权，建立了人民民主专政的国家；与共产主义革命第二步相应，新中国成立后的7年，党领导人民在全国绝大部分地区基本上完成了对生产资料私有制的社会主义改造，建立起了社会主义公有制经济；与共产主义革命第三步相应，尽管社会主义建设曾走过一段弯路，但中国社会的生产力还是有了长足的发展，特别是改革开放后党坚持以经济建设为中心，中国的现代化建设取得了举世瞩目的成就。当然，党自诞生之日起就在人民中间传播马克思主义的理论，在局部地方执政时就致力于民众思想文化的改造，新中国成立后更是将塑造社会主义新人当作重要的任务予以高度重视。与马克思主义经典作家一样，毛泽东指出：

①《马克思恩格斯选集》第1卷，人民出版社2012年版，第412—413页。

"我们共产党人从来不隐瞒自己的政治主张。我们的将来纲领或最高纲领，是要将中国推进到社会主义社会和共产主义社会去的，这是确定的和毫无疑义的。"① 并认为，"处在这样一个（世界上社会制度彻底变化的）时代，我们必须准备进行同过去时代的斗争形式有着许多不同特点的伟大的斗争"②。

其二，斗争，必须在党的正确领导下有组织、有计划地进行。首先，就理论指导而言，在社会主义思想没有产生之前，工人阶级的斗争处于"自发"状态。社会主义思想产生并灌输到工人群众中去了之后，这种斗争逐步进入"自觉"状态。而马克思主义理论为工人阶级掌握后，工人阶级才找到了彻底解放的道路，成为彻底的"自觉"行动。"共产党人不是同其他工人政党相对立的特殊政党。""他们没有任何同整个无产阶级的利益不同的利益。""他们不提出任何特殊的原则，用以塑造无产阶级的运动。""共产党人同其他无产阶级政党不同的地方只是：一方面，在无产者不同的民族的斗争中，共产党人强调和坚持整个无产阶级共同的不分民族的利益；另一方面，在无产阶级和资产阶级的斗争所经历的各个发展阶段上，共产党人始终代表整个运动的利益。"③ 所以，没有社会主义思想的传播与被接受，工人阶级反对资产阶级的斗争就不会走出"工联主义"的窠臼；没有马克思主义政党的领导，工人运动就会被空想社

---

① 《毛泽东选集》第 3 卷，人民出版社 1991 年版，第 1059 页。
② 《毛泽东文集》第 8 卷，人民出版社 1999 年版，第 302 页。
③ 《马克思恩格斯选集》第 1 卷，人民出版社 2012 年版，第 413 页。

会主义、封建社会主义、蒲鲁东主义、经济主义等引向歧途。换言之，没有科学社会主义理论指导，工人阶级的斗争就不能取得最后的胜利。其次，就政治领导而言，马克思主义政党要领导工人阶级取得斗争的胜利，仅仅有理论指导是不够的，必须制定出一条正确的政治路线来领导，这是工人阶级在斗争中团结一致、力量集中的政治基础。而这条政治路线是否正确取决于党能不能坚持辩证唯物主义的认识路线，坚持把马克思主义的基本原理与工人运动的具体实践紧密结合起来，取决于党的最高领导层在决策过程中能不能对客观形势（世情、国情、民情、党情）作出准确的判断，能不能坚持走群众路线，能不能坚持民主集中制的根本领导原则。再次，就组织领导而言，工人阶级的力量、党的力量来自组织。没有坚强的党的组织领导工人阶级是不可能取得最后的胜利的。无产阶级"所以能够成为而且必然会成为不可战胜的力量，就是因为它根据马克思主义原则形成的思想一致是用组织的物质统一来巩固的，这个组织把千百万劳动者团结成一支工人阶级的大军。在这支大军面前，无论是已经衰败的俄国专制政权还是正在衰败的国际资本政权，都是支持不住的"①。最后，就计划安排而言，党领导下的工人阶级的斗争不是盲目、盲动的，而是有计划、按步骤进行的。最宏大的计划和步骤就是共产主义革命的"三个阶段""四种革命""一个目标"。但具体到每个阶段又因各国国情不同分成若干小的阶段，每个小的

①《列宁全集》第8卷，人民出版社2017年版，第415页。

阶段又有更小的阶段目标和任务安排。不但如此，尽管每个大的、中的、小的阶段都有其中心任务，但事物总是普遍联系的，中心任务的完成最终总是以非中心任务的完成为前提条件，而中心任务的推进又决定了非中心任务进展的速度和质量。此外，每个阶段目标从确定到完成一般都会经过多次调整，但总的方向是一致的；阶段性的目标彼此之间还存在衔接性，阶段性目标体系内部还存在不平衡性、差异性。

这些观点在中共党史上有着正反两方面的经验教训可以验证。仅以新民主主义革命时期为例，在政治上，因为对马克思主义理论的科学性、时代化、中国化认识还未达到自觉的程度，所以党内先后出现以陈独秀为代表的右倾机会主义错误和王明"左"倾教条主义错误，加之政治上的不成熟，党在相当一段时间里并没有找到适合中国国情的革命道路，先后犯过"左"倾盲动主义、"左"倾冒险主义等错误。在组织上，一是党内部分领导人曾两度在对中国革命领导权问题上认识模糊、态度动摇；二是对民族资产阶级、小资产阶级及其政党、政派的革命性认识不足，采取排斥态度；三是党内还曾出现过排斥异己的严重的宗派主义错误。在革命战略问题上，党内相当一段时间里对民主革命和社会主义革命之间的关系认识不定，要么割裂两者之间的联系，主张取消革命；要么不顾条件，主张立即进行社会主义革命，凡此种种，都给革命造成了重大损失。"在革命斗争中，以毛泽东同志为主要代表的中国共产党人，把马克思列宁主义基本原理同中国具体实际相结合，对经过艰苦探索、付出巨大牺牲积累的一系列独创性经验作了理论概括，开辟了农村包围城市、武装夺取政权的正确革命道路，创立了毛泽东思想，为夺取新民主主义革命胜利指明了正确方向。"①

其三，斗争，必须紧紧依靠最广大的人民群众。马克思主义经典作家在强调共产主义政党的先进性和纯洁性时指出，共产党人"是各国工人政党中最坚决的、始终起推动作用的部分；在理论方面，他们胜过其余无产阶级群众的地方在于他们了解无产阶级运动的条件、进程和一般结果"，并且他们"没有任何同整个无产阶级的利益不同的利益。他们不提出任何特殊的原则，用以塑造无产阶级的运动"。② 不过，他们同时强调，共产党人的先进性并不意味着他们是包打天下的英雄，在工人阶级的斗争中，一是要清楚共产党人发挥的只是领导、组织作用，"凡是要把社会组织完全加以改造的地方，群众自己就一定要参加进去，自己就一定要弄明白这为的是什么，他们为争取什么而去流血牺牲"③。二是群众才是斗争的主力军，"历史活动是群众的活动，随着历史活动的深入，必将是群众队伍的扩大"④。三是重视团结和引导非本阶级劳动群众的斗争，"同样也同非无产阶级劳动群众联系、接近，甚至可以说在某种程度上同他们

① 《中共中央关于党的百年奋斗重大成就和历史经验的决议》，人民出版社 2021 年版，第 7 页。
② 《马克思恩格斯选集》第 1 卷，人民出版社 2012 年版，第 413 页。
③ 《马克思恩格斯选集》第 4 卷，人民出版社 2012 年版，第 394 页。
④ 《马克思恩格斯文集》第 1 卷，人民出版社 2009 年版，第 287 页。

打成一片"①。四是重视和非共产主义政党的其他党派的合作与配合，但不迁就对方，不放弃自己的主张和理想，"共产党人到处都支持一切反对现存的社会制度和政治制度的革命运动"。"在所有这些运动中，他们都强调所有制问题是运动的基本问题，不管这个问题的发展程度怎样。最后，共产党人到处都努力争取全世界民主政党之间的团结和协调。"②

中国共产党在领导人民进行的一百多年斗争中，一方面坚持马克思主义的唯物史观基本立场，另一方面信守民心向背的政治古训，形成了独特的群众斗争理论。这一理论和实践，是面向最广大的劳苦群众。党在创建时期，就明确提出要"到群众中去"，要组成一个大的"群众党"。大革命时期，这一目标基本实现。土地革命战争时期，党特别强调"关心群众生活，注意工作方法"，要求干部和党员学会做群众工作的方式、方法。全民族抗战时期，党坚持全民抗战的思想，反对仅仅依靠政府和军队片面抗战的观点，强调"兵民是胜利之本"，"战争的伟力之最深厚的根源，存在于民众之中"。解放战争时期，党紧紧依靠人民群众，用"小推车"推出了淮海战役的胜利，用"小木船"划出了渡江战役的胜利。

新民主主义革命时期，党将群众工作的经验上升到了党的根本工作路线，"从群众中集中起来，再到群众中坚持下去"。在社会主

---

① 《列宁选集》第4卷，人民出版社2012年版，第136页。
② 《马克思恩格斯选集》第1卷，人民出版社2012年版，第435页。

义革命和建设时期，党在紧紧依靠人民群众，群策群力的同时，始终把反对党和政府工作中存在的官僚主义现象当作防范、克服的重点。在改革开放和社会主义现代化建设新时期，邓小平强调："群众是我们力量的源泉，群众路线和群众观点是我们的传家宝。"① 党的十二大将"党在自己的工作中实行群众路线，一切为了群众，一切依靠群众，从群众中来，到群众中去，把党的正确主张变为群众的自觉行动"载入了党章。中国特色社会主义新时代，习近平总书记更是将群众路线提到党的生命线的高度来强调，提出了"坚持以人民为中心"的新的发展思想。

此外，由于中国社会阶级、阶层构成的复杂性，革命和建设道路的崎岖性，党在这方面根据形势和任务的变化，形成了中国特色的统一战线理论，"把拥护我们的人搞得多多的，把反对我们的人搞得少少的"②。

其四，斗争，必须掌握正确的政策、策略。马克思主义经典作家十分重视无产阶级斗争中的策略运用。恩格斯在《卡·马克思〈1848年至1850年的法兰西阶级斗争〉一书导言》中主张：在无产阶级推翻资产阶级统治的斗争中，为了谋求一般的利益和达到一般的目的，可以运用合法斗争形式；重视合法性斗争，但不能放弃必要时的革命暴力；无产阶级政党要根据特定的历史条件制定斗

---

① 《邓小平文选》第2卷，人民出版社1994年版，第368页。
② 习近平：《在中央政协工作会议暨庆祝中国人民政治协商会议成立70周年大会上的讲话》，人民出版社2019年版，第9页。

争策略，并根据形势的变化不断调整斗争策略；策略终究是为无产阶级革命斗争的战略目标服务，并服从于战略目标的策略；坚持战略目标，是马克思主义与社会民主主义或民主社会主义的重大区别。列宁继承和发挥了马克思、恩格斯的策略思想，强调"无产阶级实现无条件的集中和极严格的纪律，是战胜资产阶级的基本条件之一"[1]，布尔什维克党应该维持并不断加强极严格的真正铁的纪律。党要善于结合革命实际情况运用不同的斗争手段和斗争形式，正确认识和处理领袖、政党、阶级、群众间的相互关系，正确看待反动工会和资产阶级议会；辩证看待和处理"妥协问题"。

中国共产党将马克思列宁主义策略理论与中国革命的具体实践紧密地结合在一起，创造性提出了自己的斗争政策和策略理论。新民主主义革命时期，毛泽东早就提出分清敌、我、友的基本策略思想，"利用矛盾，争取多数，反对少数，各个击破"的总策略原则，以及"政策和策略是党的生命"的重要论断。社会主义革命和建设时期，面对新中国成立初社会矛盾特别复杂、各方面工作困难重重的局面，毛泽东提出了"不要四面出击"的策略原则，"必须在一个方面有所让步，有所缓和，集中力量向另一方面进攻"。[2] 开始社会主义建设后，针对国内外形势的变化，毛泽东提出了关于正确处理两类不同性质矛盾的政策和策略思想。改革开放和社会主义现代化

---

[1] 《列宁选集》第4卷，人民出版社2012年版，第135页。
[2] 《毛泽东文集》第6卷，人民出版社1999年版，第75页。

建设新时期，邓小平发展和丰富了党的策略思想，如在实现人民富起来问题上，鼓励一部分人、一部分地区先富起来，先富带动后富，最终实现共同富裕；在坚持党的十一届三中全会路线方针政策问题上，不争论，拿事实说话；在改革的探索问题上，认准的就要大胆地试，大胆地闯；在应对国际风云变幻问题上，冷静观察、稳住阵脚、沉着应付、韬光养晦、善于藏拙、决不当头、有所作为，等等。

其五，开展批评和自我批评是伟大斗争取得胜利的根本保证。马克思主义经典作家高度重视党内的批评和自我批评，将其视为保持共产主义政党纯洁性的重要手段，以及党战胜各种艰难险阻，取得胜利的重要保证。他们认为，首先，批评和自我批评是党坚强的标志，"这种无情的自我批评引起了敌人极大的惊愕，并使他们产生这样一种感觉：一个能够这样做的党该具有多么大的内在力量啊！""哪里还有另外一个政党敢于这样做呢？"① 其次，批评和自我批评是党内团结的基础，"各国民主主义者的团结并不排斥相互间的批评。没有这种批评就不可能达到团结。没有批评就不能互相了解，因而也就谈不到团结"②。最后接受批评、改正错误，是党获得进步最快的方法，"伟大的阶级，正如伟大的民族一样，无论从哪方面学习都不如从自己所犯错误的后果中学习来得快"③。"犯错误对一个先进阶级的战斗的党并不可怕，可怕的是坚持错误，虚伪地不好意思

---

① 《马克思恩格斯选集》第 4 卷，人民出版社 2012 年版，第 614—615 页。
② 《马克思恩格斯全集》第 4 卷，人民出版社 1958 年版，第 423 页。
③ 《马克思恩格斯选集》第 1 卷，人民出版社 2012 年版，第 79 页。

承认错误和纠正错误。"①

中国共产党在实践的基础上独创了批评和自我批评的理论。新民主主义革命时期，党认为由于党与无产阶级是经常处在其他各种非无产阶级（大资产阶级、小资产阶级、农民，甚至封建残余势力）的包围之中，它们在思想意识上，在生活习惯上，在理论上，在行动上，经常影响党与无产阶级，所以，"党内斗争是党外阶级斗争的反映"；党内斗争集中表现为思想斗争，对象是党内的右倾机会主义或"左"倾机会主义的倾向，反对"左"倾、右倾必须同时进行；党内斗争是站在党的立场、无产阶级的立场、人民群众立场上的有原则的，为了帮助同志克服错误思想的斗争；对党内同志存在的思想问题，既不能采取自由主义与调和主义态度，也不能使用机械的、过火的"左"倾机会主义斗争方法，更不能闹无原则的纠纷与争斗，尤其要警惕那些没有正确立场的"打手"、无原则的"斗争家"、嗜好斗争的"斗殴家"。② 在总结历史教训的基础上，延安整风运动期间，毛泽东提出了"惩前毖后，治病救人""既要弄清思想，又要团结同志"的党内斗争的方针和"团结—批评—团结"的公式。党还将批评和自我批评视为与其他政党相区别的重要标志，确定为党的三大优良作风之一。新中国成立后，党为了防止和纠正执政后出现的官僚主义等错误作风、现象，进行了不遗余力的斗争。进入改革

---

① 《列宁全集》第 32 卷，人民出版社 1985 年版，第 257 页。
② 《刘少奇选集》上卷，人民出版社 1981 年版，第 187 页。

开放新时期后，党提出了"对待犯错误的同志"的正确方针："对于一切犯错误的同志，要历史地全面地评价他们的功过是非，不要一犯错误就全盘否定；也不要纠缠历史上发生过而已经查清的问题和历史上犯过而已经纠正了的错误"，"在分析一个同志所犯错误的时候，首先必须严格分清两类不同性质的矛盾"，"党内不准用超越党的纪律或违犯国家法律的手段对待党员"，"对人的处理应十分慎重"，等等。①

第二节　本研究的几个基本问题

本研究的基本问题包括：问题的缘起和发展、相关研究的基本状况、研究的方式和方法、研究成果展示的框架和主要内容等。

一、问题的提出与发展的过程

在党的十八大报告起草阶段，时任起草组组长的习近平同志主张将"发展中国特色社会主义是一项长期的艰巨的历史任务，必须准备进行具有许多新的历史特点的伟大斗争"写进报告，并说明"这句话含义很深，特别是强调了要注意我们这个时代的新的历史特

---

① 《三中全会以来重要文献选编》上，人民出版社1982年版，第429—430页。

点，这里面就有我们要面对的机遇和挑战"。^①党的十八大报告接受
了他的主张，明确提出"发展中国特色社会主义是一项长期的艰巨
的历史任务，必须准备进行具有许多新的历史特点的伟大斗争"^②。
党的十八大之后，在 2013 年 6 月召开的全国组织工作会议、2013
年 7 月召开的中央军委专题民主生活会、2013 年 12 月召开的纪念
毛泽东同志诞辰 120 周年座谈会、2014 年 12 月召开的党的十八届
四中全会第二次全体会议、2015 年 2 月召开的春节团拜会、2015 年
11 月召开的中央军委改革工作会议、2016 年 1 月召开的省部级主要
领导干部学习贯彻党的十八届五中全会精神专题研讨班、2016 年 10
月召开的党的十八届六中全会、2016 年 12 月召开的中央经济工作
会议及其他多个场所的讲话中，习近平总书记反复强调"必须准备
进行具有许多新的历史特点的伟大斗争"问题。

在党的十九大报告中，习近平总书记对这一问题作了深刻阐述：
"实现伟大梦想，必须进行伟大斗争。社会是在矛盾运动中前进的，
有矛盾就会有斗争。我们党要团结带领人民有效应对重大挑战、抵
御重大风险、克服重大阻力、解决重大矛盾，必须进行具有许多新
的历史特点的伟大斗争，任何贪图享受、消极懈怠、回避矛盾的思
想和行为都是错误的。全党要更加自觉地坚持党的领导和我国社会
主义制度，坚决反对一切削弱、歪曲、否定党的领导和我国社会主

---

①《习近平著作选读》第 1 卷，人民出版社 2023 年版，第 140 页。
②《十八大以来重要文献选编》上，中央文献出版社 2014 年版，第 11 页。

义制度的言行；更加自觉地维护人民利益，坚决反对一切损害人民利益、脱离群众的行为；更加自觉地投身改革创新时代潮流，坚决破除一切顽瘴痼疾；更加自觉地维护我国主权、安全、发展利益，坚决反对一切分裂祖国、破坏民族团结和社会和谐稳定的行为；更加自觉地防范各种风险，坚决战胜一切在政治、经济、文化、社会等领域和自然界出现的困难和挑战。全党要充分认识这场伟大斗争的长期性、复杂性、艰巨性，发扬斗争精神，提高斗争本领，不断夺取伟大斗争新胜利。"① 党的十九大之后，在 2018 年 1 月 5 日召开的新进中央委员会的委员、候补委员和省部级主要领导干部学习贯彻习近平新时代中国特色社会主义思想和党的十九大精神研讨班，2018 年 2 月召开的党的十九届三中全会，2018 年 5 月召开的纪念马克思诞辰二百周年大会，2018 年 7 月召开的全国组织工作会议，2019 年 3 月召开的 2019 年春季学期中央党校（国家行政学院）中青年干部培训班开班式，2019 年 9 月召开的秋季学期中央党校（国家行政学院）中青年干部培训班开班式，2019 年 10 月召开的党的十九届四中全会，2020 年 1 月召开的"不忘初心、牢记使命"主题教育总结大会，2020 年 6 月召开的中共中央政治局第二十一次集体学习会议，2020 年 9 月召开的全国抗击新冠肺炎疫情表彰大会，2020 年 10 月召开的纪念中国人民志愿军抗美援朝出国作战 70 周年大会，2020 年 11 月召开的中央全面依法治国工作会议，2021 年 2

---

① 《十九大以来重要文献选编》上，中央文献出版社 2019 年版，第 11 页。

月召开的全国脱贫攻坚总结表彰大会，2021 年 7 月召开的庆祝中国共产党成立一百周年大会，2021 年 11 月召开的党的十九届六中全会第二次全体会议，2021 年 12 月召开的中共中央政治局党史学习教育专题民主生活会，2022 年 1 月召开的省部级主要领导干部学习贯彻党的十九届六中全会精神专题研讨班，2022 年 1 月召开的十九届中央纪委六次全会，以及许多其他重要场合的讲话中，习近平总书记从多个方面、多个角度阐释了伟大斗争的内涵和要求等。

在党的二十大报告中，习近平总书记开篇即提出"三个务必"，强调："全党同志务必不忘初心、牢记使命，务必谦虚谨慎、艰苦奋斗，务必敢于斗争、善于斗争，坚定历史自信，增强历史主动，谱写新时代中国特色社会主义更加绚丽的华章。"习近平总书记还用"新的历史特点的伟大斗争"概括了新时代十年间党领导人民所经过的艰辛历程。他指出，十年前，党和国家面临着影响党长期执政、国家长治久安、人民幸福安康的突出矛盾和问题，如"党内存在不少对坚持党的领导认识模糊、行动乏力问题，存在不少落实党的领导弱化、虚化、淡化问题，有些党员、干部政治信仰发生动摇，一些地方和部门形式主义、官僚主义、享乐主义和奢靡之风屡禁不止，特权思想和特权现象较为严重，一些贪腐问题触目惊心；经济结构性体制性矛盾突出，发展不平衡、不协调、不可持续，传统发展模式难以为继，一些深层次体制机制问题和利益固化藩篱日益显现；一些人对中国特色社会主义政治制度自信不足，有法不依、执法不严等问题严重存在；拜金主义、享乐主义、极端个人主义和历史虚无主义等错误思潮不时出现，网络舆论乱象丛生，严重影响人们的思想和社会舆论环境；民生保障存在不少薄弱环节；资源环境约束趋紧、环境污染等问题突出；维护国家安全制度不完善、应对各种重大风险能力不强，国防和军队现代化存在不少短板弱项；香港、澳门落实'一国两制'的体制机制不健全；国家安全受到严峻挑战，等等"。对此，以习近平同志为核心的党中央审时度势、果敢抉择，锐意进取、攻坚克难，团结带领全党全军全国各族人民撸起袖子加油干、风雨无阻向前行，义无反顾进行具有许多新的历史特点的伟大斗争，党和国家事业由此取得历史性成就、发生历史性变革，推动我国迈上全面建设社会主义现代化国家新征程。①

党的二十大报告同时指出，"新的历史特点的伟大斗争"并未结束，当今的中国还面临着一些困难和问题：发展不平衡不充分问题仍然突出，推进高质量发展还有许多卡点瓶颈，科技创新能力还不强；确保粮食、能源、产业链供应链可靠安全和防范金融风险还须解决许多重大问题；重点领域改革还有不少硬骨头要啃；意识形态领域存在不少挑战；城乡区域发展和收入分配差距仍然较大；群众在就业、教育、医疗、托育、养老、住房等方面面临不少难题；生态环境保护任务依然艰巨；一些党员、干部缺乏担当精神，斗争本领不强，实干精神不足，形式主义、官僚主义现象仍较突出；铲除

---

① 习近平：《高举中国特色社会主义伟大旗帜　为全面建设社会主义现代化国家而团结奋斗——在中国共产党第二十次全国代表大会上的报告》，人民出版社 2022 年版，第 5—6 页。

腐败滋生土壤任务依然艰巨，等等。①这就需要全党和全国人民在以习近平同志为核心的党中央领导下，继续进行伟大斗争。

二、研究的进程和上升的空间

关于"进行具有新的历史特点的伟大斗争"的理论关注和学术研究其实在党的十八大之后不久就已经开始。在党的十八大至十九大的5年时间里，辛向阳、韩庆祥、黄一兵、胡长青、章传家、蒋金锵等人对习近平总书记关于"进行具有新的历史特点的伟大斗争"的重要论述作了阐释，主要论点集中在伟大斗争的缘由、内涵和外延、方式方法等方面的说明，如"为什么会有伟大斗争"，"新的'斗争'究竟指什么"，"新的斗争为什么说是伟大的"，"新的伟大斗争包含哪些方面"，"如何开展新的历史特点的伟大斗争"，等等。②

对伟大斗争研究进入高潮是在党的十九大提出"四个伟大"（伟

---

① 习近平：《高举中国特色社会主义伟大旗帜　为全面建设社会主义现代化国家而团结奋斗——在中国共产党第二十次全国代表大会上的报告》，人民出版社2022年版，第14页。

② 如辛向阳：《对伟大斗争深刻含义的初步理解》(《前线》2012年第12期)、《如何理解伟大斗争的深刻含义》(《学习论坛》2013年第1期)；韩庆祥：《中国共产党面临八个"新的伟大斗争"》(《理论导报》2014年第8期)；黄一兵：《"四个全面"是引领具有新的历史特点伟大斗争的战略布局》(《中共党史研究》2015年第7期)；蒋金锵：《做好进行新的伟大斗争的思想准备》(《求是》2013年第15期)；胡长青：《现阶段具有新的历史特点的伟大斗争解析》(《红旗文稿》2015年第14期)；章传家：《谈进行具有许多新的历史特点的伟大斗争》(《求是》2014年第4期)；等等。

大斗争、伟大工程、伟大事业、伟大梦想）之后。覃辉银、赵鑫的
《新时代中国共产党领导的"伟大斗争"研究述评》(《山西高等学校
社会科学学报》2020 年第 11 期），张佳雨的《党的十九大以来关于
"伟大斗争"的研究述评》(《中共成都市委党校学报》2021 年第 4
期）已经作了较好的总结。他们认为：从形成状态看，伟大斗争理
念和相关论断的提出是以习近平同志为核心的党中央运用唯物辩证
法矛盾规律观察、分析客观世界得出的结论，是唯物史观中马克思
主义根本立场——人民性和本质特征——革命性的体现；是对党的
百年奋斗历程的经验总结和理论升华；是应对"两个时代""两个大
局"的重大战略举措。从内涵意蕴看，伟大斗争不是党过往领导人
民进行的阶级斗争，更不是一度出现的扩大化了的阶级斗争，也不
是疾风暴雨的群众运动，而是主动、积极、自觉、有序地改革现实
生活中不适应时代潮流的体制、机制，激发全社会的创造力，推动
中国向既定的目标方向发展；是直面挑战、危险，主动出击、迎战，
针对的是党领导人民进行的各个方面的建设和改革，以及党的自身
建设中出现的问题和困难；是一种积极进取、奋发向上、敢打敢拼、
百折不挠的精神风貌。从"新的历史特点"解读看，它与新民主主
义革命时期、社会主义革命和建设时期、改革开放和社会主义现代
化建设新时期党领导的各种伟大斗争，在斗争性质、方式、内容上
有着很大的区别。在主体方面反映出政治主体、组织主体、党员个
体主体有机结合的特点；在难度系数上表现出领域空前扩大、触及
问题盘根错节、运用"武器"花样繁多、方式方法复杂多样、焦点

热点交织叠加、成败得失事关重大等特点。从进行方式要求看，明确斗争方向、发扬斗争精神、讲求斗争艺术、增强斗争本领，是多数人的共识。

上述只是学术、理论期刊发表的文章。如从相关专著看，齐卫平等聚焦党的十九大提出的"四个伟大"历史使命，对"四个伟大"的内在关系等问题进行了研究，指出"四个伟大"是一个集成概念，伟大斗争、伟大工程、伟大事业、伟大梦想之间紧密联系、相互贯通、相互作用，必须统筹推进"四个伟大"。① 刘佳从哲学依据、话语嬗变、思想要义、理论形态、鲜明特质等方面对伟大斗争加以说明，论证了伟大斗争与世界历史、治国理政、理论强党之间的紧密关联，提出加强伟大斗争精神力量、武装力量、青年力量、政治力量建设。② 董振华等从理论逻辑、历史逻辑、实践逻辑等角度说明了进行伟大斗争的重要性和必要性，提出进行伟大斗争要求坚定斗争意志、把准斗争方向、明确斗争任务、掌握斗争规律、讲求斗争方法、增强斗争本领、发扬斗争精神，等等。③ 郝永平、黄相怀首先从科学内涵、历史特点、重要作用、合理边界和独特地位对伟大斗争进行了理论分析，其次从反腐败斗争、意识形态领域斗争、与破坏法治行为斗争、同重大自然灾害斗争、反分裂斗争、反霸权主

---

① 齐卫平等：《"四个伟大"与新时代中国共产党的历史使命》，人民出版社 2019 年版。

② 刘佳：《中国共产党"伟大斗争"研究》，人民出版社 2019 年版。

③ 董振华主编：《斗争》，中共中央党校出版社 2019 年版。

义斗争和军事斗争 7 个方面呈现了具体领域的伟大斗争，最后说明了发扬斗争精神、提高斗争本领、坚持法治原则、坚守人民立场等实践要求。① 时隔 4 年，郝、黄以其既有研究成果为基础，按照科学内涵、地位作用、历史特点和实践要求的逻辑谋篇布局，再次通过著作对伟大斗争进行说明阐释。② 肖光文等以伟大斗争历史进程开篇，进而说明了新的历史特点的伟大斗争的时代背景、科学内涵、表现领域、基本特征、基本要求和时代意义。③ 这些著作为继续开展伟大斗争研究提供了重要参考。

笔者以为，关于"进行具有新的历史特点的伟大斗争"的研究仍有很大发展空间：一是对问题属性把握不够全面。大多数研究成果将问题限定在"中国共产党领导和建设"（或简称"党的建设"）领域，视野较为狭窄，也难以揭示问题的本质；二是缺少对国际共运史，尤其是中共党史的历史关怀，不少作品为了理论而理论、为了逻辑而逻辑，甚至从语义学角度寻找伟大斗争在文献上的词汇演变，这就使得问题中的"新的历史特点"无法真实地、令人信服地体现出来；三是对现实生活中的伟大斗争实践材料关注、分析、运用不够，致使理论说明空洞苍白。

---

① 郝永平、黄相怀：《伟大斗争与新时代共产党人的使命担当》，人民出版社 2019 年版。

② 郝永平、黄相怀：《伟大斗争：中国人民的志气骨气底气》，浙江人民出版社 2023 年版。

③ 肖光文等：《使命担当：为实现中华民族伟大复兴而进行的伟大斗争》，中央文献出版社、中共党史出版社 2021 年版。

三、本研究特点和研究方法

本研究特点为：第一，本研究的学术定位和学术属性为马克思主义理论。本研究认为：一是尽管伟大斗争不是"习近平新时代中国特色社会主义思想"的独立组成部分①，但是，它体现于这一思想的方方面面，是其中的重要内容。二是如前所述，中国特色社会主义进入新时代以来，作为党内最重要的文献材料——党的十八大、十九大、二十大报告在论及伟大斗争时，总是与"中国特色社会主义""新时代中国特色社会主义"紧密联系在一起展开说明的。三是基于此，将伟大斗争置于党的建设领域研究是很有意义的；但如果仅仅限于"新时代新的伟大工程""习近平总书记关于党的建设的重要思想""自我革命战略思想""全面从严治党战略部署"等党建领域，则难以展示其全貌。四是如果说不少展示"习近平新时代中国特色社会主义思想"的作品只是"静态"的铺陈，其中的伟大斗争则彰显出"动态"特色。

---

① 中共中央宣传部编写的《习近平新时代中国特色社会主义思想学习纲要（2023年版）》（学习出版社、人民出版社 2023 年版），中共中央党史和文献研究院、中央学习贯彻习近平新时代中国特色社会主义思想主题教育领导小组办公室编的《习近平新时代中国特色社会主义思想专题摘编》（党建读物出版社、中央文献出版社2023 年版），中共中央宣传部会同国家教育部组织编写的《习近平新时代中国特色社会主义思想概论》（高等教育出版社、人民出版社 2023 年版）等"习近平新时代中国特色社会主义思想"重要的代表性著述均未将"伟大斗争"列为专题或专门章节予以展开。

第二，与以往大多数作品不同，本研究注重对伟大斗争理论来源和实践传统的追溯，以相当大的篇幅叙述和分析了马克思主义政党的斗争历程、斗争经验和斗争理论。领袖性格塑造政党特质，所以，本研究有一定的内容展示了马克思、列宁在创建共产主义政党、领导工人阶级及其他劳动群众推翻旧制度的过程中的斗争经历及风貌。

第三，在比较研究方面，本研究认为基于马克思主义理论发展史和中华优秀传统文化发展史的纵向比较研究是十分必要的。因为习近平新时代中国特色社会主义思想是当代中国马克思主义、二十一世纪马克思主义，是中华文化和中国精神的时代精华。

第四，党的十八大以来，习近平新时代中国特色社会主义思想一直是理论界和整个社会科学界关注的最重要研究课题。依据本研究领域的通识，研究伟大斗争，首先要在对历史和现实相结合、理论和实践相统一的基础上，学深悟透习近平总书记的相关重要论述，行文做到段段有理论文献根据，做好理论阐释工作；其次以体系化、学理化的要求构建叙述框架。所以，本研究将在研习习近平总书记关于伟大斗争的重要论述的基础上，展现其理论内容、风貌、特性。

本研究的总方法为辩证唯物主义和历史唯物主义的认识论。具体方法，一是文献分析法，对党的十八大以来习近平总书记关于伟大斗争的重要论述进行系统的整理、分析，从纵向上把握其发展脉络和规律；二是基本理论分析法，即概念、范畴、原理的归纳和演绎方法，对伟大斗争的话语（概念、专门论断、具有逻辑性的经典阐述）进行梳理，并揭示出其中的理论、思维关联；三是比较研究法，主要是纵向比较法，对同一性质的问题作史学的追溯，突出现实的创造性。

四、基本构架和主要内容

导论。主要从国际共运史和中共党史角度说明"斗争"是马克思主义政党的基本特征，并总结马克思主义政党领导人民进行伟大斗争的历史经验，得出几点规律性的认识结论；介绍本研究"问题的提出与发展的过程""研究的进程和上升的空间""研究特点和研究方法""基本构架和主要内容"等方面。

第一章"新时代伟大斗争的新的历史特点"。着重说明伟大斗争在新时代的"新的历史特点"。介绍新时代党领导人民进行伟大斗争的基本情况；回应中国特色社会主义进入的"新时代"的深刻意蕴，描绘"新时代"所处的历史画面"中华民族伟大复兴战略全局"和"世界百年未有之大变局"这"两个大局"叠加在一起的壮观场景；说明新时代伟大斗争的长期性、复杂性、艰巨性特色；阐明坚定战略自信、增强忧患意识、坚定斗争意志等进行伟大斗争的基本要求。

第二章"新时代伟大斗争的根本方向"。在新时代，中国共产党人坚持伟大斗争的大方向就是坚持中国共产党领导和我国社会主义制度不动摇。在当代中国，党的领导地位是历史选择必然性和人民选择自觉性的有机统一。进行伟大斗争，胜利实现目标任务必须坚持中国共产党领导。社会主义制度尤其是中国特色社会主义制度是我们夺取伟大斗争的胜利、实现我们的目标任务的根本制度保障。同危害党的领导和社会主义制度的言行作斗争是伟大斗争的首要任务，也是保证伟大斗争沿着正确方向进行的根本要求。

第三章"新时代伟大斗争的根本目的"。实现人民对美好生活的向往、实现中华民族伟大复兴，是党在新时代领导人民进行伟大斗争的根本目的。伟大斗争为人民而斗争就必须把人民对美好生活的向往作为目标，必须是人民群众主动、共同参与的斗争，同时斗争成果由人民检验、共享，斗争成效也必须由人民来评判。实现中华民族伟大复兴是近代以来中国人民的伟大梦想，是党目前领导人民进行伟大斗争的中心任务。当今，中华民族伟大复兴进入了不可逆转的历史进程，而越是接近民族复兴就越不会一帆风顺，越要进行伟大斗争。

第四章"新时代伟大斗争的基本内涵"。新时代的伟大斗争有着特定的斗争对象，其内涵主要是应对重大挑战，如外部环境挑战、推动高质量发展挑战、突发公共事件挑战、全球性挑战等；抵御重大风险，既包括国内的经济、政治、意识形态、社会风险以及来自自然界的风险，也包括国际经济、政治、军事风险等；克服重大阻力，如思想观念束缚、利益固化藩篱、体制机制弊端等；解决重大矛盾，如社会主要矛盾、人民内部矛盾、敌我矛盾等。"对潜在的风险有科学预判，知道风险在哪里，表现形式是什么，发展趋势会怎样，该斗争的就要斗争。"

第五章"新时代伟大斗争的基本原则"。包括"坚持党的领导"

原则，除说明坚持党的领导是根本保证外，对其基本要求如坚持党的全面领导、坚持党中央集中统一领导、坚持党的绝对领导等展开说明；"充分发挥社会主义制度的独特优势"原则，主要阐释如何在理论和实践方面捍卫中国特色社会主义制度；"紧紧依靠广大人民群众"原则，旨在说明伟大斗争必须为了人民、依靠人民、相信人民、动员和组织人民；"坚持思想舆论、法治斗争及其他形式斗争相统一"原则，旨在说明伟大斗争的多种多样，方式方法也应因时因事而异。

第六章"新时代伟大斗争的基本要求"。包括发扬斗争精神，如增强志气、骨气、底气，勇于担当、善于作为，敢于斗争、敢于胜利等；掌握斗争策略，如合理选择斗争方式，及时调整斗争策略，调动一切积极因素等；练就斗争本领，如保持"本领恐慌"意识，增强八项执政本领，提高七种干事能力等；投身斗争实践，如在斗争中经受考验、在斗争中学会斗争、在斗争中赢得胜利等。

结语"新时代伟大斗争理论与实践的价值"。在理论方面，习近平总书记关于伟大斗争的重要论述丰富和发展了马克思列宁主义的斗争学说，在新的历史条件下完善了中国共产党关于斗争的理论，体现了斗争理论"两个结合"的特性；在实践方面，它已经推动并将继续推动中国特色社会主义新时代党和国家各方面的事业在战胜各种艰难险阻中不断向前发展，使党的自我革命和党领导的伟大社会革命日益呈现出新的风貌、取得新的成就。它将在党领导人民以中国式现代化全面推进强国建设、民族复兴伟业中继续展现其中国化、时代化特色。

第一章　新时代伟大斗争的新的历史特点

　　党的十八大报告明确指出："发展中国特色社会主义是一项长期的艰巨的历史任务，必须准备进行具有许多新的历史特点的伟大斗争。"① 对此，习近平总书记强调，"我主持起草工作时就主张要写上去"，"这句话含义很深，特别是强调了要注意我们这个时代的新的历史特点，这里面就有我们要面对的机遇和挑战"。② 在进行具有许多新的历史特点的伟大斗争实践中，为更好地把握和应对时代发展带来的战略机遇和风险挑战，我们必须深刻认识和理解伟大斗争的"新的历史特点"，尤其是其长期性、复杂性、艰巨性，并将其要求贯彻落实到实践中，这样才能不断夺取伟大斗争新胜利。

　　① 《十八大以来重要文献选编》上，中央文献出版社 2014 年版，第 11 页。
　　② 《习近平著作选读》第 1 卷，人民出版社 2023 年版，第 140 页。

第一节　新时代党领导人民进行的伟大斗争

党的十八大以来，以习近平同志为核心的党中央领导人民攻坚克难、奋发进取，如期实现了全面建成小康社会目标，党和国家各方面事业都取得历史性成就、发生历史性变革，中华民族伟大复兴有了更为完善的制度保证、更为坚实的物质基础、更为主动的精神力量，中华民族踏上了"强起来"的新征程。

一、巨大成就下的严峻形势

党的十八大是在我国进入全面建成小康社会决定性阶段召开的一次十分重要的大会。当时尽管党和国家的事业都取得了举世瞩目的成就，但是长期积累的影响党长期执政、国家长治久安、人民幸福安康的矛盾和问题也十分突出，主要表现为：在坚持党的领导这一根本政治原则问题上，党内存在不少认识模糊、行动乏力，落实党的领导弱化、虚化、淡化现象；在加强党的建设问题上，有些党员、干部政治信仰动摇，一些地方和部门"四风"屡禁不止，特权思想、特权现象较为严重，一些贪腐问题触目惊心；在经济建设方面，结构性体制性矛盾突出，发展不平衡、不协调、不可持续现象明显，传统发展模式无法延续，一些深层次体制机制问题和利益固化藩篱愈加显现；在政治建设方面，一些人对中国特色社会主义政治制度缺乏自信，法治建设中的问题严重存在；在文化建设上，拜金主义、享乐主义、极端个人主义和历史虚无主义等错误观念时隐时现，网络舆论杂乱无章，人们思想和社会舆论环境受到影响；在社会建设方面，民生保障存在许多薄弱环节；在生态文明建设方面，资源环境约束趋紧、环境污染等问题突出；在总体国家安全方面，维护国家安全制度不完善、应对各种重大风险能力不强，国防和军队现代化存在不少短板弱项，国家安全受到严峻挑战；在祖国统一大业方面，香港、澳门落实"一国两制"的体制机制不健全；等等。当时，党内和社会上不少人对党和国家前途忧心忡忡。[①] 党的十八大报告告诫全党："发展中国特色社会主义是一项长期的艰巨的历史任务，必须准备进行具有许多新的历史特点的伟大斗争。"[②]

二、迎难而上，义无反顾的斗争

党的十八大后，以习近平同志为核心的党中央以巨大的政治勇气和强烈的责任担当，科学判断形势，果断作出抉择，团结带领全党全军全国各族人民披荆斩棘，迎难而上，义无反顾地以斗争的姿态解决问题、化解矛盾、转危为机。这些伟大斗争，从整体上看：（1）坚持马克思主义基本理论与中国具体实践、中华优秀传统文化

---

① 习近平：《高举中国特色社会主义伟大旗帜　为全面建设社会主义现代化国家而团结奋斗——在中国共产党第二十次全国代表大会上的报告》，人民出版社 2022 年版，第 5 页。

② 《十八大以来重要文献选编》上，中央文献出版社 2014 年版，第 11 页。

相结合，创立了习近平新时代中国特色社会主义思想，实现了马克思主义中国化时代化新的飞跃，为新时代党和国家事业发展提供了根本遵循；（2）全面加强党的领导，完善"党的领导"理论体系、制度体系，增强"四个意识"，提高政治能力，落实"两个维护"，拥护"两个确立"，全党的团结统一得到了进一步加强；（3）对新时代党和国家事业发展作出科学完整的战略部署，提出实现中华民族伟大复兴的中国梦，及以中国式现代化推进中华民族伟大复兴这一党在新时代新征程上的中心任务，明确"四个伟大"治国理政方针，明确"五位一体"总体布局和"四个全面"战略布局，明确我国社会主要矛盾是人民日益增长的美好生活需要和不平衡不充分的发展之间的矛盾，并紧紧围绕这个社会主要矛盾推进各项工作，不断丰富和发展人类文明新形态；（4）经过接续奋斗，实现了小康这个中华民族的千年梦想，我国发展站在了更高历史起点上，历史性地解决了绝对贫困问题，为全球减贫事业作出了重大贡献；（5）提出并贯彻新发展理念，着力推进高质量发展，推动构建新发展格局，实施供给侧结构性改革，制定一系列具有全局性意义的区域重大战略，我国经济实力实现历史性跃升；（6）以巨大的政治勇气全面深化改革，中国特色社会主义制度更加成熟更加定型，国家治理体系和治理能力现代化水平明显提高；（7）实行更加积极主动的开放战略，构建面向全球的高标准自由贸易区网络，形成更大范围、更宽领域、更深层次对外开放格局；（8）坚持走中国特色社会主义政治发展道路，全面发展全过程人民民主，社会主义法治国家建设深入推进；（9）确立和坚持马克思主义在意识形态领域指导地位的根本制度，意识形态领域形势发生全局性、根本性转变；（10）深入贯彻以人民为中心的发展思想，人民群众获得感、幸福感、安全感更加充实、更有保障、更可持续，共同富裕取得新成效；（11）坚持绿水青山就是金山银山的理念，生态环境保护发生历史性、转折性、全局性变化；（12）贯彻总体国家安全观，国家安全得到全面加强，平安中国建设迈向更高水平；（13）确立党在新时代的强军目标，贯彻新时代党的强军思想和军事战略方针，人民军队体制、结构、格局、面貌焕然一新；（14）全面准确推进"一国两制"实践，推动香港进入由乱到治走向由治及兴的新阶段，坚决反对"台独"分裂行径和外部势力干涉，牢牢把握两岸关系主导权和主动权；（15）全面推进中国特色大国外交，推动构建人类命运共同体，展现负责任大国担当，我国国际影响力、感召力、塑造力显著提升；（16）深入推进全面从严治党，找到了自我革命这一跳出治乱兴衰历史周期率的第二个答案。① 新时代以来党和国家事业取得历史性成就、发生历史性变革可谓"惊天动地"，必将成为党史、新中国史、改革开放史、社会主义发展史、中华民族发展史上具有里程碑意义的篇章。

---

① 参见党的二十大报告。《中共中央关于党的百年奋斗重大成就和历史经验的决议》（2021年11月11日中国共产党第十九届中央委员会第六次全体会议通过）是从13个方面概括了新时代党领导人民取得的伟大成就，即坚持党的全面领导、全面从严治党、经济建设、全面深化改革开放、政治建设、全面依法治国、文化建设、社会建设、生态文明建设、国防和军队建设、维护国家安全、坚持"一国两制"和推进祖国统一、外交工作。

三、影响深远重大"战役"

从突出之处看，这些伟大斗争又有：一是脱贫攻坚战。党的十八大后，党中央组织开展了声势浩大的脱贫攻坚人民战争，党带领人民攻坚克难，现行标准下 9899 万农村贫困人口全部脱贫，832个贫困县全部摘帽，12.8 万个贫困村全部出列，区域性整体贫困得到解决，完成了消除绝对贫困的艰巨任务，创造了又一个彪炳史册的人间奇迹。[①] 二是改革攻坚战。十八大后，党中央审时度势，敢于突进深水区、啃硬骨头、涉险滩，面对新矛盾新挑战，"冲破思想观念束缚，突破利益固化藩篱，坚决破除各方面体制机制弊端，各领域基础性制度框架基本建立，许多领域实现历史性变革、系统性重塑、整体性重构"，全面完成新一轮党和国家机构改革，"中国特色社会主义制度更加成熟更加定型，国家治理体系和治理能力现代化水平明显提高"。[②] 三是污染防治攻坚战。十八大以后，在习近平生态文明思想指引下，我国生态环境得到了全方位、全地域、全过程保护治理，绿色、循环、低碳的发展模式稳步推进，环保工作取得了历史性、转折性、全局性成就，天蓝、山绿、水清目标逐步

[①] 习近平：《在全国脱贫攻坚总结表彰大会上的讲话》，人民出版社 2021 年版，第 1 页。

[②] 习近平：《高举中国特色社会主义伟大旗帜　为全面建设社会主义现代化国家而团结奋斗——在中国共产党第二十次全国代表大会上的报告》，人民出版社 2022 年版，第 9 页。

实现。四是疫情防控人民战争总体战阻击战。2020 年 1 月突如其来的新冠肺炎疫情是百年来全球最严重的大流行传染病，也是新中国成立以来传播最快、感染最广、防控最难的重大突发公共卫生事件。党中央带领全国人民坚持外防输入、内防反弹和动态清零不动摇方针，展开了抗击疫情的斗争，不但最大限度地保护了人民的生命安全和身体健康，而且还取得了统筹疫情防控和经济社会发展的重大积极成果。五是香港局势由乱到治之战。2019 年 6 月，香港反对派和一些激进势力以特区政府修订《逃犯条例》为由进行所谓"抗议"活动，并使游行逐渐演变为暴力冲突，甚至有组织地袭击警察，滋扰政府部门，冲击和破坏特区立法会大楼。党中央从战略和全局高度对香港形势作出研判和部署，我们依照宪法和基本法有效实施对特别行政区的全面管治权，制定实施了《中华人民共和国香港特别行政区维护国家安全法》，落实"爱国者治港"原则，实现了香港局势由"乱"到"治"的转变。随着党中央和中央政府对粤港澳大湾区建设深入推进，以及支持香港发展经济、改善民生、保持稳定的政策落实，香港目前正由"治"而"兴"。六是美国挑起的中美贸易摩擦。自中国成为世界第二大经济体后，以美国为首的一些西方国家对我实施讹诈、遏制、封锁、极限施压手段，妄图阻挡中华民族伟大复兴的洪流，尤其是美国在 2018 年后执意挑起贸易摩擦。对此，党和政府积极推进中美贸易磋商，督促美方遵守世贸公约协定；运用法律手段，起诉美方，赢得反制支持；针锋相对，制定和实施各项反制措施；加大与其他主要经济体的贸易往来，减轻对美市场依赖。最终不但赢得了胜利，而且增强了中国在全球的经济影响力。七是反腐败斗争攻坚战持久战。十八大后，党中央将反腐败定位于"一场决不能输的重大政治斗争"，以"得罪千百人、不负十四亿"的使命担当情怀，坚持反腐败无禁区、全覆盖、零容忍的立场，坚持"不敢腐、不能腐、不想腐"一体推进的方针，"打虎""拍蝇""猎狐"多管齐下。十年间，反腐败斗争经历了从腐败和反腐败"呈胶着状态"，到"压倒性态势正在形成"，到"压倒性态势已经形成并巩固发展"，到"取得压倒性胜利"，再到"取得压倒性胜利并全面巩固"等艰难阶段。十年间，全国纪检监察机关共立案审查调查各级"一把手"20.7万人；十八届中央委员、中央候补委员49人，十八届中央纪委委员12人；十九届中央委员、中央候补委员12人，十九届中央纪委委员6人。① 这些努力消除了党和国家权力机构中的严重隐患，确保了公共权力始终用来为人民谋幸福。

第二节 "新的历史特点"的判断依据

新时代伟大斗争"具有许多新的历史特点"。一方面，这同中国特色社会主义进入新时代这一我国发展新的历史方位密切相关。新

---

① 《十年反腐成就：立案调查"一把手"20.7万人》，中国互联网新闻中心图片中国官方账号，2022年10月18日。

时代坚持和发展中国特色社会主义要求进行具有许多新的历史特点的伟大斗争。另一方面，这是由中华民族伟大复兴战略全局和世界百年未有之大变局所决定的。习近平总书记指出："'新的历史特点'这个概念，含义是很深刻的，是全面审视和判断国内国际两个大局发展大势得出的重要判断。"①

一、中国特色社会主义进入新时代

以习近平同志为核心的党中央对我国发展的历史方位作出新的重大政治判断，强调"经过长期努力，中国特色社会主义进入了新时代"，指出"这个新时代，是承前启后、继往开来、在新的历史条件下继续夺取中国特色社会主义伟大胜利的时代，是决胜全面建成小康社会、进而全面建设社会主义现代化强国的时代，是全国各族人民团结奋斗、不断创造美好生活、逐步实现全体人民共同富裕的时代，是全体中华儿女勠力同心、奋力实现中华民族伟大复兴中国梦的时代，是我国日益走近世界舞台中央、不断为人类作出更大贡献的时代"。② 这一判断从不同侧面深刻阐明了"新时代"的丰富内涵，回答了其"新"在何处的问题。

从为中国人民谋幸福上看，在解决人民温饱问题、人民生活总体上达到小康水平基础上，中国共产党又与时俱进地提出"两个

---

① 《习近平著作选读》第 1 卷，人民出版社 2023 年版，第 129 页。
② 《习近平著作选读》第 2 卷，人民出版社 2023 年版，第 8—9 页。

一百年"奋斗目标。经过全党全国各族人民不懈奋斗，我们又顺利实现了第一个百年奋斗目标，在中华大地上全面建成了小康社会，历史性地解决了绝对贫困问题，已迈上全面建设社会主义现代化国家新征程，正向第二个百年奋斗目标进军。从为中华民族谋复兴上看，在中国共产党的坚强领导下，在无数中华儿女的奋力拼搏下，经过百年艰苦奋斗，中华民族迎来了从站起来、富起来到强起来的伟大飞跃，掀开了实现民族复兴的新篇章，中华民族伟大复兴展现出前所未有的光明前景，已进入不可逆转的历史进程。从为人类谋和平与发展上看，我们始终不渝走和平发展道路，始终做世界和平的建设者、全球发展的贡献者、国际秩序的维护者，坚持推动构建人类命运共同体，为解决人类重大问题，建设持久和平、普遍安全、共同繁荣、开放包容、清洁美丽的世界贡献了中国智慧、中国方案、中国力量，成为推动人类发展进步的重要力量，我国国际影响力、感召力、塑造力显著提升。

"新时代"之所以能称其为"新时代"，基本依据在于我国社会主要矛盾发生变化。社会主要矛盾状况及其变化发展，是认识社会发展阶段情况和把握其时代性特征的重要依据。在此前一段历史时期内，我国社会的主要矛盾是人民日益增长的物质文化需要同落后的社会生产之间的矛盾。经过全党全国各族人民持续多年艰苦奋斗，尤其是改革开放和社会主义现代化建设不断深入发展，我国已成为世界第二大经济体、制造业第一大国、货物贸易第一大国、商品消费第二大国、外资流入第二大国、外汇储备第一大国，扮演着世界经济增长的主要稳定器和动力源角色，从根本上改变了此前生产落后的状况。经过长期发展，人民美好生活需要日益广泛，不仅对物质文化生活提出了更高要求，而且在民主、法治、公平、正义、安全、环境等方面的要求日益增加，只讲"物质文化需要"已不能真实反映人民群众的需求和愿望。与此同时，更加突出的问题是发展不平衡不充分，这已成为满足人民日益增长的美好生活需要的主要制约因素。因此，党及时作出最新重大战略判断："我国社会主要矛盾已经转化为人民日益增长的美好生活需要和不平衡不充分的发展之间的矛盾。"① 这一判断从社会主要矛盾的角度说明了"新时代"的由来，回答了其何以为"新"的问题。

中国特色社会主义进入"新时代"要求进行具有许多"新的历史特点"的伟大斗争。进入新时代、迈上新征程要求砥砺新作为、担当新任务。不管是全面建设社会主义现代化国家，还是全面推进中华民族伟大复兴，抑或是推动构建人类命运共同体，都是新的历史起点上我们面临的新的历史任务。新的历史时期，为完成新的历史任务所进行的新时代伟大斗争，自然也具有许多新的历史特点。进一步讲，人类社会是在矛盾运动中变化发展的，有矛盾就会有斗争。不同的矛盾有不同的解决方法，就有不同的斗争内容和方式，斗争也相应具有不同的历史特点。新时代我国社会主要矛盾发生变化，以解决这一社会主要矛盾为重要内容的新时代伟大斗争自然也

---

① 《习近平著作选读》第 2 卷，人民出版社 2023 年版，第 9 页。

就具有此前斗争所未曾有的"新的历史特点"。

二、中华民族伟大复兴战略全局

国内国际两个大局是得出新时代伟大斗争"具有许多新的历史特点"判断的重要依据。习近平总书记多次强调要统筹国内国际两个大局，并对此作出重要论述。2013 年 10 月 24 日至 25 日，周边外交工作座谈会在北京召开。习近平总书记在会上发表重要讲话。他指出："胸中要装着国内国际两个大局，国内大局就是'两个一百年'奋斗目标，实现中华民族伟大复兴的中国梦；国际大局就是为我国改革发展稳定争取良好外部条件，维护国家主权、安全、发展利益，维护世界和平稳定、促进共同发展。"[①] 这一重要论述深刻阐述了国内国际两个大局的科学内涵，指明了当代中国发展前进的战略方向，为把握时代特征和投身中国特色社会主义伟大实践提供了行动指南。2019 年 5 月 21 日，习近平总书记在南昌主持召开推动中部地区崛起工作座谈会。他强调："我经常讲，领导干部要胸怀两个大局，一个是中华民族伟大复兴的战略全局，一个是世界百年未有之大变局，这是我们谋划工作的基本出发点。"[②] 这一重要论述高度凝练、提纲挈领地点明了国内国际两个大局的含义和特征，是对新时代新征程国内国际形势的最新战略判断，为我们进一步认识和

---

① 《习近平著作选读》第 1 卷，人民出版社 2023 年版，第 155 页。
② 《习近平谈治国理政》第 3 卷，外文出版社 2020 年版，第 77 页。

担当新时代使命任务提供了重要思想武器。

作为两个大局中的国内部分，中华民族伟大复兴战略全局在新时代进入了新的历史阶段："实现中华民族伟大复兴进入了不可逆转的历史进程。"[①] 中国共产党是中国工人阶级的先锋队，同时是中国人民和中华民族的先锋队。中国共产党一经成立，就坚守为中国人民谋幸福、为中华民族谋复兴的初心使命，就义无反顾肩负起实现中华民族伟大复兴这一近代以来中华民族最伟大的梦想的责任，团结带领人民进行了艰苦卓绝的斗争，谱写了气吞山河的壮美史诗。

尤其是党的十八大以来，在以习近平同志为核心的党中央坚强领导下，全党全军全国各族人民砥砺前行，攻克了许多长期没有解决的难题，办成了许多事关长远的大事要事，党和国家事业取得历史性成就、发生历史性变革，为实现中华民族伟大复兴提供了更为完善的制度保证、更为坚实的物质基础、更为主动的精神力量。

第一，坚持正确改革方向，坚定不移推进全面深化改革，对经济体制、政治体制、文化体制、社会体制、生态文明体制、国防和军队改革、党的建设制度改革等作出战略部署，坚持和完善中国特色社会主义制度，中国特色社会主义制度更加成熟更加定型；推进国家治理体系和治理能力现代化水平不断提高；坚持依规治党，形成比较完善的党内法规体系。第二，坚持以经济建设为中心，立足

---

① 《习近平著作选读》第 2 卷，人民出版社 2023 年版，第 480 页。

新发展阶段、贯彻新发展理念、构建新发展格局、推动高质量发展，经济发展的平衡性、协调性、可持续性明显增强，国内生产总值超过 120 万亿元人民币，人均国内生产总值超过 12000 美元，对世界经济增长的平均贡献率居世界第一，历史性地解决了绝对贫困问题，国家经济实力、科技实力、综合国力跃上新台阶。第三，坚持"两个结合"，不断推进马克思主义中国化时代化，创立习近平新时代中国特色社会主义思想，实现马克思主义中国化新的飞跃，马克思主义在中国大地上展现出更强大、更有说服力的真理力量；推进文化自信自强，发展面向现代化、面向世界、面向未来的，民族的科学的大众的社会主义文化，实现中华民族伟大复兴的精神力量不断增强。

"我们比历史上任何时期都更接近、更有信心和能力实现中华民族伟大复兴的目标。"但是，"行百里者半九十。中华民族伟大复兴，绝不是轻轻松松、敲锣打鼓就能实现的"①。在把握自身不断发展壮大等我国发展重要战略机遇的同时，应当清醒认识到前进道路上的各种困难和挑战，切实肩负起新时代新征程赋予的使命任务，付出更为艰巨、更为艰苦的努力，不断推进各项事业向前发展。

习近平总书记在党的二十大报告中提出："从现在起，中国共产党的中心任务就是团结带领全国各族人民全面建成社会主义现代化强国、实现第二个百年奋斗目标，以中国式现代化全面推进中华

---

① 《习近平著作选读》第 2 卷，人民出版社 2023 年版，第 13 页。

民族伟大复兴。"① 党的二十大就实现这一任务作出了新的"两步走"战略安排，擘画了以中国式现代化全面推进中华民族伟大复兴的宏伟蓝图。党的二十大还明确了在未来 5 年这一全面建设社会主义现代化国家开局起步的关键时期，我们需奋力实现的 8 项目标任务；提出了到基本实现社会主义现代化的 2035 年，我国发展总体目标的 8 个主要方面。与此同时，党的二十大报告指出，"我国改革发展稳定面临不少深层次矛盾躲不开、绕不过，党的建设特别是党风廉政建设和反腐败斗争面临不少顽固性、多发性问题"，"我国发展进入战略机遇和风险挑战并存、不确定难预料因素增多的时期，各种'黑天鹅'、'灰犀牛'事件随时可能发生"。② 党的二十大报告在提出历史任务、作出部署安排的同时，彰显了中国共产党人居安思危、顽强斗争的精神品格，是党团结带领全国各族人民夺取中国特色社会主义新胜利的政治宣言和行动纲领。

总而言之，在新的历史条件下，在以中国式现代化全面推进中华民族伟大复兴的新的伟大实践征程中，为有效应对风险挑战、顺利克服各种困难，为牢牢把握好、利用好甚至是创造出新的战略机遇，我们必须发扬斗争精神、坚定斗争意志、锻炼斗争能力、增强斗争本领，必须进行具有许多新的历史特点的伟大斗争，依靠顽强斗争打开事业发展的新天地。

---

① 《习近平著作选读》第 1 卷，人民出版社 2023 年版，第 18 页。
② 《习近平著作选读》第 1 卷，人民出版社 2023 年版，第 22 页。

三、世界百年未有之大变局

"世界百年未有之大变局"是以习近平同志为核心的党中央基于对世界大势的敏锐洞察和深刻分析而作出的重大历史性、时代性、战略性判断。2017年12月28日，习近平总书记在接见2017年度驻外使节工作会议与会使节时的重要讲话中，首次公开使用了"百年未有之大变局"这一概念。他指出："放眼世界，我们面对的是百年未有之大变局。新世纪以来一大批新兴市场国家和发展中国家快速发展，世界多极化加速发展，国际格局日趋均衡，国际潮流大势不可逆转。"[1] "世界百年未有之大变局"集中表现为"国际经济、科技、文化、安全、政治等格局都在发生深刻调整"[2]。

第一，世界经济版图发生前所未有的深刻变化。发达国家和发展中国家在国际分工体系中的地位角色发生重大转变，发达国家经济增长乏力，新兴经济体和发展中国家在世界经济中占据越来越大的份额，世界经济重心加快"自西向东"位移，如中国、印度、东盟等已经成为新一轮全球化的主要动力，连续多年对世界经济增长贡献超过二分之一。与此同时，逆全球化思潮有所抬头，单边主义、保护主义明显上升。

第二，新一轮科技革命和产业变革重塑世界。例如，以人工智

---

[1] 《习近平谈治国理政》第3卷，外文出版社2020年版，第421页。

[2] 《习近平著作选读》第2卷，人民出版社2023年版，第327—328页。

能、量子信息、移动通信、物联网、区块链为代表的新一代信息技术加速突破应用。科技和产业的发展在给人类社会的生产方式和生活方式带来前所未有的变革的同时，也在有力重构全球创新版图、重塑全球经济结构，给国际格局和国际体系带来广泛深远影响。

第三，世界文化格局迎来百年巨变。西方文化特别是西方价值观的影响力和吸引力正呈现出下降态势，以美国为代表的全球文化霸权面临日益激烈的批判和挑战。新兴市场国家和发展中大国不断发展壮大，其文化等方面的世界影响力不断提升，尤其是中国文化的世界意义日益彰显。不同思想文化相互激荡，世界百年未有之大变局下世界文化格局正面临新的变革乃至重塑。

第四，全球安全格局加速演进，世界进入新的动荡变革期。和平与发展是当今时代的主题，但面临诸多挑战。传统与非传统两类安全威胁叠加联动，巴以冲突等局部冲突和动荡频发，和平赤字、发展赤字、安全赤字、治理赤字加重，全球性问题加剧，国际局势中不稳定、不确定、不安全因素上升，国际安全形势更显复杂、脆弱、敏感、多变，国际安全面临新的挑战。

第五，世界政治格局发生前所未有的深刻转变。世界多极化趋势不断深入发展，国际力量对比深刻调整，中国等一大批发展中国家成为影响国际政治经济格局的重要力量，世界范围呈现出影响人类历史进程的重大态势。国际形势变化，国际秩序和全球治理体系深刻调整和变革。人类前途命运的休戚与共前所未有，人类社会亟须共同面对和团结应对前所未有的严峻挑战。

在准确把握"世界百年未有之大变局"深刻内涵的基础上，要进一步认识理解其基本特征和长远趋势。习近平总书记强调："要充分估计国际格局发展演变的复杂性，更要看到世界多极化向前推进的态势不会改变。要充分估计世界经济调整的曲折性，更要看到经济全球化进程不会改变。要充分估计国际矛盾和斗争的尖锐性，更要看到和平与发展的时代主题不会改变。要充分估计国际秩序之争的长期性，更要看到国际体系变革方向不会改变。要充分估计我国周边环境中的不确定性，更要看到亚太地区总体繁荣稳定的态势不会改变。"①习近平总书记以世界眼光把握时代脉搏，看准、看清、看透当今世界的风云变幻，从林林总总的表象中科学地概括出了百年未有之大变局的本质特征，为我们认识外部环境变化发展给我国带来的机遇和挑战、应对世界百年未有之大变局提供了科学认识论和方法论。

把握和应对世界百年未有之大变局带来的机遇和挑战，必然要求进行具有许多新的历史特点的伟大斗争。世界百年未有之大变局是历史不断演进的结果，而相较于此前的历史局势又带有不同的历史特点。这一变局是对世界之变、时代之变、历史之变的精准把握，其持续时间之久、覆盖范围之广、影响程度之深都是需要深刻认识的。这一变局所带来的机遇是前所未有的，所带来的挑战也是前所未有的。对于当今世界发生的新的深刻变化，对于新的历史条件下

---

① 《习近平著作选读》第 1 卷，人民出版社 2023 年版，第 318 页。

的新机遇和新挑战，唯有准确识变、科学应变、主动求变，并进行具有许多新的历史特点的伟大斗争，才能在危机中育先机、于变局中开新局，才能更好地应对这一大变局。

第三节 "新的历史特点"的主要方面

习近平总书记在党的十九大报告中强调，"实现伟大梦想，必须进行伟大斗争"，"必须进行具有许多新的历史特点的伟大斗争"，"全党要充分认识这场伟大斗争的长期性、复杂性、艰巨性，发扬斗争精神，提高斗争本领，不断夺取伟大斗争新胜利"。[①] 这鲜明地指出了新时代伟大斗争所具有的"新的历史特点"，同时向全党发出了进行具有许多新的历史特点的伟大斗争的动员令。此后，习近平总书记还语重心长地指出："一个大国的崛起，绝不可能是轻轻松松、一帆风顺的，必然要经历一番艰苦的磨炼和斗争。全党必须清醒认识前进道路上进行伟大斗争的长期性、复杂性、艰巨性，坚持底线思维，增强忧患意识，发扬斗争精神，提高斗争本领。"[②] 由此，我们能更为深刻地体会到，进行新时代伟大斗争必须正确认识和把握其所具有的"新的历史特点"——长期性、复杂性、艰巨性。

---

① 《习近平著作选读》第 2 卷，人民出版社 2023 年版，第 13 页。

② 习近平：《新发展阶段贯彻新发展理念必然要求构建新发展格局》，《求是》2022 年第 17 期。

一、新时代伟大斗争的长期性

新时代伟大斗争的长期性根源于实现共产主义历史过程的长期性，是为建设伟大工程、推进伟大事业、实现伟大梦想而进行的伟大斗争的长期性。党的最高理想和最终目标是实现共产主义。共产主义意味着每个人实现自由而全面的发展，人类实现从必然王国向自由王国的飞跃。这不是乌托邦式的美好幻想，而是基于人类社会发展规律作出的科学预见。但是，历史规律同时也告诉我们，实现共产主义是一个长期的实践过程，不能超越历史阶段急于向共产主义过渡。不管是社会物质财富的极大丰富，还是人们精神境界的不断提高，抑或是世界范围内当代资本主义的灭亡和向社会主义、共产主义的转变，都需要长期的历史实践，都是一个长期的历史过程。

就历史阶段而言，作为共产主义的第一阶段，社会主义"是一个很长很长的历史阶段"，"巩固和发展社会主义制度，还需要一个很长的历史阶段，需要我们几代人、十几代人，甚至几十代人坚持不懈地努力奋斗，决不能掉以轻心"。[1]党章也明确指出："中国共产党人追求的共产主义最高理想，只有在社会主义社会充分发展和高度发达的基础上才能实现。社会主义制度的发展和完善是一个长期的历史过程。"[2]这一历史过程同时伴随着资本主义的变化和消亡。

---

[1]《邓小平文选》第3卷，人民出版社1993年版，第171、379—380页。

[2]《中国共产党章程》，人民出版社2022年版，第2页。

马克思主义揭示了人类社会历史发展的规律，强调资本主义必然消亡、社会主义必然胜利，但同时也指出："无论哪一个社会形态，在它所能容纳的全部生产力发挥出来以前，是决不会灭亡的；而新的更高的生产关系，在它的物质存在条件在旧社会的胎胞里成熟以前，是决不会出现的。"① 当下，资本主义社会还有一定的自我调节能力，发达资本主义国家在科技、经济、军事等方面还具有一定的优势。相较而言，社会主义国家经济社会发展还有很长一段路要走。正如习近平总书记所强调的，"资本主义最终消亡、社会主义最终胜利，必然是一个很长的历史过程"，"在相当长时期内，初级阶段的社会主义还必须同生产力更发达的资本主义长期合作和斗争"。②

进一步就我国实际来讲，我国正处于并将长期处于社会主义初级阶段。一方面，我国社会已经是社会主义社会，我们必须坚持而不能离开社会主义；另一方面，我国的社会主义社会还处于初级阶段，我们必须牢牢把握住这个基本国情，而不能超越这一阶段。这一历史阶段并不泛指任何国家进入社会主义都经历的起始阶段，而是在原本经济文化落后的中国建设社会主义不可逾越的特定阶段。党的十三大报告指出："我国从五十年代生产资料私有制的社会主义改造基本完成，到社会主义现代化的基本实现，至少需要上百年时间，都属于社会主义初级阶段。"③ 虽然我国社会主要矛盾发生变化，

---

① 《马克思恩格斯选集》第 2 卷，人民出版社 2012 年版，第 3 页。
② 《习近平著作选读》第 1 卷，人民出版社 2023 年版，第 84 页。
③ 《十三大以来重要文献选编》上，人民出版社 1991 年版，第 12 页。

但是我国仍处于并将长期处于社会主义初级阶段的基本国情没有变，我国是世界最大发展中国家的国际地位没有变。我们必须立足于这一我国发展的实际，深刻认识社会主义初级阶段的内涵，坚持社会主义初级阶段基本路线，才能做好长期斗争的准备，才能不断夺取伟大斗争新胜利。

就目标任务而言，完成新时代新征程的使命任务需要长期的艰苦努力和坚决斗争。回顾过去，党自成立以来，始终坚守为中国人民谋幸福、为中华民族谋复兴这个初心和使命。实现"两个一百年"奋斗目标便是党向人民、向历史作出的庄严承诺。为按期在中国共产党成立一百年时全面建成小康社会，党团结带领全国人民持之以恒、坚持不懈、矢志不渝地奋斗，经过长期的努力，取得了脱贫攻坚战的全面胜利，解决了区域性整体贫困问题，完成了消除绝对贫困的艰巨任务，最终如期实现了第一个百年奋斗目标，创造了彪炳史册的人间奇迹。

立足当下，我们迈上了全面建设社会主义现代化国家、实现第二个百年奋斗目标新征程。党的二十大科学提出和深刻阐述了未来一个时期党和国家事业发展的目标任务，擘画了以中国式现代化全面推进中华民族伟大复兴的宏伟蓝图，为实现第二个百年奋斗目标指明了前进方向、吹响了奋进号角、确立了行动指南。

展望未来，我们必须发扬斗争精神、增强斗争本领，深刻认识新时代伟大斗争的长期性，做好长期斗争的一切思想准备和行动准备。"我们面临的各种斗争不是短期的而是长期的，至少要伴随我们实现第二个百年奋斗目标全过程。"① 共同富裕是中国特色社会主义的本质要求,党的十九大、二十大均对其实现作了战略规划。需要认识到,共同富裕"也是一个长期的历史过程"②。没有长期的艰苦奋斗,就不可能实现共同富裕。实现中华民族伟大复兴这一中华民族近代以来最伟大的梦想亦是如此。早在 2012 年 11 月 29 日参观《复兴之路》展览时,习近平总书记就强调,"要把蓝图变为现实,还有很长的路要走,需要我们付出长期艰苦的努力","实现中华民族伟大复兴是一项光荣而艰巨的事业,需要一代又一代中国人共同为之努力"。③

就政治保证而言,始终赢得人民拥护、巩固长期执政地位,要求时刻保持解决大党独有难题的清醒和坚定,要求发扬"永远在路上"精神。党的十八大以来,面对党内一度出现的管党不力、治党不严情况和由此产生的一些问题,以习近平同志为核心的党中央以刮骨疗毒、壮士断腕的勇气,刹住了一些长期没有刹住的歪风邪气,纠治了一些多年未除的顽瘴痼疾,解决了党自身在政治、思想、组织、作风、纪律等方面存在的许多突出问题,消除了党、国家、军队内部存在的严重隐患。与此同时,党提出并回答了建设什么样的长期执政的马克思主义政党、怎样建设长期执政的马克思主义政党等重大时代课题。"把全面从严治党纳入'四个全面'战略布

① 《习近平著作选读》第 2 卷,人民出版社 2023 年版,第 258 页。
② 《习近平著作选读》第 1 卷,人民出版社 2023 年版,第 19 页。
③ 《习近平著作选读》第 1 卷,人民出版社 2023 年版,第 63 页。

局，提出作风建设永远在路上，进而提出党风廉政建设和反腐败斗争永远在路上，直至提出全面从严治党永远在路上，体现了我们对党的建设规律的认识从实践到理论不断深化。"[1] 对于党面临的将长期存在的执政考验、改革开放考验、市场经济考验、外部环境考验和精神懈怠危险、能力不足危险、脱离群众危险、消极腐败危险，党的二十大强调："全党必须牢记，全面从严治党永远在路上，党的自我革命永远在路上，决不能有松劲歇脚、疲劳厌战的情绪，必须持之以恒推进全面从严治党，深入推进新时代党的建设新的伟大工程，以党的自我革命引领社会革命。"[2] 这鲜明宣示了我们党坚决把党的伟大自我革命进行到底的决心意志，充分体现出我们党确保自身永远不变质、不变色、不变味的庄严承诺。对于建设新时代党的建设新的伟大工程，唯有深刻认识其中的长期性并为此做好长期准备，方能为推进伟大事业、实现伟大梦想提供坚强政治保证。

简而言之，建设伟大工程、推进伟大事业、实现伟大梦想不可能一蹴而就，需要长期努力，是一个长期奋斗的历史过程，需要进行具有长期性历史特点的伟大斗争！

二、新时代伟大斗争的复杂性

2019 年 9 月 3 日，习近平总书记在 2019 年秋季学期中央党校

---

① 《习近平关于全面从严治党论述摘编》，中央文献出版社 2021 年版，第 17—18 页。

② 《习近平著作选读》第 1 卷，人民出版社 2023 年版，第 52 页。

（国家行政学院）中青年干部培训班开班式上发表重要讲话。他指出："当前和今后一个时期，我国发展进入各种风险挑战不断积累甚至集中显露的时期，面临的重大斗争不会少，经济、政治、文化、社会、生态文明建设和国防和军队建设、港澳台工作、外交工作、党的建设等方面都有，而且越来越复杂。"他强调："我们在工作中遇到的斗争是多方面的，改革发展稳定、内政外交国防、治党治国治军都需要发扬斗争精神、提高斗争本领。"① 我们要以习近平总书记的重要讲话精神为指导，从多个工作方面去深刻认识新时代伟大斗争的复杂性，敢于斗争、善于斗争，不断夺取新时代伟大斗争的新胜利。

在坚持党的全面领导上，一度"存在不少对坚持党的领导认识模糊、行动乏力问题，存在不少落实党的领导弱化、虚化、淡化、边缘化问题，特别是对党中央重大决策部署执行不力，有的搞上有政策、下有对策，甚至口是心非、擅自行事"②。党的十八大以来，党中央采取一系列重大战略举措，坚持和加强党的全面领导，取得重大成果。我们要继续自觉地坚持党的全面领导，坚决反对一切削弱、歪曲、否定党的全面领导的言行，同危害中国共产党领导的各种风险挑战进行坚决斗争。

在经济建设上，在"推进供给侧结构性改革、推动高质量发展、

---

① 《习近平著作选读》第 2 卷，人民出版社 2023 年版，第 258、260 页。
② 《中共中央关于党的百年奋斗重大成就和历史经验的决议》，人民出版社 2021 年版，第 27 页。

消除金融领域隐患"①等工作中，遇到的斗争是复杂的，我们都要敢于斗争、善于斗争。尤其是要进行防范化解系统性金融风险的斗争，"维护金融安全，是关系我国经济社会发展全局的一件带有战略性、根本性的大事"②。我国社会主要矛盾发生变化后，正确处理、不断解决人民日益增长的美好生活需要和不平衡不充分的发展之间的矛盾，是进行新时代伟大斗争的重要内容。

在全面深化改革开放上，坚持和发展中国特色社会主义，要求既不走封闭僵化的老路，也不走改旗易帜的邪路。我们要敢于面对新矛盾新挑战，更加自觉地投身改革创新时代潮流，冲破思想观念束缚，突破利益固化藩篱，坚决破除一切顽瘴痼疾和各方面体制机制弊端。与此同时，我们要深刻认识到中国发展离不开世界、世界发展也需要中国，坚持对外开放的基本国策和推动构建人类命运共同体。

在政治建设上，政治领域没有枪炮的较量一直未停，"西方国家策划'颜色革命'，往往从所针对的国家的政治制度特别是政党制度开始发难，大造舆论，大肆渲染，把不同于他们的政治制度和政党制度打入另类，煽动民众搞街头政治"。③坚定对中国特色社会主义

---

① 《习近平著作选读》第2卷，人民出版社2023年版，第260页。

② 《习近平在中共中央政治局第四十次集体学习时强调　金融活经济活金融稳经济稳　做好金融工作维护金融安全》，《人民日报》2017年4月27日。

③ 《习近平关于防范风险挑战、应对突发事件论述摘编》，中央文献出版社2020年版，第30—31页。

政治制度的自信是我们党从国内外政治发展成败得失中总结出的深刻认识，需要长期坚持。

在全面依法治国上，一段时间内，"有法不依、执法不严、司法不公、违法不究等问题严重存在，司法腐败时有发生，一些执法司法人员徇私枉法，甚至充当犯罪分子的保护伞，严重损害法治权威，严重影响社会公平正义"①。党的十八大以来，我们党提出"全面推进依法治国"，强调同危害法治、破坏法治、践踏法治的行为作斗争，法治建设在伟大斗争中行稳致远。

在文化建设上，针对历史虚无主义等错误思潮、社会舆论环境中的乱象、意识形态领域党的领导弱化等问题，党强调意识形态工作是党的一项极端重要的工作，指出文化自信是一个国家、一个民族发展中最基本、最深沉、最持久的力量，提出要敢抓敢管、敢于斗争，旗帜鲜明反对和抵制各种错误观点，要牢牢掌握意识形态工作领导权，要增强文化自信，从而为党和国家事业发展提供坚强思想保证和强大精神力量。

在社会建设上，打赢脱贫攻坚战是新时代党领导人民进行伟大斗争的重大历史性成就。"一部中国史，就是一部中华民族同贫困作斗争的历史。"② 为了反贫困、消除绝对贫困，我们"上下同心、尽锐出战、精准务实、开拓创新、攻坚克难、不负人民"，最终取得

---

① 《中共中央关于党的百年奋斗重大成就和历史经验的决议》，人民出版社2021年版，第41页。
② 《习近平著作选读》第2卷，人民出版社2023年版，第430页。

了脱贫攻坚伟大斗争的胜利。新征程上，为实现第二个百年奋斗目标，我们需要继续坚持以人民为中心，为持续保障和改善民生而不断斗争。

在生态文明建设上，习近平总书记从"既是重大经济问题，也是重大社会和政治问题"①的高度去认识环境问题，强调和阐述"绿水青山就是金山银山"的理念，为生态环境保护和生态文明建设指出了新路径。污染防治攻坚战是生态文明建设领域党领导进行伟大斗争的集中体现，打赢污染防治攻坚战为建设美丽中国打下了重要基础。

在维护国家安全上，面临前所未有的外部压力和更为严峻的国家安全形势，党提出总体国家安全观，"增强斗争精神、提高斗争本领，落实防范化解各种风险的领导责任和工作责任"，"严密防范和严厉打击敌对势力渗透、破坏、颠覆、分裂活动，顶住和反击外部极端打压遏制，开展涉港、涉台、涉疆、涉藏、涉海等斗争"②，大力推进扫黑除恶专项斗争，有效维护了国家安全。我们必须不断加强国家安全，才能有力保证党和国家兴旺发达、长治久安。

在国防和军队建设上，党提出新时代强军目标，大力推进政治建军、改革强军、科技强军、人才强军、依法治军，人民军队"坚

---

① 《习近平关于总体国家安全观论述摘编》，中央文献出版社 2018 年版，第 180 页。

② 《中共中央关于党的百年奋斗重大成就和历史经验的决议》，人民出版社 2021 年版，第 56—57 页。

定灵活开展军事斗争，有效应对外部军事挑衅，震慑'台独'分裂行径"，"以顽强斗争精神和实际行动捍卫了国家主权、安全、发展利益"。① 在统筹推进"四个伟大"的历史进程中，人民军队始终是党和人民完全可以信赖的英雄军队。

在坚持"一国两制"和推进祖国统一上，针对猖獗的"反中乱港"活动和一度严峻的香港局势，党中央审时度势，采取一系列标本兼治的举措，推动香港局势实现由乱到治的重大转折，领导夺取"止暴制乱"斗争的全面胜利，有力促进"一国两制"实践行稳致远。"面对'台独'势力分裂活动和外部势力干涉台湾事务的严重挑衅，我们坚决开展反分裂、反干涉重大斗争"②，牢牢把握两岸关系主导权和主动权。我们要为保持香港、澳门长期繁荣稳定，实现祖国完全统一继续斗争。

在外交工作上，面对复杂严峻的国际形势和前所未有的外部风险挑战，我们保持战略定力，发扬斗争精神，"在斗争中维护国家尊严和核心利益，牢牢掌握了我国发展和安全主动权"③。当前，百年未有之大变局加速演进，我们必须继续进行外交领域的伟大斗争，有力维护国家的主权、安全和发展利益，同时为人类和平与发展崇高事业作出新的更大的贡献。

---

① 《中共中央关于党的百年奋斗重大成就和历史经验的决议》，人民出版社 2021 年版，第 55 页。

② 《习近平著作选读》第 1 卷，人民出版社 2023 年版，第 3 页。

③ 《习近平著作选读》第 1 卷，人民出版社 2023 年版，第 3 页。

在全面从严治党上，党的十八大以来，经过坚决斗争，党的自我革命不断深化，全面从严治党持续推进，管党治党宽松软状况得到根本扭转。尤其是开展了史无前例的反腐败斗争，反腐败斗争取得压倒性胜利并全面巩固，消除了党、国家、军队内部存在的严重隐患。但是，我们仍然要清醒认识到，"党内存在的思想不纯、组织不纯、作风不纯等突出问题尚未得到根本解决，一些已经解决的问题有可能死灰复燃，一些新的问题还在不断出现"，"反腐败斗争形势依然严峻复杂"。① 这要求我们继续坚定斗争意志，不断把全面从严治党引向深入。

总而言之，在前进道路上，我们面临的风险考验越来越复杂，伟大斗争涵盖的领域越来越广泛，我们必须充分认识新时代伟大斗争的复杂性，发扬精神、一往无前，直面复杂问题和繁重任务，全力战胜一切艰难险阻，朝着我们的伟大目标奋勇前进。

三、新时代伟大斗争的艰巨性

新时代新征程我们党的使命任务决定了伟大斗争具有艰巨性。党的二十大鲜明地提出了新时代新征程党的使命任务，发出了全面建设社会主义现代化国家、以中国式现代化全面推进中华民族伟大复兴的动员令。党的二十大报告指出，中国式现代化是人口规模巨

---

① 习近平：《在学习贯彻习近平新时代中国特色社会主义思想主题教育工作会议上的讲话》，《求是》2023 年第 9 期。

大的现代化，是全体人民共同富裕的现代化，是物质文明和精神文明相协调的现代化，是人与自然和谐共生的现代化，是走和平发展道路的现代化。报告中强调："我国十四亿多人口整体迈进现代化社会，规模超过现有发达国家人口的总和，艰巨性和复杂性前所未有，发展途径和推进方式也必然具有自己的特点。"[①] 在参加党的二十大广西代表团讨论时，习近平总书记指出，我们不同于几十万人、几百万人、几千万人的现代化，而是十四亿多人口的现代化。"我们的现代化既是最难的，也是最伟大的。"[②] 继续推进中国式现代化、实现我国十四亿多人口的现代化，是一项伟大而艰巨的事业，需要我们不懈努力和艰苦奋斗，更需要我们进行具有许多新的历史特点的伟大斗争，不断战胜前进道路上的一切困难挑战。

实现中华民族伟大复兴同样是一项伟大而艰巨的事业。今天，我们比历史上任何时期都更接近、更有信心和能力实现中华民族伟大复兴的目标。但是，回顾历史，中国共产党成立以来，中华人民共和国成立以来，改革开放以来，中国特色社会主义进入新时代以来，党和人民事业发展的道路都是不平坦的，中华民族伟大复兴绝不是轻轻松松、敲锣打鼓就能实现的，什么时候都需要我们付出巨大努力和顽强斗争才能成功。同时，各种敌对势力也绝不会让我们顺顺利利实现中华民族伟大复兴。因此，习近平总书记向全党反复

---

① 《习近平著作选读》第 1 卷，人民出版社 2023 年版，第 18 页。

② 杜尚泽：《"既是最难的，也是最伟大的"（微镜头·习近平总书记参加党的二十大广西代表团讨论）》，《人民日报》2022 年 10 月 18 日。

强调："必须进行具有许多新的历史特点的伟大斗争，必须准备付出更为艰巨、更为艰苦的努力，必须高度重视和切实防范化解各种重大风险。"①

我们党成功推进和拓展了中国式现代化，党和国家事业取得举世瞩目的成就，实现中华民族伟大复兴进入了不可逆转的历史进程。与此同时，我们必须清醒地认识到，我们的工作还存在一些不足，也面临不少困难和问题。党的二十大报告就指出："发展不平衡不充分问题仍然突出，推进高质量发展还有许多卡点瓶颈，科技创新能力还不强；确保粮食、能源、产业链供应链可靠安全和防范金融风险还须解决许多重大问题；重点领域改革还有不少硬骨头要啃；意识形态领域存在不少挑战；城乡区域发展和收入分配差距仍然较大；群众在就业、教育、医疗、托育、养老、住房等方面面临不少难题；生态环境保护任务依然艰巨；一些党员、干部缺乏担当精神，斗争本领不强，实干精神不足，形式主义、官僚主义现象仍较突出；铲除腐败滋生土壤任务依然艰巨，等等。"② 这些困难和问题，都是我们这一代人进行"长征"不可避免要爬的"雪山"、要过的"草地"。要取得"长征"的胜利，就必须深刻认识新时代伟大斗争的艰巨性，认真做好迎接困难挑战的各种准备，勇于和善于进行新时代伟大斗争。

---

① 《习近平著作选读》第 2 卷，人民出版社 2023 年版，第 557 页。
② 《习近平著作选读》第 1 卷，人民出版社 2023 年版，第 12 页。

　　以全面深化改革为例，进一步认识新时代伟大斗争的艰巨性。1978 年 12 月召开的党的十一届三中全会，作出把党和国家工作重点转移到社会主义现代化建设上来、实行改革开放的历史性决策，开启了改革开放和社会主义现代化建设的伟大征程。40 余年来，我们始终坚持改革开放，运用改革开放这一决定当代中国命运的关键一招，大踏步赶上了时代。改革开放走过波澜壮阔的历程，取得举世瞩目的成就。但是，随着实践发展，一些深层次体制机制问题和利益固化的藩篱日益显现，改革进入了攻坚期和深水区。习近平总书记形象生动地说明了这一情况："容易的、皆大欢喜的改革已经完成了，好吃的肉都吃掉了，剩下的都是难啃的硬骨头。"① 改革进行到一定程度后所暴露的深层次问题、不平衡发展之中所形成的利益藩篱和更为艰巨繁重的改革任务，都决定了改革具有艰巨性。

　　以习近平同志为核心的党中央深刻认识到改革亦如同逆水行舟，不进则退，以更大的政治勇气和智慧推进全面深化改革，不畏改革的艰巨性，敢于突进深水区，敢于啃硬骨头，敢于涉险滩，敢于面对新矛盾新挑战，有效破除各方面体制机制弊端，以前所未有的力度打开了崭新局面。特别是党的十八届三中全会研究全面深化改革重大问题，审议通过《中共中央关于全面深化改革若干重大问题的决定》，开创了我国改革开放新局面。即使改革具有艰巨性，但"新时代 10 年，我们推动的改革是全方位、深层次、根本性的，取得的

---

① 《习近平著作选读》第 1 卷，人民出版社 2023 年版，第 221 页。

成就是历史性、革命性、开创性的"①。中国共产党用实践生动诠释了"改革永远在路上"。

可以说，我们目标的实现和任务的完成不会一帆风顺，反而越是接近，越会充满风险挑战，甚至会遇到难以想象的惊涛骇浪。我们现在所处的，是船到中流浪更急、人到半山路更陡的时候，是愈进愈难、愈进愈险而又不进则退、非进不可的时候。面对更光荣的使命、更艰巨的任务、更严峻的挑战，我们必须把握新时代伟大斗争的艰巨性，必须不畏挑战、奋勇拼搏，必须保持定力、艰苦奋斗，必须进行具有许多新的历史特点的伟大斗争并不断夺取斗争胜利。

第四节　"新的历史特点"的基本要求

新时代伟大斗争具有长期性、复杂性、艰巨性等许多新的历史特点。进行具有许多新的历史特点的伟大斗争要求深刻认识和精准把握这些新的历史特点。"长期"不是"无期"；越是复杂，越要求谨小慎微、居安思危；惟其艰巨，更须艰苦奋斗、坚决斗争。习近平总书记多次提出要求，"全党既要坚定战略自信、保持必胜信念，

---

① 《习近平主持召开二十届中央全面深化改革委员会第一次会议强调　守正创新真抓实干　在新征程上谱写改革开放新篇章》，《人民日报》2023 年 4 月 22 日。

又要增强忧患意识、坚持底线思维"①,"全党必须增强忧患意识,坚持底线思维,坚定斗争意志,增强斗争本领"②。这些要求为牢牢把握新时代伟大斗争的长期性、复杂性、艰巨性指明了方向,对夺取新时代伟大斗争新胜利具有重要指导意义,必须深入学习领会、坚决贯彻落实。

一、坚定战略自信,保持必胜信念

坚定战略自信、保持必胜信念是做好长期斗争准备的必然要求。实现第二个百年奋斗目标、实现中华民族伟大复兴、实现共产主义是一个长期的历史过程,但并不是遥遥无期、虚无缥缈的。经过长期的艰苦奋斗,我们如期实现了第一个百年奋斗目标,意气风发、昂首阔步地迈上了全面建设社会主义现代化国家新征程,推动中华民族伟大复兴进入不可逆转的历史进程,中国特色社会主义取得历史性成就、展现出蓬勃生机。为实现我们的目标而进行的长期的伟大斗争有坚实的胜利基础。

从国内外形势来看,"当前和今后一个时期,我国发展仍然处于重要战略机遇期"③。从国内看,我国继续发展具有多方面优势和条

① 习近平:《为实现党的二十大确定的目标任务而团结奋斗》,《求是》2023 年第 1 期。

② 《习近平在省部级主要领导干部"学习习近平总书记重要讲话精神,迎接党的二十大"专题研讨班上发表重要讲话强调 高举中国特色社会主义伟大旗帜 奋力谱写全面建设社会主义现代化国家崭新篇章》,《人民日报》2022 年 7 月 28 日。

③ 《习近平谈治国理政》第 4 卷,外文出版社 2022 年版,第 121 页。

件，党的坚强领导和我国社会主义制度为经济社会发展和长治久安提供根本保证；在长期发展中，我国积累了雄厚的物质基础、丰富的人力资源、完整的产业体系、强大的科技实力，形成了全球最大最有潜力的市场；在遭受新冠疫情冲击前提下，我国经济仍展现强劲韧性，经济长期向好的基本面没有改变；在经济社会持续发展和社会环境长期稳定的基础上，我们以自信自强汇聚了更为强大的精神力量。从国际看，世界百年未有之大变局加速演进背景下，和平与发展仍然是时代主题，新一轮科技革命和产业变革深入发展，国际力量对比深刻调整，人类命运共同体理念深入人心，我国国际影响力、感召力、塑造力显著提升。进行长期的伟大斗争要求我们紧紧抓住战略机遇，战略机遇亦为我们夺取伟大斗争新胜利提供重要条件。

党的十八大以来，习近平总书记作为党中央的核心、全党的核心，以马克思主义政治家、思想家、战略家的伟大历史主动精神、非凡理论勇气、卓越政治智慧、强烈使命担当，对关系新时代党和国家事业发展的一系列重大理论和实践问题进行了深邃思考和科学判断，提出一系列原创性的治国理政新理念新思想新战略，作为主要创立者创立了习近平新时代中国特色社会主义思想，为党和国家事业发展提供科学指引。以习近平同志为核心的党中央对全面建设社会主义现代化国家、全面推进中华民族伟大复兴进行了战略谋划、作出了战略部署，擘画了以中国式现代化全面推进中华民族伟大复兴的宏伟蓝图，为新时代新征程党和国家事业发展、实现第二个百年奋斗目标指明了前进方向、确立了行动指南。这充分彰显了我们党的高超领导水平和强大执政能力，夺取伟大斗争新胜利有了根本保证。

马克思主义是关于全世界无产阶级和全人类彻底解放的学说。"实践也证明，无论时代如何变迁、科学如何进步，马克思主义依然显示出科学思想的伟力，依然占据着真理和道义的制高点。"①以马克思主义为指导思想的中国共产党同样站在道义的制高点上。中国共产党始终以全心全意为人民服务为根本宗旨，坚持为中国人民谋幸福、为中华民族谋复兴，同时也坚持为人类谋进步、为世界谋大同，不断推动世界和平发展，推动构建人类命运共同体。我们进行的是伟大的事业、正义的事业，我们进行的事业必然胜利。

综上所述，我们完全有基础、有条件、有能力、有理由进行具有许多新的历史特点的伟大斗争并不断夺取伟大斗争的新胜利。虽然新时代伟大斗争具有长期性历史特点，我们还有很长一段路要走，但我们不是也不应无能为力。站在战略的高度，面对新的战略机遇、新的战略任务、新的战略阶段、新的战略要求、新的战略环境，我们同样能够对我们的战略支撑、战略判断、战略保证、战略安排和战略力量充满信心。我们要坚定战略自信，保持必胜信念，准确把握新时代伟大斗争的长期性，我们进行的伟大斗争必将胜利！

---

① 《习近平谈治国理政》第 2 卷，外文出版社 2017 年版，第 329 页。

二、增强忧患意识，坚持底线思维

增强忧患意识、坚持底线思维是应对复杂严峻斗争的必然要求。虽然当前世界百年未有之大变局加速演进带来机遇，但逆全球化思潮抬头，单边主义、保护主义明显上升，世界经济复苏乏力，地区安全热点问题此起彼伏，局部冲突和动荡频发，全球性问题加剧，各种传统和非传统安全威胁交织叠加，国际形势依旧严峻复杂。我国改革发展稳定亦面临不少躲不开、绕不过的深层次矛盾，党的建设特别是党风廉政建设和反腐败斗争仍然面临不少顽固性、多发性问题，需要我们应对的风险挑战、防范化解的矛盾问题更为严峻复杂。在看到战略机遇的同时，我们也应当正确把握形势和清醒认识风险挑战。习近平总书记在党的二十大报告中明确指出："我们必须增强忧患意识，坚持底线思维，做到居安思危、未雨绸缪，准备经受风高浪急甚至惊涛骇浪的重大考验。"[①] 这为我们应对复杂严峻的斗争提供了重要指导。

"我们共产党人的忧患意识，就是忧党、忧国、忧民意识，这是一种责任，更是一种担当。"[②] "堡垒最容易从内部被攻破。"[③] 我们要不断增强党自我净化、自我完善、自我革新、自我提高能力，不断清除一切损害党的先进性和纯洁性的因素，勇敢面对和经受长期执

---

① 《习近平著作选读》第 1 卷，人民出版社 2023 年版，第 22 页。
② 《习近平关于全面从严治党论述摘编》，中央文献出版社 2021 年版，第 6 页。
③ 《习近平著作选读》第 2 卷，人民出版社 2023 年版，第 423 页。

政考验、改革开放考验、市场经济考验、外部环境考验，坚决克服和战胜精神懈怠的危险、能力不足的危险、脱离群众的危险、消极腐败的危险，确保党不变质、不变色、不变味，确保党始终成为中国特色社会主义事业的坚强领导核心。在庆祝改革开放40周年大会上，习近平总书记回顾和总结改革开放40年的伟大成就和宝贵经验，强调"我国是一个大国，决不能在根本性问题上出现颠覆性错误"①。在推进党和国家各项事业发展的过程中，我们要善于预见形势发展走势和隐藏其中的风险挑战，下好先手棋、打好主动仗，有效防范化解各类风险挑战，确保事业顺利推进。坚持人民至上是党百年奋斗的宝贵历史经验。我们要牢记让老百姓过上好日子是我们一切工作的出发点和落脚点，要把老百姓的安危冷暖时刻放在心上，想群众之所想、急群众之所急、解群众之所困，在幼有所育、学有所教、劳有所得、病有所医、老有所养、住有所居、弱有所扶上持续用力，不断实现人民对美好生活的向往。

党的十八大以来，习近平总书记多次强调"要坚持底线思维，就是要告诫全党时刻牢记'安而不忘危，存而不忘亡，治而不忘乱'"②。当前和今后一个时期，我们面临的国际国内矛盾风险挑战不少，各种可以预见和难以预见的风险因素明显增多，各种"黑天鹅""灰犀牛"事件随时可能发生。我们必须树立底线思维，把困难

---

① 《习近平著作选读》第2卷，人民出版社2023年版，第230页。
② 《习近平著作选读》第2卷，人民出版社2023年版，第185—186页。

估计得更充分一些，把风险思考得更深入一些，精准研判、妥善应对各个工作领域可能出现的重大风险。我们要恪守底线，决不能掉以轻心，绝对不能让小的矛盾风险挑战发展成大的矛盾风险挑战，绝对不能让局部的矛盾风险挑战发展成系统的矛盾风险挑战，绝对不能让国际上的矛盾风险挑战演变为国内的矛盾风险挑战，绝对不能让经济、社会、文化、生态领域的矛盾风险挑战转化为政治矛盾风险挑战，最终危及党的执政地位、危及国家安全。

前进的道路不可能一帆风顺，我们要正确认识和充分估计伟大斗争的长期性、复杂性、艰巨性，增强忧患意识、坚持底线思维，早早发现问题苗头、牢牢把握发展边界，做好应对任何形式的矛盾风险挑战的准备，做好经济上、政治上、文化上、社会上、外交上、军事上等各种斗争的准备，在伟大斗争中不断赢得伟大胜利。

三、坚定斗争意志，增强斗争本领

坚定斗争意志、增强斗争本领是夺取艰巨斗争胜利的必然要求。习近平总书记在党的二十大报告中郑重提出"三个务必"："全党同志务必不忘初心、牢记使命，务必谦虚谨慎、艰苦奋斗，务必敢于斗争、善于斗争。"① 敢于斗争、善于斗争是党能够带领人民从一个胜利走向另一个胜利的重要秘诀。在前进道路上，我们要始终坚定斗争意志，不断增强斗争本领，才能够进行伟大斗争并不断夺取伟

---

① 《习近平著作选读》第 1 卷，人民出版社 2023 年版，第 1—2 页。

大斗争的新胜利。

　　我们要始终坚定斗争意志，敢于斗争以担当历史重任。"敢于斗争是我们党的鲜明品格。我们党依靠斗争走到今天，也必然要依靠斗争赢得未来。"① 回望社会主义发展史、中共党史、新中国史和改革开放史，我们在斗争中诞生、在斗争中发展、在斗争中壮大。我们创造的新民主主义革命的伟大成就、社会主义革命和建设的伟大成就、改革开放和社会主义现代化建设的伟大成就、新时代中国特色社会主义的伟大成就，不是天上掉下来的，不是别人恩赐的，而是通过不断斗争取得的。面对复杂严峻的国际环境和艰巨繁重的国内改革发展稳定任务，我们必须进行具有许多新的历史特点的伟大斗争。"我们还有许多'雪山'、'草地'需要跨越，还有许多'娄山关'、'腊子口'需要征服，一切贪图安逸、不愿继续艰苦奋斗的想法都是要不得的，一切骄傲自满、不愿继续开拓前进的想法都是要不得的。"② 我们必须坚定斗争意志，无所畏惧、绝不退缩，不怕牺牲、百折不挠，这样才能担负起历史重任，才能胜利实现我们的目标任务。

　　我们要不断增强斗争本领，善于斗争以夺取新的胜利。党的十八大以来，习近平总书记多次强调要着力解决"本领恐慌"问题，就增强哪些本领和如何增强本领等关键问题作出重要论述，为增强

---

① 《习近平谈治国理政》第4卷，外文出版社2022年版，第80页。
② 《习近平谈治国理政》第2卷，外文出版社2017年版，第49页。

斗争本领提供科学指引。他在党的十九大报告中明确指出要"全面增强执政本领",具体来说,就是要增强学习本领、政治领导本领、改革创新本领、科学发展本领、依法执政本领、群众工作本领、狠抓落实本领、驾驭风险本领。① 与此同时,他强调:"斗争精神、斗争本领,不是与生俱来的。领导干部要经受严格的思想淬炼、政治历练、实践锻炼,在复杂严峻的斗争中经风雨、见世面、壮筋骨,真正锻造成为烈火真金。"② 第一,学深悟透习近平新时代中国特色社会主义思想,用党的科学理论武装头脑、指导实践、推动工作,用科学的世界观和方法论把握新时代伟大斗争。第二,坚定拥护"两个确立",自觉增强"四个意识",牢固树立"四个自信",坚决做到"两个维护",从"讲政治"的高度看待并投身于新时代伟大斗争。第三,在复杂严峻的斗争实践中学习进行斗争,不断强化实践磨炼,坚持在重大斗争中磨砺意志、锻炼能力、增长才干、增强本领,在斗争实践中检验斗争本领、继续增强斗争本领。

夺取艰巨斗争胜利既要求坚定斗争意志,也要求增强斗争本领。思想是行动的先导,如果没有坚定的斗争意志作支撑,就不可能直面具有许多新的历史特点的伟大斗争;斗争是一门学问,如果没有高超的斗争本领作基础,就不可能夺取具有许多新的历史特点的伟大斗争的胜利。进行具有许多新的历史特点的伟大斗争和夺取伟大

---

① 《习近平著作选读》第 2 卷,人民出版社 2023 年版,第 56 页。

② 《习近平著作选读》第 2 卷,人民出版社 2023 年版,第 259 页。

斗争的新胜利要求我们坚持坚定斗争意志和增强斗争本领相统一，既要敢于斗争，也要善于斗争。

本章小结

在中国特色社会主义进入新时代的历史方位上，在全面建设社会主义现代化国家新征程上，我们要认真学习习近平新时代中国特色社会主义思想，统筹中华民族伟大复兴战略全局和世界百年未有之大变局，深刻认识我国社会主要矛盾变化带来的新特征新要求，深刻认识错综复杂的国际环境带来的新矛盾新挑战，深刻认识伟大斗争所具有的许多新的历史特点，精准把握新时代伟大斗争的长期性、复杂性、艰巨性。一是要坚定战略自信、保持必胜信念，做好长期斗争准备；二是要增强忧患意识、坚持底线思维，应对复杂严峻斗争；三是要坚定斗争意志、增强斗争本领，剑指艰巨斗争胜利。唯有如此，才能进行具有许多新的历史特点的伟大斗争，不断夺取新时代中国特色社会主义伟大胜利。

第二章　新时代伟大斗争的根本方向

　　习近平总书记强调："共产党人的斗争是有方向、有立场、有原则的，大方向就是坚持中国共产党领导和我国社会主义制度不动摇。"① 这一重要论述旗帜鲜明地指出了新时代伟大斗争的根本方向，为进行新时代伟大斗争提供了基本遵循。在全面建设社会主义现代化国家、全面推进中华民族伟大复兴的伟大征程中，我们要牢牢坚持党的领导和我国社会主义制度不动摇，坚决同一切削弱、歪曲、否定党的领导和我国社会主义制度的言行作斗争，不断发挥中国共产党领导的政治优势和中国特色社会主义的制度优势，为不断夺取伟大斗争新胜利提供根本政治保证和有力制度保障。

---

　　① 《习近平著作选读》第 2 卷，人民出版社 2023 年版，第 258 页。

第一节　坚持党的领导不动摇

坚持党的领导不动摇是新时代伟大斗争的根本方向。近代以来的历史充分证明，中国共产党的领导地位是在不断斗争的历史过程中形成的，中国共产党领导是历史和人民的选择，胜利实现我们的目标任务必须坚持中国共产党领导。在全面建设社会主义现代化国家新征程上，在进行具有许多新的历史特点的伟大斗争中，我们要坚持和加强党的全面领导，特别是党中央集中统一领导，同一切危害党的领导的言行作坚决斗争，保证党始终成为全国人民进行伟大斗争的主心骨、始终成为中国特色社会主义事业的坚强领导核心。

一、党的领导是历史的选择、人民的选择

2021 年 10 月 9 日，习近平总书记在纪念辛亥革命 110 周年大会上的讲话中指出："辛亥革命 110 年来的历史启示我们，实现中华民族伟大复兴，必须有领导中国人民前进的坚强力量，这个坚强力量就是中国共产党。中国共产党领导是历史的选择、人民的选择，是党和国家的根本所在、命脉所在，是全国各族人民的利益所系、命运所系。没有中国共产党，就没有新中国，就没有中华民族

伟大复兴。"^①中国共产党的领导地位不是自封的，而是在带领人民为实现民族复兴而进行的伟大斗争中历史地形成的，是历史和人民的选择。

中华民族有着悠久的历史和灿烂的文化，为人类文明进步作出了巨大贡献。鸦片战争后，中国逐步沦为半殖民地半封建社会，中国人民和中华民族遭受了前所未有的劫难。为救亡图存，"我们的先人以不屈不挠的斗争反对内外压迫者，从来没有停止过"^②。无数仁人志士奔走呐喊，各种救国方案轮番出台，但都由于没有找到解决中国前途命运问题的正确道路和领导力量，没能从根本上改变中国半殖民地半封建的社会性质和中国人民的悲惨命运，均以失败告终。

1921 年 7 月，中共一大召开，中国共产党正式成立，中国革命面貌焕然一新。成立伊始，中国共产党坚持发扬不怕牺牲、英勇斗争的精神，坚决投入反对帝国主义和封建主义的伟大斗争中。党领导人民浴血奋战、百折不挠，经过艰苦卓绝的土地革命战争、全民族抗日战争和解放战争，推翻了压在中国人民头上的帝国主义、封建主义和官僚资本主义这"三座大山"，完成了民族独立和人民解放的斗争任务，创造了新民主主义革命的伟大成就。其间，有父送子、妻送夫、兄弟双双当红军，有数万青年"到延安去"，有百万群众用小推车支援淮海战役前线等事例，生动地体现了人民对党的选择、

----

① 习近平：《在纪念辛亥革命 110 周年大会上的讲话》，《人民日报》2021 年 10 月 10 日。

②《毛泽东文集》第 5 卷，人民出版社 1996 年版，第 344 页。

信赖和支持。新民主主义革命时期的伟大斗争实践充分说明，中国共产党的领导是历史和人民作出的正确选择，没有中国共产党领导，民族独立、人民解放就不可能实现。

新中国成立后，中国共产党依旧坚定斗争意志，领导全国人民自力更生、发愤图强，以完成社会主义革命和推进社会主义建设为主要任务进行伟大斗争，创造了社会主义革命和建设的伟大成就。党领导人民战胜政治、经济、军事等方面一系列严峻挑战，取得了斗争胜利，迅速恢复国民经济，成功巩固新生的人民政权。党领导人民开展社会主义改造，完成社会主义革命，消灭在中国延续几千年的封建剥削压迫制度，确立和巩固社会主义基本制度，实现了中华民族有史以来最为广泛而深刻的社会变革。党领导人民独立自主探索符合中国国情的社会主义建设道路，建立了独立的比较完整的工业体系和国民经济体系，推进了社会主义建设。社会主义革命和建设时期的伟大斗争实践充分说明，在党的领导下，中国人民不但善于破坏一个旧世界，也善于建设一个新世界。

值得注意的是，1954 年 9 月 20 日，第一届全国人民代表大会第一次会议通过中华人民共和国第一部宪法。宪法在序言部分第一段即明确指出："中国人民经过一百多年的英勇奋斗，终于在中国共产党领导下，在一九四九年取得了反对帝国主义、封建主义和官僚资本主义的人民革命的伟大胜利，因而结束了长时期被压迫、被奴役的历史，建立了人民民主专政的中华人民共和国。"宪法序言还强调："我国人民在建立中华人民共和国的伟大斗争中已经结成以中国共产党为领导的各民主阶级、各民主党派、各人民团体的广泛的人民民主统一战线。"① 这以国家根本大法的形式确认党领导人民进行伟大斗争取得的成果，确认在历史和人民选择中形成的中国共产党的领导地位。

党的十一届三中全会后，中国共产党团结带领中国人民解放思想、锐意进取，进行新的历史时期的伟大斗争以推进改革开放和社会主义现代化建设，创造了改革开放和社会主义现代化建设的伟大成就。在中国共产党的坚强领导下，经过全国人民艰苦奋斗，我们实现了从高度集中的计划经济体制到充满活力的社会主义市场经济体制、从封闭半封闭到全方位开放的历史性转变，实现了从生产力相对落后的状况到经济总量跃居世界第二的历史性突破，推进了中华民族从站起来到富起来的伟大飞跃。改革开放和社会主义现代化建设新时期的伟大斗争实践充分说明，中国共产党敢于并善于在新的历史时期继续进行伟大斗争，中国在中国共产党的领导下大踏步赶上了时代，中国共产党无愧于历史和人民的选择。

党的十八大以来，中国共产党领导人民自信自强、守正创新，为实现"两个一百年"奋斗目标、实现中华民族伟大复兴而进行具有许多新的历史特点的伟大斗争，创造了新时代中国特色社会主义的伟大成就。面对世界复杂多变的形势和国内艰巨繁重的改革发展稳定任务，面对各种重大风险考验和党内存在的突出问题，以习近

---

① 《中华人民共和国宪法》，《人民日报》1954 年 9 月 21 日。

平同志为核心的党中央发扬斗争精神，领导人民勇于进行具有许多新的历史特点的伟大斗争，在事关中国特色社会主义前途命运的大是大非问题上旗帜鲜明，在改革发展稳定工作中坚定不移，在全面从严治党上敢于动硬，在维护国家核心利益上坚如磐石，战胜一系列重大风险挑战，解决了许多长期想解决而没有解决的难题，办成了许多过去想办而没有办成的大事，推动党和国家事业取得历史性成就、发生历史性变革。中华民族迎来了从站起来、富起来到强起来的伟大飞跃，中华民族伟大复兴进入了不可逆转的历史进程。中国特色社会主义新时代的伟大斗争实践充分说明，"历史和人民选择中国共产党领导中华民族伟大复兴的事业是正确的，必须长期坚持、永不动摇"①。

二、坚持和加强党的全面领导

"坚持党的领导是方向性问题"②，以坚持党的领导不动摇作为新时代伟大斗争的根本方向不仅是因为历史和人民选择了中国共产党领导，更重要的是，在前进道路上，"党的领导是做好党和国家各项工作的根本保证，是我国政治稳定、经济发展、民族团结、社会稳定的根本点，绝对不能有丝毫动摇"③。在我们这样一个有着 14 亿

---

① 习近平：《在庆祝中国共产党成立 95 周年大会上的讲话》，《人民日报》2016 年 7 月 2 日。

② 《习近平谈治国理政》第 3 卷，外文出版社 2020 年版，第 85 页。

③ 《习近平著作选读》第 1 卷，人民出版社 2023 年版，第 192 页。

多人口的大国，要保证国家统一、法制统一、政令统一、市场统一，要实现经济发展、政治清明、文化昌盛、社会公正、生态良好，要进行伟大斗争、建设伟大工程、推进伟大事业、实现伟大梦想，必须坚持和加强党的全面领导，更好发挥党的领导这一最大优势。

习近平总书记在党的二十大报告中强调，"坚持和加强党的全面领导"，"党的领导是全面的、系统的、整体的，必须全面、系统、整体加以落实"。① 所谓"全面"，是指领导对象要全面覆盖、内容要全面覆盖、过程要全面覆盖。其一，党政军民学，东西南北中，党是领导一切的，是最高的政治领导力量。党领导人大、政府、政协、监察机关、审判机关、检察机关、武装力量、人民团体、企事业单位、基层群众自治组织、社会组织等，同时支持其履行职能、开展工作、发挥作用。其二，党的领导贯彻和体现于改革发展稳定、内政外交国防、治党治国治军各个领域各个方面，贯彻和体现于经济建设、政治建设、文化建设、社会建设、生态文明建设和国防军队、祖国统一、外交工作、党的建设等各个方面，各个领域和各个方面都需要坚持党的领导。其三，党既领导制定路线、方针、政策，也领导组织、协调、宣传、贯彻、执行、管理、监督工作，党的领导贯穿于治国理政全过程，人民在党的领导下广泛参与民主选举、民主协商、民主决策、民主管理、民主监督全过程。

---

① 《习近平著作选读》第 1 卷，人民出版社 2023 年版，第 22、53 页。

　　所谓"系统"，是指坚持系统观念，认识和把握党的领导的各要素及其内在联系，从系统的角度实施党的领导。如对党和国家事业发展全过程的领导中，战略谋划、顶层设计、战术指引、贯彻落实等各方面相互联系、相互依存，哪个环节、哪个方面缺失或弱化了党的领导，都会影响到斗争顺利开展、事业发展全局。再如对国家治理的领导，"国家治理体系是由众多子系统构成的复杂系统"①，在这个系统里，中国共产党是核心，人大、政府、政协、法院、检察院、军队，各民主党派和无党派人士，各企事业单位，工会、共青团、妇联等群团组织，都要牢牢坚持党的领导，在党的领导下各负其责和相互配合。只有如此系统地贯彻党的领导，才能实现推进国家治理体系和治理能力现代化的总目标。

　　所谓"整体"，是指领导作用的发挥是整体的、完整的。其一，从主体来看，根据《中国共产党章程》，"党是根据自己的纲领和章程，按照民主集中制组织起来的统一整体"。党的中央组织、党的地方组织、党的基层组织和全体党员都必须按照党章的规定发挥应有作用，从而整体性地贯彻落实党的领导，才能确保党始终成为中国特色社会主义事业的坚强领导核心。其二，从方法来看，要坚持唯物辩证法，善于通过历史看现实、透过现象看本质，把握好全局和局部、当前和长远、宏观和微观、主要矛盾和次要矛盾、特殊和一

---

　　① 《习近平著作选读》第 1 卷，人民出版社 2023 年版，第 193 页。

般的关系。具体到党的领导，要把握领导全局工作和领导具体工作、当前执政和长期执政等关系，前瞻性思考、全局性谋划、整体性推进党的领导。

"坚持党的领导，首先是坚持党中央权威和集中统一领导，这是党的领导的最高原则，任何时候任何情况下都不能含糊、不能动摇。"① 从理论逻辑看，马克思主义经典作家指出："在历史上，任何一个阶级，如果不推举出自己的善于组织运动和领导运动的政治领袖和先进代表，就不可能取得统治地位。"② 中国共产党人继承这一思想，强调维护党中央权威和集中统一领导，创造性地将"四个服从"作为民主集中制的具体规定写入党章。从历史逻辑看，正是在以毛泽东同志为核心的第一代中央领导集体、以邓小平同志为核心的第二代中央领导集体、以江泽民同志为核心的第三代中央领导集体、以胡锦涛同志为总书记的党中央、以习近平同志为核心的党中央坚强领导下，我们创造了新民主主义革命的伟大成就、社会主义革命和建设的伟大成就、改革开放和社会主义现代化建设的伟大成就、新时代中国特色社会主义的伟大成就。从实践逻辑看，新时代新征程上推动党和国家事业发展、推进中华民族伟大复兴历史进程，最紧要的是深刻领悟"两个确立"的决定性意义，增强"四个

① 《习近平谈治国理政》第 3 卷，外文出版社 2020 年版，第 85—86 页。
② 《列宁选集》第 1 卷，人民出版社 2012 年版，第 286 页。

意识"、坚定"四个自信"、做到"两个维护",自觉在思想上政治上行动上同以习近平同志为核心的党中央保持高度一致。

"健全总揽全局、协调各方的党的领导制度体系"① 是坚持和加强党的全面领导的必然要求和重要保障。一是要建立不忘初心、牢记使命的制度。只有始终牢记为中国人民谋幸福、为中华民族谋复兴的初心使命,我们党才能始终走在时代前列,才能得到人民衷心拥护。二是要完善坚定维护党中央权威和集中统一领导的各项制度。坚持党中央权威和集中统一领导是坚持和加强党的全面领导最根本的原则,这不是空洞的口号,不能只停留在口头表态上,要落实到行动上。三是要健全党的全面领导制度。党要在各种组织中发挥领导作用,要在统筹推进"五位一体"总体布局、协调推进"四个全面"战略布局过程中发挥领导作用,要在党和国家所有机构履责全过程中发挥领导作用。四是要健全为人民执政、靠人民执政各项制度。全心全意为人民服务是我们党的根本宗旨,人民群众是我们党的力量之源和胜利之本,必须坚持群众路线和群众观点。五是要健全提高党的执政能力和领导水平制度。提高党的执政能力和领导水平是我们建设长期执政的马克思主义政党面临的一大历史性课题,必须回答也必须答好。六是要完善全面从严治党制度。只有自身始终过硬,才能不断增强党的政治领导力、思想引领力、群众组织力、社会号召力,才能始终成为中国特色社会主义事业的坚强领导核心。

---

① 《十九大以来重要文献选编》中,中央文献出版社 2021 年版,第 272 页。

我们要不断健全完善党的领导制度体系，把党的领导落实到国家治理各领域各方面各环节，确保在实践中充分发挥党总揽全局、协调各方的领导核心作用。

在进行具有许多新的历史特点的伟大斗争实践中，我们必须坚持和加强党的全面领导，全面、系统、整体地落实党的领导，尤其是坚决维护党中央权威和集中统一领导，不断健全总揽全局、协调各方的党的领导制度体系，这样才能使党始终成为带领人民进行伟大斗争的最可靠的主心骨，才能确保伟大斗争的正确方向，才能凝聚起团结奋斗、万众一心的磅礴力量，才能不断夺取斗争胜利。

三、同一切危害党的领导的言行作斗争

进行伟大斗争要求坚持和加强党的全面领导，必须同一切削弱、歪曲、否定党的领导的言行作坚决斗争。坚持党的领导是重大原则问题，对此必须头脑清醒、立场坚定，容不得一丝一毫含糊和动摇。在这个关系党和国家前途命运的问题上犯错误往往是灾难性、颠覆性的，苏联亡党亡国的教训何其深刻。但是应当看到，在坚持和加强党的全面领导上，党的十八大之前的一个时期存在模糊和错误认识，一些地方和部门存在党的领导弱化等现象。具体来讲，"有的党组织贯彻执行党的方针政策不坚决不全面不到位，态度不鲜明，立场不坚定；有的党组织弱化、虚化、边缘化问题严重，党委腰杆不硬、浑身乏力，管党治党不担当，在重大决策上就像个'隐形人'，

有名无实甚至说不上话"①。对于这些危害党的领导的问题和一切不利于党的领导的言行必须坚决斗争、切实解决、坚决纠正。

党的十八大以来，以习近平同志为核心的党中央直面坚持党的全面领导上存在的问题现象，采取一系列重大举措，同一切削弱、歪曲、否定党的领导的言行作坚决斗争。党的领导得到全面加强，党中央权威和集中统一领导得到有力保证，党的领导制度体系不断完善，全党思想上更加统一、政治上更加团结、行动上更加一致，党切实发挥总揽全局、协调各方的领导核心作用。

在理论上，我们明确中国特色社会主义最本质的特征是中国共产党领导，中国特色社会主义制度的最大优势是中国共产党领导，中国共产党是最高政治领导力量。我们提出党的领导是党和国家的根本所在、命脉所在，是全国各族人民的利益所系、命运所系，党的领导是全面的、系统的、整体的，党的全面领导必须毫不动摇地坚持和加强。我们提出党中央集中统一领导是党的领导的最高原则，坚持党的领导首先要旗帜鲜明讲政治，保证全党服从中央。理论创新为我们同一切危害党的领导的言行作斗争指明了前进方向、提供了科学指南。

在实践上，党的十八届六中全会通过的《关于新形势下党内政治生活的若干准则》，党中央出台的《中共中央政治局关于加强和维

---

① 习近平：《论坚持党对一切工作的领导》，中央文献出版社2019年版，第222—223页。

护党中央集中统一领导的若干规定》等文件，规范党内政治生活，严明党的政治纪律和政治规矩，坚决同个人主义、分散主义、自由主义、本位主义、好人主义等作斗争，发展积极健康的党内政治文化，推动营造风清气正的良好政治生态。我们党对党的领导干部提出更高要求，重视锤炼提高党员干部的政治判断力、政治领悟力、政治执行力，强调胸怀"国之大者"，对党忠诚、听党指挥、为党尽责。全党深刻领悟"两个确立"的决定性意义，增强"四个意识"、坚定"四个自信"、做到"两个维护"。我们党坚持科学执政、民主执政、依法执政，贯彻民主集中制，创新和改进领导方式，提高党把方向、谋大局、定政策、促改革能力，调动各方面积极性。党的政治领导力、思想引领力、群众组织力、社会号召力显著提高。在实践创新中，我们同一切危害党的领导的言行作坚决斗争，并不断取得胜利。

在制度上，我们不断严密党的组织体系，党中央作为全党的大脑和中枢，负责把方向、谋大局、定政策、促改革，具有定于一尊、一锤定音的权威；党的地方组织根本任务是确保党中央决策部署贯彻落实，有令即行、有禁即止；党组贯彻落实党中央和上级党组织决策部署，发挥把方向、管大局、保落实的重要作用；党的基层组织是"神经末梢"，发挥战斗堡垒作用；全体党员必须思想上认同组织、政治上依靠组织、工作上服从组织、感情上信赖组织。①

---

① 参见习近平：《论坚持党对一切工作的领导》，中央文献出版社 2019 年版，第 259—260 页。

我们不断完善健全党的领导制度体系，确立党的领导制度作为我国的根本领导制度，建立健全了坚持党的全面领导、党中央集中统一领导的各方面重要制度、具体制度，确保党在各种组织中发挥领导作用。我们建立健全党对重大工作的领导体制，强化党中央决策议事协调机构职能作用，完善推动党中央重大决策落实机制，严格执行向党中央请示报告制度，强化政治监督，深化政治巡视，构建党统一指挥、全面覆盖、权威高效的监督体系。制度创新为我们坚持和全面加强党的领导、继续夺取斗争胜利打下了坚实基础。

以党领导推进全面依法治国为例，说明在某一工作方面，如何同一切危害党的领导的言行作斗争。一段时间内，有些人频频炒作"党大还是法大"这个伪命题，鼓吹所谓"西方宪政""三权鼎立""司法独立"。其意不在于表面上看起来的关注法治进程，而在于借口法治，将党的领导和法治割裂开来、对立起来，从而达到否定、取消党的领导的目的。针对这一问题，习近平总书记指出："'党大还是法大'是一个政治陷阱，是一个伪命题；对这个问题，我们不能含糊其辞、语焉不详，要明确予以回答。党的领导和依法治国不是对立的，而是统一的。"① 这从理论的高度廓清了错误思想认识，为进行斗争以坚持和加强党对全面依法治国的领导提供了科学指引。一方面，"党的领导是中国特色社会主义法治之魂，是我们

____

① 《习近平著作选读》第2卷，人民出版社2023年版，第377页。

的法治同西方资本主义国家的法治最大的区别"①。推进全面依法治国、建设法治国家必须坚持党的领导，在党的领导下，我国法律才能充分体现党和人民意志。另一方面，"党领导人民制定宪法法律，领导人民实施宪法法律，党自身要在宪法法律范围内活动"②。这是党领导推进全面依法治国的应有之义，同时也体现了党的领导和依法治国的高度统一。

2014 年 10 月 20 日至 23 日，党的十八届四中全会召开，专门审议并通过了《中共中央关于全面推进依法治国若干重大问题的决定》，对全面依法治国作了顶层设计和战略部署。2018 年，党中央组建中央全面依法治国委员会，作为党中央集中统一领导法治中国建设的决策议事协调机构，习近平总书记担任委员会主任，党领导全面依法治国的体制机制得到进一步健全完善。2018 年 3 月 11 日，在中共中央建议下，十三届全国人大一次会议将"中国共产党领导是中国特色社会主义最本质的特征"③写入宪法。这以国家根本大法的形式宣示了任何人以任何借口否定中国共产党领导，都是违反宪法的，是绝对不能接受的。2020 年 11 月 16 日至 17 日，中央全面依法治国工作会议首次召开，将习近平法治思想明确为全面依法治国的指导思想，科学回答了法治建设中的一系列重大理论和实践问题。在上述一系列会议活动中，我们牢牢坚持党的领导不动摇，始

---

① 《习近平关于全面从严治党论述摘编》，中央文献出版社 2021 年版，第 59 页。
② 《习近平著作选读》第 2 卷，人民出版社 2023 年版，第 380 页。
③ 《中华人民共和国宪法》，中国民主法制出版社 2018 年版，第 6 页。

终坚持和加强党对全面依法治国的领导，坚决同推进全面依法治国进程中的错误倾向作斗争并取得胜利，确保全面依法治国始终沿着正确方向前进。

第二节　坚持我国社会主义制度不动摇

坚持我国社会主义制度不动摇同坚持党的领导不动摇相一致，是新时代伟大斗争的根本方向。制度优势是一个国家的最大优势，社会主义制度尤其是中国特色社会主义制度是我们夺取伟大斗争的胜利、实现我们的目标任务的根本制度保障。在全面建设社会主义现代化国家新征程上，在进行具有许多新的历史特点的伟大斗争中，我们要坚持和巩固、完善和发展中国特色社会主义制度，同一切动摇我国社会主义制度的言行作坚决斗争，从而不断发挥和增强我国制度优势，为党和国家事业发展保驾护航。

一、制度优势是一个国家的最大优势

2019 年 10 月 31 日，习近平总书记在党的十九届四中全会第二次全体会议上的讲话中指出："制度优势是一个国家的最大优势，制度竞争是国家间最根本的竞争。制度稳则国家稳。新中国成立七十年来，中华民族之所以能迎来从站起来、富起来到强起来的伟大飞跃，最根本的是因为党领导人民建立和完善了中国特色社会主义制度，形成和发展了党的领导和经济、政治、文化、社会、生态文明、军事、外事等各方面制度，不断加强和完善国家治理。"① 社会主义制度尤其是中国特色社会主义制度的确立和完善，为我们不断夺取伟大斗争的胜利、实现我们的目标任务提供了根本制度保障。

"我们党深刻认识到，实现中华民族伟大复兴，必须建立符合我国实际的先进社会制度。"② 从 1949 年中国人民政治协商会议第一届全体会议召开并通过具有临时宪法意义的《共同纲领》，到 1954 年第一届全国人民代表大会第一次会议审议通过中华人民共和国第一部宪法；从 1953 年正式提出过渡时期总路线，到 1956 年基本完成对生产资料私有制的社会主义改造，实现生产资料公有制和按劳分配，我们党始终坚持人民立场，领导确立了我国人民民主专政的国体和实行民主集中制的人民代表大会制度的政体，确立了人民代表大会制度这一根本政治制度，以及中国共产党领导的多党合作和政治协商制度、民族区域自治制度等基本政治制度；领导进行社会主义改造、完成社会主义革命，消灭一切剥削制度、建立起社会主义经济制度，实现了中国历史上最深刻最伟大的社会变革。

在这一系列制度变革和制度建设基础上，党领导人民战胜了政治、经济、军事等方面的风险挑战，夺取了对国民党反动派残余武装力量、对土匪、对反革命的斗争胜利，完成和推进了土地改革和

---

① 《习近平著作选读》第 2 卷，人民出版社 2023 年版，第 277 页。
② 《习近平著作选读》第 2 卷，人民出版社 2023 年版，第 12 页。

社会各方面民主改革，赢得了抗美援朝战争的伟大胜利，进而巩固了新生的人民政权，有力地保证了人民当家作主。在新中国，中国人民站起来了，不再像此前受到剥削和压迫、欺凌和宰割，真正成为国家、社会和自己命运的主人。在党的领导下，中国人民无比积极地参与到国家政治生活中来，以空前的热情投身社会主义建设，为促进社会主义工农业发展和国民经济发展贡献了伟大力量。人民群众精神面貌焕然一新，中华民族伟大复兴前景光明，中国以崭新姿态屹立在世界东方。这一切斗争的胜利和成就的取得，都离不开中国共产党的领导，都离不开中国共产党领导下建立的社会主义制度。因此说，"社会主义制度的建立，为我国一切进步和发展奠定了重要基础"①。

党的十一届三中全会冲破长期"左"的错误的束缚，重新确立了马克思主义的思想路线、政治路线和组织路线，实现了新中国成立以来党的历史上具有深远意义的伟大转折。在改革开放的进程中，我们党坚持解放思想、实事求是、与时俱进、求真务实，坚持把马克思主义基本原理同中国具体实际相结合、同中华优秀传统文化相结合，团结带领人民开创了中国特色社会主义，不断完善中国特色社会主义制度和国家治理体系，使当代中国焕发出前所未有的生机活力。以经济方面为例，"公有制为主体、多种所有制经济共同发

---

① 《中共中央关于党的百年奋斗重大成就和历史经验的决议》，人民出版社 2021 年版，第 10 页。

展，按劳分配为主体、多种分配方式并存，社会主义市场经济体制等社会主义基本经济制度，既体现了社会主义制度优越性，又同我国社会主义初级阶段社会生产力发展水平相适应，是党和人民的伟大创造"①。在新的历史时期，社会主义基本经济制度为解放和发展生产力，使人民摆脱贫困、尽快富裕起来提供了重要制度支撑。整体而言，新中国成立以来，党之所以能领导人民创造世所罕见的经济快速发展和社会长期稳定两大奇迹，之所以能实现中华民族由近代不断衰落到根本扭转命运、持续走向繁荣富强的伟大飞跃，就在于党领导人民建立和完善了中国特色社会主义制度。基于我国社会主义制度这一最大优势，为取得斗争胜利和辉煌成就打下了坚实基础。

当代脱贫攻坚伟大斗争取得伟大胜利，充分彰显了我国社会主义制度的优势。我们党从成立之日起，始终坚持以人民为中心，团结带领人民同贫困作斗争、用自己的双手创造美好生活、共建美好家园。党的十八大以来，以习近平同志为核心的党中央更是把脱贫攻坚摆在治国理政的突出位置，发出了新时代脱贫攻坚人民战争的动员令。经过全党全国各族人民共同努力，我国脱贫攻坚战取得了全面胜利，现行标准下 9899 万农村贫困人口全部脱贫，相当于数个中等国家的人口脱贫。"事实充分证明，中国共产党领导和我国社会主义制度是抵御风险挑战、聚力攻坚克难的根本保证。"② 在党的

---

① 《十九大以来重要文献选编》中，中央文献出版社 2021 年版，第 280—281 页。
② 《习近平著作选读》第 2 卷，人民出版社 2023 年版，第 439 页。

领导下，我们坚持发挥我国社会主义制度集中力量办大事的巨大优势，形成脱贫攻坚的共同意志、共同行动。全党全国各族人民，万众一心、众志成城、心往一处想、劲往一处使，凝聚起了无坚不摧、无往不胜的磅礴力量。只有坚持中国共产党领导，只有发挥我国社会主义制度优势，才能够在如此短的时间内成功实现如此多的人口脱贫，才能够取得脱贫攻坚伟大斗争的胜利，才能够创造这一彪炳史册的人间奇迹。历史已经证明中国特色社会主义制度的巨大优势，历史将继续证明中国特色社会主义制度的巨大优势。

二、坚持和完善中国特色社会主义制度

习近平总书记强调："中国特色社会主义制度和国家治理体系是以马克思主义为指导、植根中国大地、具有深厚中华文化根基、深得人民拥护的制度和治理体系，是党和人民长期奋斗、接力探索、历尽千辛万苦、付出巨大代价取得的根本成就，我们必须倍加珍惜，毫不动摇坚持、与时俱进发展。"[①] 在当代中国，要充分发挥社会主义制度优越性，就必须牢牢坚持我国社会主义制度不动摇；要牢牢坚持我国社会主义制度不动摇，就是要始终坚持和不断完善中国特色社会主义制度。坚持和完善中国特色社会主义制度、推进国家治理体系和治理能力现代化是党领导人民进行具有许多新的历史特点的伟大斗争并不断夺取其新胜利，不断满足人民日益增长的美好生

---

① 《习近平著作选读》第 2 卷，人民出版社 2023 年版，第 279 页。

活需要的必然要求和根本保障。

党的十八大以来，以习近平同志为核心的党中央从党和国家事业发展的全局和长远出发，把制度建设摆到更加突出的位置，就我国国家制度和治理体系建设等重大问题提出一系列新理念新思想新战略，推进了一系列重大工作，各领域基础性制度框架基本确立，许多领域实现历史性变革、系统性重塑、整体性重构，中国特色社会主义制度更加成熟更加定型，国家治理体系和治理能力现代化水平明显提高，党和国家事业焕发出新的生机活力。尤其是 2019 年 10 月 28 日至 31 日，党的十九届四中全会召开，首次以中央全会形式专题研究坚持和完善中国特色社会主义制度　推进国家治理体系和治理能力现代化问题，对这一工作作出总体擘画，重点部署坚持和完善支撑中国特色社会主义制度的根本制度、基本制度、重要制度，为发挥制度威力应对各种风险挑战、夺取伟大斗争新胜利，为实现"两个一百年"奋斗目标、实现中华民族伟大复兴的中国梦提供了有力保证。

党的十九届四中全会审议通过《中共中央关于坚持和完善中国特色社会主义制度　推进国家治理体系和治理能力现代化若干重大问题的决定》，"全面回答了在我国国家制度和国家治理体系上应该坚持和巩固什么、完善和发展什么这个重大政治问题"①，明确了各项制度必须坚持和巩固的根本点、完善和发展的方向，全面系统地

---

① 《习近平著作选读》第 2 卷，人民出版社 2023 年版，第 276 页。

作了工作部署，为坚持和完善中国特色社会主义制度指明了前进方向、提供了科学指南。就支撑中国特色社会主义制度的根本制度而言，这是其中起决定性作用、关乎其本质的制度，主要有党的领导制度这一根本领导制度、人民代表大会制度这一根本政治制度、坚持马克思主义在意识形态领域指导地位的根本制度等。就基本制度而言，这是其中对党和国家事业发展起整体性、系统性作用的制度，主要有中国共产党领导的多党合作和政治协商制度、民族区域自治制度、基层群众自治制度等社会主义基本政治制度；公有制为主体、多种所有制共同发展，按劳分配为主体、多种分配方式并存，社会主义市场经济体制等社会主义基本经济制度；等等。就重要制度而言，这是由根本制度和基本制度派生而来的、在国家治理各领域各方面各环节起作用的具体性制度，涵盖党的领导、政治、法治、行政、经济、文化、民生、社会、生态、军队、国家统一、外交、监督等各领域。根本制度、基本制度和重要制度共同构成了严密完整且科学的中国特色社会主义制度体系，发挥着"四梁八柱"的作用，是国家治理一切工作和活动的依据和遵循。

在坚持和完善中国特色社会主义制度的实践中，第一，要坚持把马克思主义基本原理同中国具体实际相结合、同中华优秀传统文化相结合。一方面，中国特色社会主义制度是社会主义制度，其建设必须坚持和体现科学社会主义基本原则；另一方面，中国特色社会主义制度是带有中国特色的制度，其建设应当结合中国具体实际，应当吸取我国优秀历史文化中的国家制度和国家治理思想，从而体现中国特色、民族特色、时代特色。只有牢牢坚持"两个结合"，中国特色社会主义制度才成其为中国特色社会主义制度。第二，要坚持以人民为中心。"始终代表最广大人民根本利益，保证人民当家作主，体现人民共同意志，维护人民合法权益，是我国国家制度和国家治理体系的本质属性，也是我国国家制度和国家治理体系有效运行、充满活力的根本所在。"① 国家制度和国家治理的完善和现代化是为了人民，要依靠人民，其最终成果由人民共享。第三，要把握好坚持巩固和发展完善的辩证关系。在坚持和巩固中国特色社会主义制度的同时，要与时俱进予以发展完善。社会主义不是一成不变的教条，我国制度建设必然需要回应时代的关切、实践的需要，必须吸取其他国家制度建设和国家治理的进步因素和有益经验，从而不断完善自身、达到更加成熟更加定型。

总而言之，新时代新征程，我们要牢牢坚持和不断完善中国特色社会主义制度，强化制度执行、加强制度执行监督，推动我国制度的显著优势转化为实实在在的治理效能，从而有力地保障夺取伟大斗争胜利、胜利实现我们的目标任务，更好地保障政治稳定、经济发展、文化繁荣、民族团结、人民幸福、社会安宁、国家统一。

三、同一切动摇我国社会主义制度的言行作斗争

进行伟大斗争要求坚持和完善中国特色社会主义制度，必须同

---

① 《习近平著作选读》第 2 卷，人民出版社 2023 年版，第 281 页。

一切动摇我国社会主义制度的言行作坚决斗争。制度事关根本、关乎长远。"领导制度、组织制度问题更带有根本性、全局性、稳定性和长期性","制度好可以使坏人无法任意横行,制度不好可以使好人无法充分做好事,甚至会走向反面"。① 在革命、建设、改革长期实践中,我们确立和发展了中国特色社会主义制度。历史和现实都告诉我们,我国所确立和发展的社会主义制度具有显著优越性。习近平总书记站在党和国家事业发展全局战略高度强调:"我们治国理政的本根,就是中国共产党领导和社会主义制度。"② 这一重要论述深刻阐明了牢牢坚持我国社会主义制度不动摇的重要性。我们要认真学习贯彻这一重要论述,坚决同一切削弱、歪曲、否定、颠覆我国社会主义制度的言行作斗争并夺取斗争胜利。

同削弱我国社会主义制度的言行作坚决斗争。新中国成立以来、改革开放以来,尤其是党的十八大以来,我们党高度重视国家制度建设,确立中国特色社会主义制度后,加之以牢牢坚持和巩固、不断完善和发展,社会主义制度优越性得到充分发挥。但是,"有的人对制度缺乏敬畏,根本不按照制度行事,甚至随意更改制度;有的人千方百计钻制度空子、打擦边球;有的人不敢也不愿遵守制度,甚至极力逃避制度的监管,等等"③。这些有碍于制度执行的行为,

---

① 《邓小平文选》第 2 卷,人民出版社 1994 年版,第 333 页。
② 《习近平关于防范风险挑战、应对突发事件论述摘编》,中央文献出版社 2020 年版,第 25 页。
③ 《习近平著作选读》第 2 卷,人民出版社 2023 年版,第 287 页。

实质上是对制度的削弱，是必须坚决反对的。因此说，执行决定了制度的生命力，光有对制度的坚持和巩固、完善和发展还不够，我们必须同削弱制度的言行作斗争，必须严格遵守和执行制度，确保制度时时生威、处处有效，这样才能切实发挥社会主义制度的显著优势。

同歪曲我国社会主义制度的言行作坚决斗争。改革开放以来，党带领全国人民开辟了中国特色社会主义道路，形成了中国特色社会主义理论体系，确立了中国特色社会主义制度，发展了中国特色社会主义文化，从而取得了举世瞩目的辉煌成就。但是近年来，国内外有舆论鼓噪，将我国所坚持和发展的中国特色社会主义歪曲为"资本社会主义""国家资本主义""新官僚资本主义"，质疑我们所实行的中国特色社会主义制度。但是，脱贫攻坚伟大斗争取得胜利等无数事实强有力地证明，我们始终坚定人民立场，全心全意为人民服务，将实现好、维护好、发展好最广大人民的根本利益作为一切工作的出发点和落脚点。我们的中国特色社会主义是社会主义，我们的中国特色社会主义制度是社会主义制度，这不容任何歪曲和质疑。对此，我们必须保持头脑清醒和立场坚定，坚决反对一切歪曲我国社会主义制度的言行。

同否定我国社会主义制度的言行作坚决斗争。全面深化改革的总目标是完善和发展中国特色社会主义制度、推进国家治理体系和治理能力现代化。但是，有的人将改革开放定义为向西方靠拢、追求西方"普世价值"、往西方制度的方向改，否定我国改革开放的正确方向和实践成果、理论成果、制度成果。然而不管是我国 20 世纪前期的实践，还是其他一些发展中国家的教训，都告诉我们，照抄照搬西方的经验和制度模式，换不来发展和稳定，只能是死路一条。在改革开放的历史进程中，我们要牢记"我们的方向就是不断推动社会主义制度自我完善和发展，而不是对社会主义制度改弦易张"①，要牢牢坚持和不断发展中国特色社会主义制度，坚决同一切否定我国社会主义制度的言行作斗争。

同颠覆我国社会主义制度的言行作坚决斗争。随着我国经济社会的不断发展和举世瞩目成就的取得，一些西方国家越来越如鲠在喉、如芒在背，加紧对我国的各种围堵、打压、捣乱和遏制，各种敌对势力更是企图在我国制造"颜色革命"，妄图颠覆中国共产党领导和我国社会主义制度。具体体现有：借口现实问题攻击我们党的领导和我国社会主义制度，恶意编造和肆意传播政治谣言，大搞历史虚无主义、歪曲党史国史军史，利用一些热点问题大肆炒作、煽动基层群众对党委和政府的不满等。对于这些两种社会制度、两种意识形态的较量和斗争，"我们没有任何妥协、退让的余地，必须取得全胜"②。否则，我们就会陷入危险境地，甚至亡党亡国。

同一切动摇我国社会主义制度的言行作坚决斗争要求我们坚定中国特色社会主义制度自信。从历史看，"一个国家选择什么样的国

---

① 《习近平关于总体国家安全观论述摘编》，中央文献出版社 2018 年版，第 20 页。

② 《习近平关于防范风险挑战、应对突发事件论述摘编》，中央文献出版社 2020年版，第 42 页。

家制度和国家治理体系，是由这个国家的历史文化、社会性质、经济发展水平决定的"①。中国特色社会主义制度和国家治理体系是历史的选择、人民的选择，具有深刻的历史逻辑、理论逻辑和实践逻辑。从现实看，正如党的十九届四中全会所总结的，我国国家制度和国家治理体系具有坚持党的集中统一领导，坚持党的科学理论，保持政治稳定，确保国家始终沿着社会主义方向前进等 13 个方面显著优势。从未来看，"中国特色社会主义制度是当代中国发展进步的根本保证"②。我们只有保持、增强和发挥我国国家制度和国家治理体系的优势，才能不断实现新的发展进步。简而言之，我们有理由、有依据、有必要坚定中国特色社会主义制度自信。

在前进道路上，我们要始终坚定制度自信，敢于并善于同一切不利于我国社会主义制度的言行作坚决斗争，切实、充分发挥中国特色社会主义制度的巨大优势，为人民安居乐业、社会安定有序、国家长治久安提供坚强保障。

第三节　坚定新时代伟大斗争根本方向的重要意义

进行具有许多新的历史特点的伟大斗争，必须坚定新时代伟大

---

① 《习近平著作选读》第 2 卷，人民出版社 2023 年版，第 277 页。
② 《习近平谈治国理政》第 3 卷，外文出版社 2020 年版，第 109 页。

斗争根本方向——坚持中国共产党领导和我国社会主义制度不动摇。习近平总书记强调："中国共产党领导和我国社会主义制度是抵御风险挑战、聚力攻坚克难的根本保证。"[①] 无数事实已充分证明，面对复杂多变的国际形势和艰巨繁重的国内改革发展任务，只有发挥中国共产党领导的政治优势和中国特色社会主义的制度优势，才能取得斗争胜利、实现我们的目标。新时代新征程，我们要始终坚定伟大斗争根本方向，为进行伟大斗争提供正确道路指引、根本政治保证、有力制度保障，从而不断推进伟大斗争并夺取伟大斗争新胜利。

一、为进行伟大斗争提供正确道路指引

党的十八大以来，习近平总书记在多个场合强调"方向决定道路，道路决定命运"[②]。近代以来，为了摆脱落后挨打的地位、求得民族独立和人民解放，我国无数仁人志士前仆后继、不懈奋斗，经历了无数的艰难曲折，进行了艰苦卓绝的斗争。但由于没有科学理论的指导，没有用科学理论武装起来的先进力量的领导，没有找到解决中国问题的正确道路，中国人民难以改变被压迫、被奴役的悲惨命运，在黑暗中摸索了良久。在马克思列宁主义同中国工人运动

[①] 《习近平著作选读》第 2 卷，人民出版社 2023 年版，第 439 页。

[②] 参见习近平：《在纪念中国人民抗日战争暨世界反法西斯战争胜利 69 周年座谈会上的讲话》，人民出版社 2014 年版，第 16 页；习近平：《共同谱写中越友好新篇章》，载《习近平外交演讲集》第 1 卷，中央文献出版社 2022 年版，第 313 页；习近平：《在庆祝中国共产党成立 95 周年大会上的讲话》，《人民日报》2016 年 7 月 2 日。

相结合的历史进程中，中国共产党终于成立。党成立后坚持正确前进方向，坚持从我国国情出发，带领中国人民历经千辛万苦、付出巨大代价，探索并形成了符合中国实际的新民主主义革命道路、社会主义改造和社会主义建设道路、中国特色社会主义道路，夺取了反对帝国主义、封建主义和官僚资本主义等诸多斗争的伟大胜利，改变了中国人民和中华民族的命运。党的百余年奋斗重大成就证明，我们所坚持的前进方向是能引导事业不断向前发展的正确方向，我们所走的中国道路是能使中国大踏步赶上时代、引领时代发展的正确道路，我们国家和民族的前途命运牢牢掌握在中国人民自己手中。

反观20世纪80年代末90年代初，苏联解体、东欧剧变，第一个社会主义国家和诸多东欧社会主义国家不复存在，一批马克思主义执政党失去执政地位甚至亡党，其教训何其深刻、惨痛。究其主要原因，就是在所谓的"改革"中，未坚决与甚至未与恶意攻击党的领导和社会主义制度的敌对势力作斗争，放弃了马克思主义指导地位、放弃了共产党的领导、放弃了社会主义制度，进而错误地走上了资本主义道路。对比来看，我们党在这样的历史背景下，在推进改革开放的历史进程中，牢牢坚持党的领导和我国社会主义制度不动摇，不断完善党的领导和我国社会主义制度，继续开辟和拓宽中国特色社会主义道路，不仅顶住巨大压力、平稳度过这一风险期，还继续高举社会主义旗帜，将改革开放向前推进，实现了事业的新进步新发展。

现在，我们正意气风发迈上全面建设社会主义现代化国家、以中国式现代化全面推进中华民族伟大复兴的新的伟大征程。就党的领导而言，"党的领导直接关系中国式现代化的根本方向、前途命运、最终成败"①，坚持党的全面领导是坚持和发展中国特色社会主义的必由之路。就我国社会主义制度而言，中国特色社会主义制度是中国特色社会主义的重要支柱和基本范畴，"中国特色社会主义是当代中国发展进步的根本方向"②，中国特色社会主义是实现中华民族伟大复兴的必由之路。就二者关系而言，中国特色社会主义最本质的特征是中国共产党领导，中国特色社会主义制度的最大优势是中国共产党领导。新时代新征程进行具有许多新的历史特点的伟大斗争，必须深刻认识到坚持党的领导不动摇和坚持我国社会主义制度不动摇相一致、相统一，更必须深刻认识到坚持党的领导和我国社会主义制度不动摇是斗争根本方向，决定前进道路，关乎国家前途、民族命运、人民福祉。

在新的历史起点上，我们只有牢牢把握坚持党的领导和我国社会主义制度不动摇的斗争方向，才能在各种重大斗争考验面前"不畏浮云遮望眼"，才能走在进行伟大斗争、建设伟大工程、推进伟大事业、实现伟大梦想的正确道路上，才能从胜利走向新的胜利。比如新闻舆论工作，就要"牢牢坚持正确舆论导向"，"要坚持以正确舆论引导人，做到所有工作都有利于坚持中国共产党领导和我国社

---

① 习近平：《中国式现代化是中国共产党领导的社会主义现代化》，《求是》2023年第 11 期。

② 《习近平著作选读》第 1 卷，人民出版社 2023 年版，第 117 页。

会主义制度"。① 如此，才能保证新闻舆论工作走在正确道路上，才能正确发挥新闻舆论的重要作用，才能实现新闻舆论在进行伟大斗争中的独有价值。

二、为进行伟大斗争提供根本政治保证

坚持党的领导是中国共产党领导人民百年奋斗形成的宝贵历史经验，是过去我们能够成功的根本原因，也是未来我们继续成功的根本保证。习近平总书记指出，"党的领导是党和人民事业成功的根本保证"，"中国共产党的领导，是中国革命、建设、改革不断取得胜利最根本的保证，是中国特色社会主义最本质的特征，也是中国特色社会主义的最大优势，必须毫不动摇坚持和完善"。② 中国人民和中华民族之所以能够不断夺取不同历史时期斗争的伟大胜利、扭转近代以后的悲惨命运、取得载入史册的伟大成就，最根本的是有中国共产党的坚强领导。历史反复证明，什么时候牢牢坚持党的领导，党和人民的事业就顺利发展，什么时候削弱了党的领导，党和人民的事业就会遭受挫折；没有中国共产党，就没有社会主义中国，就没有中国特色社会主义，就没有中华民族伟大复兴。

党的十八大以来，面对世所罕见、史所罕见的风险挑战，以习近平同志为核心的党中央统筹把握中华民族伟大复兴战略全局和世

---

① 《习近平著作选读》第 1 卷，人民出版社 2023 年版，第 455 页。
② 《习近平谈治国理政》第 2 卷，外文出版社 2017 年版，第 56 页。

界百年未有之大变局，提出一系列原创性治国理政新理念新思想新战略，采取一系列战略性举措，推进一系列变革性实践，实现一系列突破性进展，取得一系列标志性成果，团结带领人民经受住了来自政治、经济、意识形态、自然界等方面的风险挑战考验，攻克了许多长期没有解决的难题，办成了许多事关长远的大事要事，推动党和国家事业取得历史性成就、发生历史性变革。无论是科学判断经济社会发展情况，及时提出把握新发展阶段、贯彻新发展理念、构建新发展格局，还是面对突如其来的新冠肺炎疫情，坚持最大限度保护人民生命安全和身体健康，统筹疫情防控和经济社会发展取得重大积极成果，抑或是不畏外部讹诈、遏制、封锁、极限施压，在斗争中维护国家尊严和核心利益，牢牢掌握我国发展和安全主动权，都充分说明了，"只要毫不动摇坚持党的领导、毫不动摇维护党中央权威，把全体人民紧紧团结在党的周围，我们就一定能够战胜一切艰难险阻，乘风破浪，勇往直前"①。

在新的历史条件下，要更好进行具有许多新的历史特点的伟大斗争、推进中国特色社会主义伟大事业、实现中华民族伟大复兴梦想，就必须以更大力度推进新时代党的建设新的伟大工程，坚定不移推进全面从严治党，不断增强党的政治领导力、思想引领力、群众组织力、社会号召力，确保我们党永葆旺盛生命力和强大战斗力；就必须始终牢记"坚持和加强党的全面领导，关系党和国家前途命

---

① 《习近平谈治国理政》第4卷，外文出版社2022年版，第392页。

运，我们的全部事业都建立在这个基础之上，都根植于这个最本质特征和最大优势"①，提高党的领导水平和执政水平，确保党始终成为中国特色社会主义事业的坚强领导核心；就必须深刻领悟"两个确立"的决定性意义，增强"四个意识"、坚定"四个自信"、做到"两个维护"，自觉同以习近平同志为核心的党中央保持高度一致，在以习近平同志为核心的党中央领导下团结一致向前进。展望未来，有党的坚强领导作为根本保证，我们一定能不断夺取伟大斗争的新胜利，顺利实现我们的目标任务，创造新的辉煌。

三、为进行伟大斗争提供有力制度保障

我国社会主义制度为我们进行新时代伟大斗争、不断夺取伟大斗争新胜利提供了强有力的制度保障。"未来一个时期，我们面临的风险挑战只会越来越多、越来越严峻。"②从国际看，世界百年未有之大变局加速演进，国际形势复杂多变；从国内看，改革发展稳定、内政外交国防、治党治国治军各方面任务之繁重前所未有。从经济社会领域看，有经济风险、意识形态安全风险、社会稳定风险等必须防范化解；从自然界看，我国自然灾害多发、频发，存在生态隐患和环境风险。要经受住风高浪急甚至惊涛骇浪的重大考验、打赢防范化解重大风险攻坚战、取得伟大斗争胜利，"必须坚持和完善中

---

① 习近平：《论坚持党对一切工作的领导》，中央文献出版社 2019 年版，第 222 页。
② 《习近平在看望参加政协会议的民建工商联界委员时强调　正确引导民营经济健康发展高质量发展》，《人民日报》2023 年 3 月 7 日。

国特色社会主义制度、推进国家治理体系和治理能力现代化，运用制度威力应对风险挑战的冲击"①。

实践无数次证明，只要坚定道路自信、理论自信、制度自信、文化自信，坚持我国社会主义制度集中力量办大事的显著优势，我们就一定能够紧密团结起全党全国各族人民，协同调动各地方各部门各领域各方面力量，聚集起战胜困难的强大合力，发挥出攻坚克难、推动事业发展的强大能量。战胜长江和嫩江、松花江等流域严重洪涝及汶川特大地震等自然灾害，战胜"非典"疫情，打赢脱贫攻坚战、消除绝对贫困从而实现第一个百年奋斗目标、全面建成小康社会等，都是发挥制度优势以应对风险挑战、夺取斗争胜利、实现目标任务的有力证明。尤其是抗击新冠肺炎疫情的斗争实践，再次证明了，"中国共产党是风雨来袭时中国人民最可靠的主心骨，我国社会主义制度是抵御风险挑战的最有力制度保证"②。

从党的自身建设来看，"加强党内法规制度建设是全面从严治党的长远之策、根本之策"③。要应对好复杂的执政环境，经受"四大考验"、克服"四大危险"，消除一切损害党的先进性和纯洁性的因

---

① 《习近平谈治国理政》第 3 卷，外文出版社 2020 年版，第 113 页。

② 习近平：《总结党的历史经验　加强党的政治建设》，《求是》2021 年第 16 期。

③ 习近平：《论坚持全面依法治国》，中央文献出版社 2020 年版，第 169 页。党的十九届四中全会提出，要"完善全面从严治党制度"，"加快形成完善的党内法规体系"。参见《十九大以来重要文献选编》中，中央文献出版社 2021 年版，第 274、277 页。加强党内法规制度建设是坚持和完善中国特色社会主义制度的应有之义。

素，根本上解决党内存在的思想不纯、组织不纯、作风不纯等突出问题，必须深入推进新时代党的建设新的伟大工程，必须将制度建设贯穿于党的政治建设、思想建设、组织建设、作风建设、纪律建设，必须不断总结全面从严治党的成功经验，把管党治党创新实践转化为制度成果，为推进全面从严治党向纵深发展提供有力制度保障。以进行反腐败斗争为例，习近平总书记强调"牛栏关猫是关不住的"，"没有健全的制度，权力没有关进制度的笼子里，腐败现象就控制不住"。① 制度的硬约束为反腐败斗争取得压倒性胜利并全面巩固提供了重要保障。党的十八大以来，以习近平同志为核心的党中央高度重视制度治党、依规治党，不断加强党内法规制度建设，推动形成比较完善的党内法规制度体系，为党统揽"四个伟大"提供了坚强有力的制度保障，这对于党以史为鉴、开创未来，团结带领全国人民实现中华民族伟大复兴具有重要意义。

　　总的来说，党的百余年奋斗伟大成就充分证明，我国社会主义制度——中国特色社会主义制度，"是当代中国发展进步的根本制度保障，是具有鲜明中国特色、明显制度优势、强大自我完善能力的先进制度"②。面对新的目标任务，我们只有继续发挥中国特色社会主义制度的巨大优势，才能不断推进党和国家事业向前发展、全面推进中华民族伟大复兴。

---

① 《习近平关于全面从严治党论述摘编》，中央文献出版社 2021 年版，第 432 页。
② 《习近平谈治国理政》第 2 卷，外文出版社 2017 年版，第 36 页。

本章小结

2020 年 10 月 10 日，习近平总书记在 2020 年秋季学期中央党校（国家行政学院）中青年干部培训班开班式上发表重要讲话，强调："提高政治能力，首先要把握正确政治方向，坚持中国共产党领导和我国社会主义制度。在这个问题上，决不能有任何迷糊和动摇!"[①] 在全面建设社会主义现代化国家、向第二个百年奋斗目标进军的新征程上，我们要坚定新时代伟大斗争根本方向——坚持中国共产党领导和我国社会主义制度不动摇，坚定不移做有利于坚持党的领导和我国社会主义制度的事，坚决不做不利于坚持党的领导和我国社会主义制度的事，坚决同一切削弱、歪曲、否定党的领导和我国社会主义制度的言行作斗争，不断发挥中国共产党领导的政治优势和中国特色社会主义的制度优势，为不断夺取伟大斗争新胜利提供正确道路指引、根本政治保证、有力制度保障，从而为维护人民群众根本利益和推进中华民族伟大复兴打下坚实基础。

---

① 习近平：《总结党的历史经验　加强党的政治建设》，《求是》2021 年第 16 期。

第三章　新时代伟大斗争的根本目的

　　只有明确斗争的根本目的，才能确保斗争始终沿着正确的目标前进。2020年1月8日，习近平总书记在"不忘初心、牢记使命"主题教育总结大会上的讲话中对新时代开展伟大斗争的根本目的作了精要的概括："我们讲的斗争，不是为了斗争而斗争，也不是为了一己私利而斗争，而是为了实现人民对美好生活的向往、实现中华民族伟大复兴知重负重、苦干实干、攻坚克难。"①明确指明了新时代开展伟大斗争的根本目的，一是要始终维护人民群众根本利益，二是要始终推进中华民族伟大复兴。

---

　　① 《习近平著作选读》第2卷，人民出版社2023年版，第302页。

第一节　始终维护人民群众根本利益

"与天下同利者，天下持之；擅天下之利者，天下谋之。"新时代伟大斗争的开展之所以能够得到亿万人民的拥护和支持，并取得一系列重大成果，正是因这一斗争始终以维护最广大人民群众的根本利益为根本目的，做到了一切为了人民、一切依靠人民、一切成果由人民共享。这就要求我们认识到，新时代伟大斗争是为了人民群众而进行的斗争，必须把人民对美好生活的向往作为奋斗目标；新时代伟大斗争是人民群众共同参与的斗争，必须树立人民是历史创造者，群众是真正的英雄的历史唯物主义的基本观点；新时代伟大斗争是斗争成果由人民群众检验、由人民共享的斗争，必须使人民掌握对斗争成效的评判权，不断推动斗争成果更多更公平惠及全体人民。

一、人民对美好生活的向往是党的奋斗目标

人民对美好生活的向往既是新时代开展伟大斗争的目标追求，也是价值旨归。2012 年 11 月 15 日，在党的十八届一中全会上刚刚当选中共中央总书记的习近平在同中外记者见面时就庄严宣告："人民对美好生活的向往，就是我们的奋斗目标"，明确回答了"为谁斗争"的根本问题。习近平总书记还以"更好的教育、更稳定的工作、

更满意的收入、更可靠的社会保障、更高水平的医疗卫生服务、更舒适的居住条件、更优美的环境"①等人民切身的现实利益，对美好生活的涵义进行了具体说明。

此后，习近平总书记又在多个场合反复强调这一观点。2014年2月，他在俄罗斯索契接受记者专访时强调："中国共产党坚持执政为民，人民对美好生活的向往就是我们的奋斗目标。"②2017年10月，在党的十九大报告中，作出了新时代我国社会的主要矛盾已经转化为"人民日益增长的美好生活需要和不平衡不充分的发展之间的矛盾"的重大判断，指明了新时代伟大斗争的时代性特点，并提出要"永远把人民对美好生活的向往作为奋斗目标"③；2022年10月，在党的二十大报告中更进一步把实现人民对美好生活的向往上升到"现代化建设的出发点和落脚点"④的高度；在党的二十届一中全会后，在同中外记者见面时继续强调要"不断把人民对美好生活的向往变为现实"⑤。这些论述不仅展现了习近平总书记深切的人民情怀，同时揭示了中国共产党开展伟大斗争的根本目的所在。

习近平总书记之所以提出要把实现人民群众对美好生活的向往，把实现好、维护好、发展好人民群众的根本利益作为开展新时代伟

① 《习近平著作选读》第1卷，人民出版社2023年版，第60页。
② 《习近平著作选读》第1卷，人民出版社2023年版，第221页。
③ 《习近平著作选读》第2卷，人民出版社2023年版，第9、1页。
④ 《习近平著作选读》第1卷，人民出版社2023年版，第19页。
⑤ 《习近平著作选读》第2卷，人民出版社2023年版，第612页。

大斗争的根本目的，正是因为——为什么人的问题是检验一个政党、一个政权性质的试金石。中国共产党是中国工人阶级的先锋队，同时是中国人民和中华民族的先锋队。这一性质既决定了全心全意为人民服务是党的根本宗旨，也决定了中国共产党人的伟大斗争是为中国人民、为中华民族而进行的斗争。习近平总书记指出："全心全意为人民服务，是我们党一切行动的根本出发点和落脚点，是我们党区别于其他一切政党的根本标志。党的一切工作，必须以最广大人民的根本利益为最高标准。"① 这一要求，对于当前正在进行的伟大斗争也不例外。

要想顺利开展新时代伟大斗争，就必须自觉维护人民群众的切身利益，战胜一切发展过程中的困难挑战。党的十八大以来，党中央把脱贫攻坚摆在治国理政的突出位置，从 2013 年提出"精准脱贫"概念，到 2017 年党的十九大上将精准脱贫作为三大攻坚之一进行全面部署，再到 2020 年最终实现了现行标准下 9899 万农村贫困人口全部脱贫的宏伟目标，创造了彪炳史册的人间奇迹。脱贫攻坚战的全面胜利，标志着我们党取得了新时代伟大斗争的一个里程碑式的重大胜利，在团结带领人民创造美好生活、实现共同富裕的道路上迈出了坚实的一大步。在这场脱贫攻坚斗争中，习近平总书记先后 7 次主持召开中央扶贫工作座谈会，50 多次调研扶贫工作，走遍 14 个集中连片贫困地区。数百万名扶贫干部同贫困群众想在一

---

① 《习近平著作选读》第 1 卷，人民出版社 2023 年版，第 212 页。

起、过在一起、干在一起，把最美好的青春献给了扶贫的人民事业。在脱贫攻坚斗争中，更是有 1800 多名同志的生命永远定格在了这场征程上。正是在这一意义上，脱贫攻坚作为新时代伟大斗争的一个缩影，充分体现了中国共产党为维护人民根本利益而斗争的本色。

要想顺利开展新时代的伟大斗争，就必须坚决反对一切损害人民利益、脱离群众的行为，始终保持同人民群众的血肉联系。2013 年 6 月至 2014 年 9 月，围绕保持党的先进性和纯洁性，针对党面临的脱离群众的风险，全党深入开展了一场以为民务实清廉为主要内容的党的群众路线教育实践活动。经过这一活动的洗礼，广大党员干部不仅在思想上牢固树立了群众观点，自觉把党的群众路线贯彻到治国理政的行动中来，在作风上对脱离群众的奢靡之风、享乐之风、形式主义、官僚主义"四风"问题进行了严肃的整改，还在解决人民群众急难愁盼的现实问题的基础上增进了同群众的感情、拉近了同群众的距离，增强了同群众一块苦、一块干的自觉性。因此，习近平总书记在党的群众路线教育实践活动总结大会上的讲话中指出，此次党的群众路线教育实践活动"为我们进行具有许多新的历史特点的伟大斗争作了思想上组织上作风上的重要准备，其重大意义必将随着时间的推移不断显现出来"①。

总而言之，不论是带领广大人民群众为创造美好生活、实现共同富裕而同发展前进道路中的风险挑战、矛盾阻力作不懈斗争，还

---

① 《十八大以来重要文献选编》中，中央文献出版社 2016 年版，第 88 页。

是向弱化党的先进性、损害党的纯洁性、破坏党的集中统一领导的腐败问题、不良作风作坚决斗争，归根到底是为了维护最广大人民群众的根本利益，增进民生福祉，增强人民群众的获得感、幸福感、安全感，给广大人民群众实现美好生活的需要创造有利条件。正如习近平总书记指出的："自成立以来，我们党团结带领人民进行革命、建设、改革，根本目的就是为了让人民过上好日子，无论面临多大挑战和压力，无论付出多大牺牲和代价，这一点都始终不渝、毫不动摇。"①

二、依靠人民群众创造历史伟业

如何认识人民群众在历史上的作用，是社会历史观的重大问题。对这一问题，习近平总书记态度鲜明地回答道："人民是历史的创造者，群众是真正的英雄。"②"人民是历史进步的真正动力。"③"一切成就都归功于人民，一切荣耀都归属于人民"④，必须"依靠人民创造历史伟业"⑤。伟大斗争不可能仅凭党的单打独斗就能够取得胜利，而必须要紧紧依靠广大人民群众，充分发挥亿万人民的斗争伟力。党只有始终与人民心连心、同呼吸、共命运，始终保持党同人

① 《习近平新时代中国特色社会主义思想专题摘编》，党建读物出版社、中央文献出版社 2023 年版，第 106 页。
② 《习近平著作选读》第 1 卷，人民出版社 2023 年版，第 61 页。
③ 《习近平谈治国理政》第 2 卷，外文出版社 2017 年版，第 189 页。
④ 《习近平谈治国理政》第 3 卷，外文出版社 2020 年版，第 323 页。
⑤ 《习近平著作选读》第 2 卷，人民出版社 2023 年版，第 17 页。

民群众的血肉联系，才能战胜伟大斗争过程中面临的风险挑战、矛盾阻力。

无论是中华民族迎来从站起来、富起来到强起来的伟大飞跃，还是新时代以来党和国家事业取得的历史性成就、发生的历史性变革，都是党和人民一道拼出来、干出来、奋斗出来的。历史和现实已然证明，只要党和广大人民群众保持密切联系，赢得人民信任，得到人民支持，党就能克服任何困难，无往而不胜，党和人民的斗争事业就能够顺利发展、取得成功；反之，党将一事无成，甚至走向衰败，党和人民的斗争事业也会遭受挫折、停滞不前。

习近平总书记指出："任何一项伟大事业要成功，都必须从人民中找到根基，从人民中集聚力量，由人民共同完成。"[①] 依靠人民群众进行伟大斗争具有两方面的内涵：一是要尊重人民主体地位，充分调动人民群众参与伟大斗争的积极性；二是要尊重人民首创精神，从人民群众的斗争实践中总结宝贵的经验。

一方面，人民群众是新时代伟大斗争的主体。只有动员广大人民群众参与到伟大斗争中来，充分发挥人民群众的历史主体性，才能使伟大斗争凝聚起亿万人民的磅礴力量。个人的力量是有限的，但人民群众的力量是无限的。正如习近平总书记指出的："人民群众是我们力量的源泉。我们深深知道，每个人的力量是有限的，但只

---

① 习近平：《在纪念孙中山先生诞辰 150 周年大会上的讲话》，《人民日报》2016年 11 月 12 日。

要我们万众一心、众志成城，就没有克服不了的困难。"①

依靠人民开展伟大斗争，必须凝聚斗争共识，引导人民群众树立在斗争中的主人翁意识，激发人民群众自力更生、艰苦奋斗的内生动力，使伟大斗争获得持续不断的推动力量。要充分调动广大人民群众投身伟大斗争的主动性、积极性、创造性，避免伟大斗争过程中"干部干，群众看""干部着急，群众不急"的情况，通过宣传教育使广大人民群众深刻意识到新时代的伟大斗争不是远在天边、虚无缥缈的斗争，而是同每个人的切身利益息息相关的，只有以实际行动参与到新时代的伟大斗争中，才能将对美好生活的向往变成现实。2021年2月，习近平总书记在全国脱贫攻坚总结表彰大会上就将"坚持调动广大贫困群众积极性、主动性、创造性，激发脱贫内生动力"作为中国特色反贫困理论的重要组成部分，指出："脱贫必须摆脱思想意识上的贫困。我们注重把人民群众对美好生活的向往转化成脱贫攻坚的强大动能。"②在引导人民主动创造美好生活的同时，也要让人民群众参与到反对贪污腐败、不良作风的斗争中来，不断拓宽人民监督的渠道。一是人民群众作为贪腐和作风问题的直接受害者、感知者，对此有着切肤之痛，理应作为重要的主体参与到揭露这些问题的斗争中来。二是党要对人民发现的问题及时作出回应，在人民群众的帮助和监督下同一切动摇党的根基、损害党的

---

① 《习近平著作选读》第1卷，人民出版社2023年版，第61页。
② 《习近平著作选读》第2卷，人民出版社2023年版，第440页。

肌体的现象作坚决斗争。

　　另一方面，人民群众创造的斗争经验是伟大斗争实践创新的不竭源泉。只有向人民学习、拜人民为师，尊重人民创造、汲取人民智慧，及时概括与提炼人民群众的斗争经验，才能使伟大斗争汇聚起亿万人民的聪明才智。人民群众的斗争实践永远是最丰富、最生动的。习近平总书记指出："在人民面前，我们永远是小学生，必须自觉拜人民为师，向能者求教，向智者问策；必须充分尊重人民所表达的意愿、所创造的经验、所拥有的权利、所发挥的作用。"①

　　依靠人民开展伟大斗争，必须尊重人民群众的首创精神，着力总结人民群众斗争实践的创新经验，并反过来指导伟大斗争。习近平总书记以改革开放的历史生动说明了"为了人民而改革，改革才有意义；依靠人民而改革，改革才有动力"的道理，他指出："许多改革都是由基层群众自发推动、自下而上形成的，广大人民群众是推动改革的重要力量。"②改革开放以来的诸多政策和理论正是在基层群众的斗争实践经验基础上综合提升形成的。而要想从群众的斗争实践中汲取智慧、总结经验，就必须实事求是地深入基层、深入实际、深入群众。党的十八大以来，以习近平同志为核心的党中央高度重视调查研究。2023 年 3 月，中共中央办公厅印发的《关于在

① 《习近平著作选读》第 1 卷，人民出版社 2023 年版，第 211—212 页。
② 《习近平新时代中国特色社会主义思想专题摘编》，党建读物出版社、中央文献出版社 2023 年版，第 109 页。

全党大兴调查研究的工作方案》对习近平总书记关于调查研究的重要论述作了高度概括，对新时代开展调查研究的总体要求、调研内容、方法步骤、工作要求等作出了明确部署，为从人民的创造性实践中获得正确认识，把党的关于进行伟大斗争的号召转变为人民群众的自觉行动指明了方向。

三、斗争的成果由人民检验、由人民共享

广大人民群众是新时代伟大斗争的参与者，理所应当是斗争成果的享有者。如果我们只讲为了人民、依靠人民开展伟大斗争，而不提及伟大斗争成果由人民共享，那所谓的为了人民就沦为一纸空谈，所谓的依靠人民就成了谋取私利的手段。

一方面，在伟大斗争的过程中，要使人民掌握对斗争成效的评判权，要以人民拥不拥护、赞成不赞成、高兴不高兴、答应不答应作为衡量伟大斗争是否取得成效的根本标准。伟大斗争是否取得成效，不是由党自己说了算，而必须要由人民来评判。2013 年 12 月，习近平总书记在纪念毛泽东同志诞辰 120 周年座谈会上明确提出，"人民是我们党的工作的最高裁决者和最终评判者"[1]，并指出"检验我们一切工作的成效，最终都要看人民是否真正得到了实惠，人民生活是否真正得到了改善，人民权益是否真正得到了保障"[2]。而且

---

[1] 《习近平著作选读》第 1 卷，人民出版社 2023 年版，第 213 页。
[2] 《习近平著作选读》第 1 卷，人民出版社 2023 年版，第 212 页。

这一实惠、改善和保障要建立在绝大多数人民群众的根本利益、长远利益的基础上，而非任何个人、一时一地的利益。在这一价值导向下，领导干部政绩观愈发清晰而明确。代表、赢得和守住民心，越来越成为衡量工作得失的根本标准。2018 年 1 月，习近平总书记在新进中央委员会的委员、候补委员和省部级主要领导干部学习贯彻习近平新时代中国特色社会主义思想和党的十九大精神研讨班开班式上的讲话中，对斗争成果由人民检验作了更为生动、精妙的表达："时代是出卷人，我们是答卷人，人民是阅卷人。"[1] 这一表述也被写入党的十九届六中全会通过的《中共中央关于党的百年奋斗重大成就和历史经验的决议》。

党的十八大以来，针对新时代我们面临的困难与挑战，习近平总书记多次以"赶考"的比喻来激励全党，提出要想赢得人民的衷心拥护，"必须永葆'赶考'的清醒和坚定"[2]。在实现第二个百年奋斗目标新的赶考之路上，人民依然是我们"赶考"成绩的阅卷人。这就意味着，我们既要把人民的评判与监督当作全党破除形式主义、官僚主义的鞭策，避免伟大斗争成为光说不做、有头无尾的空口号、烂摊子，也要聚焦人民群众最关心最直接最现实的利益，将惠民生、暖民心、顺民意的工作做到人民群众的心坎上。

---

① 《习近平谈治国理政》第 3 卷，外文出版社 2020 年版，第 70 页。

② 《习近平在省部级主要领导干部"学习习近平总书记重要讲话精神，迎接党的二十大"专题研讨班上发表重要讲话强调　高举中国特色社会主义伟大旗帜　奋力谱写全面建设社会主义现代化国家崭新篇章》，《人民日报》2022 年 7 月 28 日。

以反腐败斗争为例，2016 年 1 月，习近平总书记在党的十八届中央纪委六次全会上针对反腐败问题首次提出了"民心是最大的政治，正义是最强的力量"的重大论断，指出"反腐败增强了人民群众对党的信任和支持，人民群众给予高度评价"①。党的十八大以来，以习近平同志为核心的党中央之所以要开展史无前例的反腐败斗争，正是因为这一斗争不仅是大势所趋，更是民心所向。人民群众对于腐败问题深恶痛绝，使得反腐败斗争拥有广泛的群众基础。对于新时代十年来反腐的成效，人民的感受和评价最具说服力。根据 2022 年国家统计局民意调查显示，97.4% 的群众对全面从严治党、党风廉政建设和反腐败工作成效表示满意，比 2012 年提高 22.4 个百分点。② 也正因此，2022 年 10 月，党的二十大顺应民愿民心，提出要坚决打赢反腐败斗争攻坚战持久战，将反腐败这一人民给予高度评价的斗争持续向深入推进。

另一方面，在伟大斗争的过程中，要在坚持以人民为中心的发展思想的基础上，使斗争成果公平惠及广大人民群众，不断增强群众的实际获得感。倘若斗争的成果为少数人所占有，这样的斗争就失去意义，既不能被称为"伟大"，也不会得到人民的认可，更不可能取得成功。2013 年 8 月，习近平总书记在全国宣传思想工作会议

---

① 《坚持全面从严治党依规治党　创新体制机制强化党内监督》，《人民日报》2016 年 1 月 13 日。

② 习近平：《健全全面从严治党体系　推动新时代党的建设新的伟大工程向纵深发展》，《求是》2023 年第 12 期。

上提出了"以人民为中心"①的概念；2015 年 10 月，习近平总书记在党的十八届五中全会上将这一概念系统化、理论化，完整提出了"坚持以人民为中心的发展思想"，同时阐明了共享的新发展理念："让广大人民群众共享改革发展成果，是社会主义的本质要求，是社会主义制度优越性的集中体现，是我们党坚持全心全意为人民服务根本宗旨的重要体现。"②2016 年 1 月，习近平总书记在省部级主要领导干部学习贯彻党的十八届五中全会精神专题研讨班上就共享发展理念和坚持以人民为中心的发展思想之间的关系指出："共享理念实质就是坚持以人民为中心的发展思想，体现的是逐步实现共同富裕的要求。"③2020 年 10 月 29 日，习近平总书记在党的十九届五中全会上进一步强调要努力促进全体人民共同富裕取得更为明显的实质性进展。④这就意味着，新时代的伟大斗争必须紧紧围绕解决好发展中的不平衡、不充分的问题，既要聚焦人民群众关注的民生问题，让人民群众在斗争中看到变化、得到实惠，也要注意消除影响社会公平正义实现的不利因素，确保权利公平、机会公平、规则公平，逐步缩小地区、城乡、贫富差距，为实现共同富裕不断创造有利条件。

以全面建成小康社会为例，党的十八大以来，以习近平同志为

---

① 《习近平著作选读》第 1 卷，人民出版社 2023 年版，第 148 页。
② 《十八大以来重要文献选编》中，中央文献出版社 2016 年版，第 832、827 页。
③ 《习近平谈治国理政》第 2 卷，外文出版社 2017 年版，第 214 页。
④ 《十九大以来重要文献选编》中，中央文献出版社 2021 年版，第 820 页。

核心的党中央提出了"全面建成小康社会"新的目标要求，使"小康社会"在新的历史起点上具有更高的标准、更丰富的内涵。所谓全面小康，是惠及全体人民的小康。没有全民小康，就没有全面小康。2017年10月，习近平总书记在党的十九大报告中发出决胜全面建成小康社会的号召，特别提出要坚决打好防范化解重大风险、精准脱贫、污染防治三大攻坚战。在十九届中共中央政治局常委同中外记者见面时，习近平总书记提出："全面建成小康社会，一个也不能少；共同富裕路上，一个也不能掉队。"①充分表明了新时代的伟大斗争是成果由人民共享的斗争，充分彰显了以习近平同志为核心的党中央团结带领广大人民群众共同奔向小康生活的坚定意志和强大决心。2021年7月1日，习近平总书记在庆祝中国共产党成立100周年大会上庄严宣告："经过全党全国各族人民持续奋斗，我们实现了第一个百年奋斗目标，在中华大地上全面建成了小康社会，历史性地解决了绝对贫困问题。"②兑现了让贫困人口和贫困地区同全国一道进入全面小康社会的庄严承诺。

如今，我国进入了向全面建成社会主义现代化强国的第二个百年奋斗目标进军的新阶段。站在历史新的更高起点上，中国共产党将继续进行具有许多新的历史特点的伟大斗争，倾听民愿、顺应民心，扎实推进全体人民实现共同富裕。

①《习近平谈治国理政》第3卷，外文出版社2020年版，第66页。
②《习近平著作选读》第2卷，人民出版社2023年版，第476页。

第二节 始终推进中华民族伟大复兴

只有创造过辉煌的民族，才懂得复兴的意义；只有经历过苦难的民族，才对复兴有深切的渴望。实现中华民族伟大复兴，贯穿于党和人民的全部斗争实践，既是近代以来中华民族最伟大的梦想，也是中国共产党百年奋斗的历史主题。党自成立之日起就义无反顾地肩负起实现民族复兴的历史使命。这一历史使命历经多个历史时期，传承至今。新时代伟大斗争依然紧紧扣住这一历史使命，以推进中华民族伟大复兴作为根本目的。今天，实现中华民族伟大复兴进入了不可逆转的历史进程，我们必须认识到，越是接近民族复兴就越不会一帆风顺。要想实现伟大梦想，必须进行伟大斗争。

一、实现中华民族伟大复兴是中国共产党百年奋斗的历史主题

2021年7月1日，习近平总书记在庆祝中国共产党成立100周年大会上对党的百年奋斗历史的主题作出了精要的概括："一百年来，中国共产党团结带领中国人民进行的一切奋斗、一切牺牲、一切创造，归结起来就是一个主题：实现中华民族伟大复兴。"[①] 这一

[①] 《习近平著作选读》第2卷，人民出版社2023年版，第477页。

重大论断不仅勾勒出一条围绕"中华民族伟大复兴"展开的历史主线，同时也指明了伟大斗争的根本目的所在。

中华民族是一个伟大的民族，曾经长期走在世界民族发展的前列，为人类文明的进步作出了不可磨灭的贡献。但自 1840 年鸦片战争以后，伴随着外敌入侵和内部战争，中国逐渐沦为半殖民地半封建社会，陷入了内外交困的黑暗境地，中华民族也因此遭受了前所未有的灾难与痛苦，可谓是国家蒙辱、人民蒙难、文明蒙尘。自那时起，求得民族独立、人民解放和实现国家富强、人民幸福成为中国人民必须完成的两大历史任务。为此，无数仁人志士奋起抗争，只为找到一条能够挽救民族危亡、实现民族复兴的正确道路。但不论是旧式的农民起义战争，还是封建地主的自救运动，再或是资产阶级的变法改良，各式的斗争最终都以失败告终。1911 年，以孙中山为代表的资产阶级革命派领导的辛亥革命虽然彻底推翻了统治中国长达几千年之久的君主专制制度，但却没有提出彻底的反帝反封建的革命纲领，没能改变中国半殖民地半封建的社会性质，中国人民仍然生活在水深火热之中。"国家的情况一天一天坏，环境迫使人们活不下去。"① 近代中国这种内忧外患的境况迫切呼唤着新的思想和新的组织出现，来指引、领导中国人民开展新的救亡斗争。

就在这时，俄国十月革命一声炮响送来了马克思列宁主义。在马克思列宁主义和工人运动的结合中，在中国人民为挽救民族危亡、

---

① 《毛泽东选集》第 4 卷，人民出版社 1991 年版，第 1470 页。

实现民族复兴而顽强前行的伟大斗争中，中国共产党诞生了。中国人民谋求民族独立、人民解放和国家富强、人民幸福的斗争自此有了主心骨。自成立之日起，中国共产党就义无反顾地肩负起实现中华民族伟大复兴的历史使命，领导人民进行艰苦的斗争，相继创造了新民主主义革命时期、社会主义革命和建设时期、改革开放和社会主义现代化建设新时期的伟大成就，书写了中华民族几千年历史上最恢宏的史诗。

新民主主义革命时期斗争任务的完成，为实现中华民族伟大复兴创造了根本的社会条件。自 1921 年中国共产党成立以来，中国共产党团结带领中国人民浴血奋战、百折不挠，彻底推翻了帝国主义、封建主义、官僚资本主义"三座大山"，建立起人民当家作主的中华人民共和国，完成了民族独立和人民解放的历史任务。在这一斗争过程中，中国共产党坚持将马克思主义基本原理同中国具体实际相结合，开辟了农村包围城市、武装夺取政权这一适合中国国情的正确革命道路，提出了马克思主义中国化的重大命题。

社会主义革命和建设时期斗争任务的完成，为实现中华民族伟大复兴奠定了根本政治前提和制度基础。自 1949 年新中国成立以来，中国共产党团结带领人民自力更生，发愤图强，完成社会主义革命，探索与推进社会主义建设，实现了中华民族有史以来最深刻伟大的社会变革。在这一斗争过程中，中国共产党作出抗美援朝、保家卫国的历史性决策，使新中国站稳了脚跟，通过"三大改造"确立了社会主义的基本制度，实现了新中国从一穷二白到建成独立的比较完整的工业体系和国民经济体系的巨大跨越，提出了一系列社会主义建设的独创性理论成果。

改革开放和社会主义现代化建设新时期斗争任务的完成，为实现中华民族伟大复兴提供充满新的活力的体制保证和快速发展的物质条件。自 1978 年党的十一届三中全会以来，中国共产党团结带领人民，解放思想，实事求是，作出了将党和国家的工作重点转移到社会主义现代化建设上来、实行改革开放的历史性决策，中国自此大踏步赶上了时代。在这一斗争过程中，中国共产党深刻总结了新中国成立以来的正反经验，逐步确立了社会主义市场经济的改革方向，坚持对外开放的基本国策，不仅成功开创了中国特色社会主义，而且实现了从生产力相对落后到经济总量跃居世界第二的历史性突破。

回顾历史可以发现，一方面，中华民族伟大复兴贯穿于中国近代以来党和人民的全部斗争实践，凝聚着几代中国人的夙愿，承载着无数中华儿女的光荣与梦想；另一方面，实现中华民族伟大复兴是一项长期而艰巨的历史任务，不可能仅在一代人手中就能够实现，需要一代又一代人接续奋斗。可以说，实现中华民族伟大复兴作为前人未竟的梦想，以其历史深度为新时代的斗争赋予了"伟大"品格。实现中华民族伟大复兴，使中华民族更加坚强有力地自立于世界民族之林，为人类作出新的更大的贡献，是近代以来中华民族的强烈愿望和共同期盼，是近代以来中国人民最伟大的梦想。在这一梦想的感召下，中华民族实现了从站起来到富起来的伟大飞跃。但我们不得不承认，彼时我们距离实现中华民族伟大复兴的目标仍有差距。1956 年，毛泽东同志就曾感叹道："中国应当对于人类有较大的贡献，而这种贡献，在过去一个长时期内，则是太少了。"[1]

自中国特色社会主义进入新时代以来，中国前所未有地靠近世界舞台中心，前所未有地接近实现中华民族伟大复兴的目标，前所未有地具有实现这个目标的能力和信心。我们站在新的历史起点上，提出在新时代进行具有许多新的历史特点的伟大斗争，正是为了肩负起实现中华民族伟大复兴的历史使命，推动中华民族朝着强起来的美好愿景继续前进。

二、实现中华民族伟大复兴进入不可逆转的历史进程

历史发展是连续性和阶段性的统一，党在不同历史阶段有不同的历史任务，也肩负着共同的历史使命。早在 2012 年 11 月 15 日，刚刚当选中共中央总书记的习近平在同中外记者见面时就指出："我们的责任，就是要团结带领全党全国各族人民，接过历史的接力棒，继续为实现中华民族伟大复兴而努力奋斗。"[2]"历史的接力棒"的提法，充分说明了近代以来中国共产党领导中国人民为实现中华民族伟大复兴而进行的斗争是一个接续进行的"完整事业"，揭示了不同历史阶段的斗争之间的内在联系。

---

① 《毛泽东文集》第 7 卷，人民出版社 1999 年版，第 157 页。

② 《习近平著作选读》第 1 卷，人民出版社 2023 年版，第 60 页。

在指出中华民族伟大复兴历史继承性的基础上，习近平总书记在 2012 年 11 月 29 日参观《复兴之路》展览时首次提出了"中国梦"的概念："现在，大家都在讨论中国梦，我以为，实现中华民族伟大复兴，就是中华民族近代以来最伟大的梦想。"[①] "中国梦"的概念一经提出，就引起全党全社会的高度关注和广泛共鸣，凝聚起中华儿女团结奋斗的磅礴力量。

紧接着，习近平总书记指明了"中国梦"这一概念的基本内涵和核心内涵。2013 年 3 月，在十二届全国人大一次会议上，习近平总书记将国家的追求、民族的向往和人民的期盼融于一体，指明了"中国梦"的基本内涵是"国家富强、民族振兴、人民幸福"[②]；2013 年 10 月，在同全国总工会新一届领导班子成员集体谈话时，习近平总书记更进一步指明了"中国梦"的核心内涵正是"中华民族伟大复兴"，并指出，"中国梦是一种形象的表达，是一个最大公约数，是一种为群众易于接受的表述"，还强调对"中国梦"内涵的阐发与拓展"不能脱离中华民族伟大复兴这个主题"[③]。此后，习近平总书记又在多个场合阐发了"中国梦归根到底是人民的梦""实现中国梦必须走中国道路""实现中国梦必须弘扬中国精神""实现中国梦必须

[①] 《习近平著作选读》第 1 卷，人民出版社 2023 年版，第 63 页。

[②] 《习近平关于实现中华民族伟大复兴的中国梦论述摘编》，中央文献出版社 2014 年版，第 5 页。

[③] 《习近平关于实现中华民族伟大复兴的中国梦论述摘编》，中央文献出版社 2014 年版，第 10 页。

凝聚中国力量"等内容，将近代以来中国人民实现民族复兴的夙愿以"中国梦"的话语体系的形式系统化地呈现出来。

在实现"中华民族伟大复兴的中国梦"的目标指引下，党的十八大以来，中国共产党提出一系列新理念新思想新战略，带领人民解决了许多长期想解决而没有解决的难题，办成了许多过去想办而没有办成的大事，推动党和国家事业发生历史性变革。2017年7月，习近平总书记在省部级主要领导干部专题研讨班开班式上提出了"进行伟大斗争、建设伟大工程、推进伟大事业、实现伟大梦想"①这一新的理论概括，将伟大梦想和伟大斗争统一于"四个伟大"的有机整体中。2017年10月，习近平总书记在党的十九大报告中号召全党"为实现中华民族伟大复兴的中国梦不懈奋斗"，明确提出"实现伟大梦想，必须进行伟大斗争"②，阐释了伟大梦想和伟大斗争之间的辩证关系。2018年1月5日，习近平总书记在新进中央委员会的委员、候补委员和省部级主要领导干部学习贯彻习近平新时代中国特色社会主义思想和党的十九大精神研讨班开班式上指出，虽然当前发展形势总的是好的，但前进道路注定不会一帆风顺，因此必须"继续进行具有许多新的历史特点的伟大斗争"③。

---

① 《习近平在省部级主要领导干部"学习习近平总书记重要讲话精神，迎接党的十九大"专题研讨班开班式上发表重要讲话强调　高举中国特色社会主义伟大旗帜　为决胜全面小康社会实现中国梦而奋斗》，《人民日报》2017年7月28日。

② 《习近平著作选读》第2卷，人民出版社2023年版，第1、13页。

③ 《习近平谈治国理政》第3卷，外文出版社2020年版，第73页。

随着新时代伟大斗争实践的不断深入，党对于中华民族伟大复兴当前所处的历史阶段的认识更加明确。2020 年 1 月，习近平总书记在"不忘初心、牢记使命"主题教育总结大会上明确指出："当今世界正经历百年未有之大变局，我国正处于实现中华民族伟大复兴关键时期，我们党正带领人民进行具有许多新的历史特点的伟大斗争。"[①]"关键时期"的判断立足于世界格局调整的深刻变化和我国目前所处的历史方位，揭示了当今时代机遇与挑战并存的特征。一方面，伟大梦想的实现正处于大有可为的历史机遇期，光明前景催人奋进；另一方面，我们正在做我们的前人从来没有做过的极其光荣伟大的事业，斗争所处的形势环境变化之快、面对的矛盾风险挑战之多前所未有。

立足于这一判断，党勇于进行具有许多新的历史特点的伟大斗争，带领人民战胜了一系列重大风险挑战，实现了第一个百年奋斗目标，明确了实现第二个百年奋斗目标的战略安排，使党和国家事业取得了历史性成就、发生历史性变革。因此，2021 年 7 月 1 日，习近平总书记在庆祝中国共产党成立 100 周年大会上庄严宣告："中华民族迎来了从站起来、富起来到强起来的伟大飞跃，实现中华民族伟大复兴进入了不可逆转的历史进程！"[②] 这表明党对于中华民族伟大复兴发展前景规律性的认识和实现这一目标的信心与决心达到

---

① 《习近平谈治国理政》第 3 卷，外文出版社 2020 年版，第 537 页。

② 《习近平著作选读》第 2 卷，人民出版社 2023 年版，第 479—480 页。

了新的高度。

2022年10月，习近平总书记在党的二十大报告中号召全党为"全面推进中华民族伟大复兴而团结奋斗"，并对党在十年前所面临的斗争形势作了详细分析，指出党在面对这些矛盾问题时"义无反顾进行具有许多新的历史特点的伟大斗争"①，最终带领人民解决了许多长期没有解决的难题，办成了许多事关长远的大事要事，经受住了来自多方面的风险挑战考验，为实现中华民族伟大复兴提供了更为坚实的物质基础、更为完善的制度保证。

总而言之，以提出"实现中华民族伟大复兴的中国梦"为起点，从号召全党"为实现中华民族伟大复兴不懈奋斗"到"为全面推进中华民族伟大复兴而团结奋斗"，从"我国目前处于实现中华民族伟大复兴的关键时期"到"实现中华民族伟大复兴进入不可逆转的历史进程"，话语的变化既反映着党的十八大以来伟大斗争实践取得的巨大成果，也表明今天我们比历史上任何时期都更接近、更有信心和能力，通过伟大斗争实现中华民族伟大复兴的目标。

三、实现伟大梦想必须进行伟大斗争

实现伟大的理想，没有平坦的大道可走。越是接近民族复兴越不会一帆风顺，越是充满风险挑战乃至惊涛骇浪。要想实现中华民族伟大复兴的伟大梦想，必须进行具有许多新的历史特点的伟大

---

① 《习近平著作选读》第1卷，人民出版社2023年版，第1、5页。

斗争。

一方面，中国共产党和中国人民是在斗争中成长和壮大起来的，也必将在斗争中实现中华民族伟大复兴的伟大梦想。《中共中央关于党的百年奋斗重大成就和历史经验的决议》提出，全党要从党的百年奋斗中看清楚过去我们为什么能够成功，弄明白未来我们怎样才能继续成功。[①] 回望过去，习近平总书记指出："我们党诞生于国家内忧外患、民族危难之时，一出生就铭刻着斗争的烙印，一路走来就是在斗争中求得生存、获得发展、赢得胜利。"[②] 中国共产党成立100多年来，中华人民共和国成立70多年来，实行改革开放40多年来，党和人民的事业发展的道路不论什么时候都是不平坦的，背后都充满着斗争的艰辛。党的奋斗历史与斗争实践已经证明：党和人民取得的一切成就，不是天上掉下来的，不是别人恩赐的，而是通过不断斗争取得的。[③] 我们要从具有许多新的历史特点的伟大斗争出发，总结党在不同历史时期成功应对风险挑战的丰富经验，做好较长时间应对外部环境变化的思想准备和工作准备，不断增强斗争意识、丰富斗争经验、提升斗争本领。

我们党依靠斗争创造历史，更要依靠斗争赢得未来。在建党百

---

① 《中共中央关于党的百年奋斗重大成就和历史经验的决议》，人民出版社 2021 年版，第 2 页。

② 《习近平著作选读》第 2 卷，人民出版社 2023 年版，第 302 页。

③ 《中共中央关于党的百年奋斗重大成就和历史经验的决议》，人民出版社 2021 年版，第 69 页。

年之际，习近平总书记提出："以史为鉴、开创未来，必须进行具有许多新的历史特点的伟大斗争。"① 如今，民族复兴的接力棒历史地落在我们这一代人身上。我们必须倍加珍惜宝贵的历史机遇，战胜前进道路上的一切艰难险阻，不断夺取新时代伟大斗争的新胜利。面对任何可能迟滞甚至打断中华民族伟大复兴进程的重大风险挑战，必须果断出手、坚决斗争，这样才能做到无负时代、无负历史、无负人民。

　　另一方面，当今世界正经历百年未有之大变局，我国正处于实现中华民族伟大复兴关键时期，风险挑战只会更多，不会更少，必须依靠顽强斗争打开事业发展新天地。习近平总书记曾以"每一代人有每一代人的长征，每一代人都要走好自己的长征路"② 来比喻实现"两个一百年"奋斗目标、实现中华民族伟大复兴的中国梦的历程。1949 年 3 月，在新民主主义革命即将胜利的前夕，毛泽东同志在党的七届二中全会上，有预见性地针对可能出现骄傲自满情绪、进城后受到资产阶级"糖衣炮弹"腐蚀等危险，向全党提出了"务必使同志们继续地保持谦虚、谨慎、不骄、不躁的作风，务必使同志们继续地保持艰苦奋斗的作风"的"两个务必"的重要思想，并最终交出了"进京赶考"的优异答卷。2022 年 10 月，在实现中华民族伟大复兴已经进入不可逆转的历史进程的背景下，习近平总书记

---

① 《习近平著作选读》第 2 卷，人民出版社 2023 年版，第 485—486 页。
② 习近平：《在纪念红军长征胜利 80 周年大会上的讲话》，《人民日报》2016 年 10 月 22 日。

在党的二十大上，有预见性地针对可能出现的丢了初心、忘了使命、回避斗争、缺乏本领的问题，向全党提出了"务必不忘初心、牢记使命，务必谦虚谨慎、艰苦奋斗，务必敢于斗争、善于斗争"的"三个务必"的重要思想，为在新的赶考之路上继续交出优异答卷提供了新的强大思想武器。

习近平总书记提醒道："各种敌对势力绝不会让我们顺顺利利实现中华民族伟大复兴。"[1] "在前进道路上，我们面临的风险考验只会越来越复杂，甚至会遇到难以想象的惊涛骇浪。我们面临的各种斗争不是短期的而是长期的，至少要伴随我们实现第二个百年奋斗目标全过程。"[2] 在实现中华民族伟大复兴的关键时期，我们面临的各种打压必将愈演愈烈、不断升级，我们面临的各种斗争必将长期存在、错综复杂，必须要提前做好"人间万事出艰辛"的心理准备。道路不可能一帆风顺，蓝图不可能一蹴而就，梦想不可能一夜成真。中华民族伟大复兴不是轻轻松松、敲锣打鼓就能实现的，我们必须准备付出更为艰巨、更为艰苦的努力。在重大风险、强大对手面前，总想过太平日子、不想斗争是不切实际的，得"软骨病"、患"恐惧症"是无济于事的。凡是任何危害我国实现中华民族伟大复兴的各种风险挑战，只要来了，我们就必须进行坚决斗争，毫不动摇，毫不退缩，直至取得胜利。

---

[1] 《习近平著作选读》第 1 卷，人民出版社 2023 年版，第 141 页。
[2] 《习近平著作选读》第 2 卷，人民出版社 2023 年版，第 257—258 页。

第三节　把握新时代伟大斗争根本目的重要意义

把握好新时代伟大斗争的根本目的，有助于全党在伟大斗争中牢记党的初心和使命，树立起对中国人民、中华民族的强烈责任感和使命感；把握好新时代伟大斗争的根本目的，有助于全党明确人民是伟大斗争的坚定根基和最大底气，保持和人民群众的血肉联系，树立敢于斗争、敢于胜利的决心和信心；把握好新时代伟大斗争的根本目的，有助于全党立足于中华民族伟大复兴的战略全局，掌握伟大斗争的战略主动，更加主动办好我们自己的事情。

一、在伟大斗争中牢记党的初心和使命

如果要将新时代伟大斗争的根本目的以更直观的说法进行表达，就是要践行为中国人民谋幸福的初心，担当为中华民族谋复兴的使命。所谓"谋幸福"是要牢记人民对美好生活的向往就是我们的奋斗目标，通过斗争让人民群众过上更加幸福的好日子，朝着共同富裕的方向稳步前进；所谓"谋复兴"是要牢记我们党肩负的实现中华民族伟大复兴的历史使命，通过斗争使中华民族以更加昂扬向上、文明开放的姿态自立于世界民族之林，为人类作出新的更大的贡献。这个初心和使命既是激励中国共产党人在新时代进行伟大斗争的根本动力，也是中国共产党人在新时代进行伟大斗争的根本目的所在。

回顾党的历史，党之所以能够从弱小逐步发展壮大起来，之所以能够在腥风血雨中一次次绝境重生，之所以能够在攻坚克难中不断从胜利走向胜利，根本原因就在于不论是处于顺境还是逆境，我们党都始终坚守为中国人民谋幸福、为中华民族谋复兴的初心和使命，义无反顾地朝着这个根本目的前进，所以才能赢得人民的衷心拥护和坚定支持。正是在这个意义上，习近平总书记将党的初心和使命看作党的性质宗旨、理想信念和奋斗目标的集中体现。

同时，"始终维护人民群众根本利益"和"始终推进中华民族伟大复兴"这两个伟大斗争的根本目的之间也存在着关联性。习近平总书记指出："（中国梦）体现了中华民族和中国人民的整体利益，是每一个中华儿女的共同期盼。"①"中国梦是人民的梦，必须同中国人民对美好生活的向往结合起来才能取得成功。"②充分说明了两个根本目的内部的逻辑关系：实现中华民族伟大复兴，正是为了造福全体人民；把人民对美好生活的向往作为奋斗目标，正是为了凝聚起同心共筑中国梦的磅礴力量。

自党的十九大明确提出中国共产党人的初心和使命以来，党中央对于"不忘初心、牢记使命"的重视程度不断提升。2019 年 5 月，在中华人民共和国成立 70 周年的特殊节点上，党中央根据党的十九大的工作部署，决定以县处级以上领导干部为重点在全党开展"不

---

① 《习近平著作选读》第 1 卷，人民出版社 2023 年版，第 63 页。
② 《习近平谈治国理政》第 2 卷，外文出版社 2017 年版，第 30 页。

忘初心、牢记使命"主题教育。之所以要开展此次主题教育，正是
为了克服一些党员干部斗争精神不振、担当劲头不够的问题，用党
的创新理论武装头脑，推动全党更加自觉地为实现新时代党的历史
使命而不懈奋斗。6 月，习近平总书记在十九届中央政治局第十五
次集体学习时提出要把"不忘初心、牢记使命"作为加强党的建设
的永恒课题，作为全体党员、干部的终身课题。10 月，党的十九
届四中全会通过的《中共中央关于坚持和完善中国特色社会主义制
度　推进国家治理体系和治理能力现代化若干重大问题的决定》中
明确提出要将"不忘初心、牢记使命"从思想理念上升为正式的制
度安排。2022 年 10 月，习近平总书记在党的二十大报告中将"不
忘初心、牢记使命"提到"三个务必"的高度。

忘记党的初心和使命，党就会改变性质、改变颜色，就会失去
人民、失去未来。把握新时代伟大斗争的根本目的的重要意义就在
于使我们在伟大斗争中牢记党的初心和使命，树立起对中国人民、
中华民族强烈的责任感和使命感，增强进行伟大斗争的思想主动性
和自觉性，做人民美好生活和民族复兴伟业的创造者和奋斗者。

二、明确伟大斗争的根基和底气

在新时代进行许多具有新的历史特点的伟大斗争，根本目的之
一是维护人民群众的根本利益。人民，无疑是中国特色社会主义新
时代的"高频词汇"。党的十八大以来，历次主题教育的学习内容和
实践要求都紧紧扣住"人民"二字。2013 年 6 月，习近平总书记在

群众路线教育实践活动工作会议上指出："我们党来自人民、植根人民、服务人民，党的根基在人民、血脉在人民、力量在人民。失去了人民拥护和支持，党的事业和工作就无从谈起。"① 中央办公厅2015年4月印发的"三严三实"专题教育方案和2016年2月印发的"两学一做"学习教育方案分别将"站稳党和人民立场"② 和"践行党的宗旨，保持公仆情怀"③ 列为重要的学习内容。2019年5月，习近平总书记在"不忘初心、牢记使命"主题教育工作会议上指出："人民是我们党执政的最大底气，是我们共和国的坚实根基，是我们强党兴国的根本所在。"④2021年2月，习近平总书记在党史学习教育动员大会上指出："为人民而生，因人民而兴，始终同人民在一起，为人民利益而奋斗，是我们党立党兴党强党的根本出发点和落脚点。"⑤2023年4月，习近平总书记在学习贯彻习近平新时代中国特色社会主义思想主题教育工作会议上将"践行宗旨为民造福"⑥ 列为目标任务之一。可以说，"人民"贯穿于历次主题教育的全过程多方面，将学习任务和为人民群众办实事相结合已经成为主题教育中的规定动作。在主题教育的锻造洗礼下，党员不断筑牢宗旨意识，

---

① 《十八大以来重要文献选编》上，中央文献出版社2014年版，第309页。
② 《十八大以来重要文献选编》中，中央文献出版社2016年版，第470页。
③ 《十八大以来重要文献选编》下，中央文献出版社2018年版，第225页。
④ 《十九大以来重要文献选编》中，中央文献出版社2021年版，第110页。
⑤ 《十九大以来重要文献选编》下，中央文献出版社2023年版，第149页。
⑥ 习近平：《在学习贯彻习近平新时代中国特色社会主义思想主题教育工作会议上的讲话》，《求是》2023年第9期。

厚植为民情怀，在工作中越来越自觉地维护人民群众根本利益。

　　具体来说，把握始终维护人民群众根本利益这一伟大斗争根本目的的重要意义表现在：

　　第一，明确人民是新时代伟大斗争顺利开展的坚实根基，有助于我们保持和人民群众的血肉联系，不断夯实新时代伟大斗争的群众基础。习近平总书记指出，"党性和人民性从来都是一致的、统一的"①，科学地揭示了党群关系的内在规律，充分体现了我们党在执政合法性和长期性问题上的清醒认识。党员的人数，放在人民中间是少数。我们党的宏伟奋斗目标，离开了人民支持就绝对无法实现。为了赢得人民群众的支持，我们必须始终同人民群众保持密切联系。只有党把人民群众看作是最深厚的执政根基，人民把党看作是最忠实的利益代表，党群之间才能形成良性互动的理想关系，进而为伟大斗争的顺利开展保驾护航。

　　第二，明确人民是新时代伟大斗争顺利开展的最大底气，有助于全党树立敢于斗争、敢于胜利的决心和信心，从容应对错综复杂的斗争形势。习近平总书记强调："前进道路上，无论是风高浪急还是惊涛骇浪，人民永远是我们最坚实的依托、最强大的底气。"② 广大人民群众是新时代伟大斗争开展的强大后盾。无论遇到什么样的风险挑战、矛盾阻力，只要有人民的认可、拥护、支持和参与，就

---

　　① 《习近平著作选读》第1卷，人民出版社2023年版，第148页。
　　② 《习近平著作选读》第2卷，人民出版社2023年版，第612页。

没有战胜不了的困难，没有越不过去的坎。

违背人民的意愿，离开人民的拥护和支持，任何事业都会成为无源之水，无本之木。把握新时代伟大斗争根本目的的重要意义就在于使我们明确伟大斗争的坚实根基和最大底气在于人民，认识到人民的拥护和支持是我们不断前进的不竭力量源泉，进而更加自觉地运用好坚持人民至上这一习近平新时代中国特色社会主义思想的科学世界观和方法论。

三、掌握伟大斗争的战略主动

在新时代进行许多具有新的历史特点的伟大斗争，根本目的之一是推进中华民族伟大复兴。随着新时代党的中心任务的明确，中华民族伟大复兴越来越成为人们认识历史、制定政策、评估实践的尺度和标准。2019 年 4 月，习近平总书记在主持召开推动中部地区崛起工作座谈会上提出了"中华民族伟大复兴的战略全局"和"世界百年未有之大变局"[①]的重要概念，并指出这"两个大局"是我们谋划工作的基本出发点。"两个大局"相互交织、相互作用，是习近平总书记对于国情、世情深刻变化作出的正确判断。其中，中华民族伟大复兴的战略全局寓于世界百年未有之大变局。一方面，中华民族伟大复兴的战略全局是在世界百年未有之大变局的大环境下形成的；另一方面，中华民族伟大复兴是世界百年未有之大变局的重

---

① 《习近平谈治国理政》第 3 卷，外文出版社 2020 年版，第 77 页。

要组成部分，甚至是推动变局进一步发展、演化的关键变量。

具体来说，把握始终推进中华民族伟大复兴这一伟大斗争根本目的的重要意义表现在：

第一，胸怀中华民族伟大复兴的战略全局，有助于我们在时代的潮流中以更宽广的视野、更长远的眼光来思考和把握国家未来发展面临的一系列重大战略问题，掌握战略主动，既顺势、借势、用势将世界大变局转化成为我国实现民族复兴的重要战略机遇，实现中华民族的跨越性发展，又通过实现民族复兴的伟大斗争推动国际格局的调整，加速世界秩序的变革。因此，习近平总书记反复强调全党要树立战略思维，并指出"战略问题是一个政党、一个国家的根本性问题。战略上判断得准确，战略上谋划得科学，战略上赢得主动，党和人民事业就大有希望"①。

第二，胸怀中华民族伟大复兴的战略全局，有助于我们对前进道路上的艰巨性复杂性做好充分的精神准备，下好先手棋、打好主动仗，更加主动办好我们自己的事情。在"两个大局"相互交织的时代背景下，我们面临着难得机遇，也面临着严峻挑战。一方面，要紧紧围绕实现中华民族伟大复兴这个战略全局，统筹推进"五位一体"总体布局，协调推进"四个全面"战略布局，为新时代中国特色社会主义事业布新局、开新篇；另一方面，在这个实现中华民族伟大复兴的关键当口，容不得任何停留、迟疑、观望。只有保持

---

① 《习近平谈治国理政》第 2 卷，外文出版社 2017 年版，第 10 页。

只争朝夕、奋发有为的奋斗姿态和越是艰险越向前的斗争精神，敢于直面风险挑战，知重负重、攻坚克难，以坚韧不拔的意志和无私无畏的勇气战胜前进道路上的一切艰难险阻，才能在前进道路上不断夺取新时代伟大斗争的新胜利。

我们党是一个大党，领导的是一个大国，进行的是伟大的事业，追求的是伟大的梦想，如果在战略上出现偏差失误，后果、代价将不堪设想。把握新时代伟大斗争根本目的的重要意义就在于使我们站在实现中华民族伟大复兴战略全局的高度上认清伟大斗争过程中风险挑战、矛盾阻力出现的历史必然性，认识伟大斗争的必要性和重要性，进而掌握伟大斗争中的战略主动，以科学的理念、长远的眼光、务实的作风谋划事业。

本章小结

2021 年 7 月 1 日，习近平总书记在庆祝中国共产党成立 100 周年大会上的讲话中强调："中国共产党始终代表最广大人民根本利益，与人民休戚与共、生死相依，没有任何自己特殊的利益，从来不代表任何利益集团、任何权势团体、任何特权阶层的利益。"[1] 这道出了我们党立于不败之地的根本原因。中国共产党带领人民进行

---

[1] 《习近平著作选读》第 2 卷，人民出版社 2023 年版，第 482 页。

伟大斗争的根本目的，从来不在于维护任何一己私利，而是为了让广大人民群众过上好日子，为了让中华民族能够自豪立于世界民族之林，这是伟大斗争能够得到人民群众拥护和支持，能够不断夺取新的胜利的根本原因所在。"从石库门到天安门，从兴业路到复兴路，我们党近百年来所付出的一切努力、进行的一切斗争、作出的一切牺牲，都是为了人民幸福和民族复兴。"① 把握新时代伟大斗争的根本目的，就是要求我们在"为何斗争""为谁斗争"的根本问题上时刻保持清醒，牢记党的初心和使命，更加自觉、主动地投身于新时代的伟大斗争。

---

① 《习近平著作选读》第 2 卷，人民出版社 2023 年版，第 298 页。

第四章 新时代伟大斗争的基本内涵

"我们共产党人的斗争，从来都是奔着矛盾问题、风险挑战去的。"① 习近平总书记指出，"我们必须把握新的伟大斗争的历史特点"，"有效应对重大挑战、抵御重大风险、克服重大阻力、解决重大矛盾，战胜前进道路上的一切艰难险阻，不断夺取新时代伟大斗争的新胜利"。② 中华民族伟大复兴，绝不是轻轻松松、敲锣打鼓就能实现的。在前进道路上，我们必须准备付出更为艰巨、更为艰苦的努力，同一切已经出现和可能出现的、可以预料和难以预料的艰难险阻作坚决斗争。新时代伟大斗争的基本内涵集中体现为应对重大挑战、抵御重大风险、克服重大阻力、解决重大矛盾。

---

① 《习近平著作选读》第 2 卷，人民出版社 2023 年版，第 258 页。
② 《习近平著作选读》第 2 卷，人民出版社 2023 年版，第 558 页。

第一节　应对重大挑战

党的二十大报告指出："我国发展进入战略机遇和风险挑战并存、不确定难预料因素增多的时期，各种'黑天鹅'、'灰犀牛'事件随时可能发生。"① 新时代以来，以习近平同志为核心的党中央深刻洞察中国和世界发展大势，准确把握国际国内形势变化规律，既坚持独立自主、把自己的事情办好，又坚持胸怀天下、为世界谋大同，妥善应对外部环境挑战、推动高质量发展挑战、突发事件挑战和全球性挑战等重大挑战，切实做好化危为机、转危为安工作。

一、应对外部环境挑战

"面对复杂严峻的国际形势和前所未有的外部风险挑战，必须统筹国内国际两个大局。"② 统筹中华民族伟大复兴战略全局和世界百年未有之大变局亦要求对国际形势和外部环境进行精准分析和战略判断。新时代以来，世界百年未有之大变局加速演进。一方面，新一轮科技革命和产业变革深入发展，国际力量对比深刻调整，全球治理体系加快变革等大发展大调整大变革中蕴藏机遇；另一方面，

---

① 《习近平著作选读》第 1 卷，人民出版社 2023 年版，第 22 页。
② 《中共中央关于党的百年奋斗重大成就和历史经验的决议》，人民出版社 2021 年版，第 60 页。

世界经济复苏乏力、逆全球化思潮抬头、局部冲突和动荡频发、全球性问题加剧等问题带来风险挑战。这要求我们准确识变、科学应变、主动求变，善于从眼前的危机和困难中捕捉和创造机遇；这同时要求我们发扬斗争精神，增强斗争本领，做好准备经受重大考验、应对重大挑战。

世界百年未有之大变局加速演进所带来的战略机遇向我们发出了挑战。我们面临的问题并不是要不要坚持对外开放，而是如何提高对外开放的质量、如何深化改革扩大开放以把握时代机遇，从而为应对外部环境挑战打下坚实基础。实现对外开放是党中央根据国内外形势变化和党的中心工作要求制定的重大战略，是中国特色社会主义现代化建设的一项基本国策。但当前对外开放的深度和广度都已不是过去可比拟的。为进一步提高对外开放水平、用好国际国内两个市场两种资源、争取国际政治经济等方面话语权，"我们必须坚持对外开放的基本国策，奉行互利共赢的开放战略，深化人文交流，完善对外开放区域布局、对外贸易布局、投资布局，形成对外开放新体制"[①]。由此，我们才能发展更高层次的开放型经济，并以扩大开放带动创新、推动改革、促进发展。与此同时，要坚持对内对外开放相互促进、"引进来"和"走出去"更好结合，支撑高水平开放和大规模"走出去"，不断增强我国国际经济合作和竞争新优势。

此外，针对来自外部的各种围堵、打压、捣乱、颠覆活动，我

---

① 习近平：《论坚持全面深化改革》，中央文献出版社 2018 年版，第 172 页。

们始终保持战略定力，发扬不信邪、不怕鬼的斗争精神，展示不畏强权的坚定意志，在斗争中维护国家尊严和核心利益，牢牢掌握我国发展和安全主动权。

二、应对推动高质量发展挑战

发展是党执政兴国的第一要务，高质量发展是全面建设社会主义现代化国家的首要任务。推动高质量发展是新阶段、新征程向我们发出的挑战。推动高质量发展是适应经济发展新常态的主动选择，应对推动高质量发展挑战首先要求把握经济发展新常态。经济发展新常态，是以习近平同志为核心的党中央综合分析世界经济长周期和我国发展阶段性特征及其相互作用而作出的重大判断。我国经济发展处于增长速度换挡期、结构调整阵痛期、前期刺激政策消化期"三期叠加"阶段。经济发展新常态在增长速度方面体现为，从高速转向中高速；在发展方式方面体现为，从规模速度型粗放增长转向质量效率型集约增长；在经济结构方面体现为，从增量扩能为主转向调整存量、做优增量并举；在发展动力方面体现为，从主要依靠资源和低成本劳动力等要素投入转向创新驱动。"认识新常态，适应新常态，引领新常态，是当前和今后一个时期我国经济发展的大逻辑。"① "高质量发展"这一重大任务正是在把握这一我国经济发展重

---

① 习近平：《论把握新发展阶段、贯彻新发展理念、构建新发展格局》，中央文献出版社 2021 年版，第 33 页。

大特征的基础上提出的。

习近平总书记指出："高质量发展，就是能够很好满足人民日益增长的美好生活需要的发展，是体现新发展理念的发展，是创新成为第一动力、协调成为内生特点、绿色成为普遍形态、开放成为必由之路、共享成为根本目的的发展。"[①] 我国创新能力不强，科技对经济社会发展支撑能力不足；区域、城乡、经济和社会、物质文明和精神文明、经济建设和国防建设等方面发展不协调；人与自然和谐问题和资源、环境、生态等问题十分严峻；内外发展联动不足，对外开放水平总体不高；分配不公问题比较突出，收入差距、城乡区域公共服务水平差距较大。只有坚定不移贯彻创新、协调、绿色、开放、共享的新发展理念，才能解决上述问题，应对推动高质量发展挑战，牢牢把握发展的主动权。

围绕发展这一重要工作，党的十八届五中全会、十九大、十九届五中全会、二十大和历次中央经济工作会议集中部署，作出坚持以推动高质量发展为主题，以供给侧结构性改革为主线，建设现代化经济体系，把握扩大内需战略基点，打好防范化解重大风险、精准脱贫、污染防治三大攻坚战等重大决策。经过不懈努力，我们有力、有效应对了推动高质量发展挑战，高质量发展取得重要成效，我国经济发展平衡性、协调性、可持续性明显增强，国家经济实力、

---

① 习近平：《论把握新发展阶段、贯彻新发展理念、构建新发展格局》，中央文献出版社 2021 年版，第 215 页。

科技实力、综合国力跃上新台阶，我国经济迈上更高质量、更有效率、更加公平、更可持续、更为安全的发展之路。

三、应对突发公共事件挑战

应对并战胜突发事件挑战是党治国理政的一项紧迫任务，又是一项长期任务。我国是世界上自然灾害最为严重的国家之一，灾害种类多，分布地域广，发生频率高，造成损失重。与此同时，我国各类事故隐患和安全风险交织叠加、易发多发，影响公共安全的因素日益增多。应对各种来自自然界和人类社会的突发事件是我们面临的一项重大挑战。不管是如四川凉山州金阳县山洪灾害等自然灾害，还是像宁夏银川市兴庆区富洋烧烤店燃气爆炸事故等社会突发事件，习近平总书记都高度重视并作出重要指示，要求做好相关应对处理工作，切实保障人民群众生命财产安全。习近平总书记还强调，"要增强风险意识，下好先手棋、打好主动仗，做好随时应对各种风险挑战的准备"，"不断提高应急处突的见识和胆识，对可能发生的各种风险挑战，要做到心中有数、分类施策、精准拆弹，有效掌控局势、化解危机"。① 这一重要论述为应对突发事件挑战、做好应急处突工作指明了方向。

抗击新冠肺炎疫情斗争是党团结带领全国各族人民应对和战胜突

---

① 《习近平在中央党校（国家行政学院）中青年干部培训班开班式上发表重要讲话强调　年轻干部要提高解决实际问题能力　想干事能干事干成事》，《人民日报》2020 年 10 月 11 日。

发事件挑战的一个范例。这次新冠肺炎疫情是新中国成立以来我国遭遇的传播速度最快、感染范围最广、防控难度最大的一次重大突发公共卫生事件。面对突如其来的新冠肺炎疫情，以习近平同志为核心的党中央果断决策、沉着应对，秉持人民至上、生命至上的原则理念，提出了坚定信心、同舟共济、科学防治、精准施策的总要求，领导开展了抗击疫情人民战争、总体战、阻击战，周密部署武汉保卫战、湖北保卫战并取得决定性胜利。党团结带领全国各族人民付出巨大努力，坚持统筹疫情防控和经济社会发展，最大限度保护了人民生命安全和身体健康，抗疫斗争取得重大战略成果，铸就了伟大抗疫精神。

历史地看，新中国成立后，党和国家始终高度重视应急处突工作。我们在一次又一次地成功应对重大突发事件、一个又一个地化解重大安全风险的过程中，不断提高应对自然灾害和生产事故灾害等突发事件的能力，积累了许多有效应对突发事件挑战的宝贵经验。新时代以来，我们更是明确提出完善和发展中国特色社会主义制度、推进国家治理体系和治理能力现代化的全面深化改革总目标，强调从国家治理的视域去看待和应对突发事件挑战。突发事件挑战得到进一步关注和重视。同时，我们也从反面认识到"这次疫情应对中暴露出来的短板和不足"，要继续"健全国家应急管理体系，提高处理急难险重任务能力"①，为中国特色社会主义和中国式现代化行稳

---

① 《习近平关于统筹疫情防控和经济社会发展重要论述选编》，中央文献出版社2020年版，第 46 页。

致远提供重要保障。

四、应对全球性挑战

当今世界面临百年未有之大变局，虽然和平与发展是时代主题，但世界"不稳定性不确定性更加突出，人类面临许多共同挑战"①。第一，在全球治理方面，全球热点问题此起彼伏、持续不断，资源能源安全、粮食安全等全球性挑战依旧严峻，气候变化、网络安全、难民危机等非传统安全挑战层出不穷，全球治理体系和多边机制受到冲击；第二，在国际互信方面，国际竞争摩擦呈上升之势，地缘博弈色彩明显加重，国际社会信任和合作受到损害；第三，在维护和平方面，地区冲突和局部战争持续不断，恐怖主义依旧猖獗；第四，在促进发展方面，逆全球化思潮和保护主义抬头，全球贫富差距、南北差距问题更加突出。针对全球性挑战，习近平主席在二十国集团工商峰会开幕式上的讲话中提出："全球性挑战需要全球性应对，合作是必然选择，各国要加强沟通和协调，照顾彼此利益关切，共商规则，共建机制，共迎挑战。"②

中国共产党是为中国人民谋幸福、为中华民族谋复兴的党，同时也是为人类谋进步、为世界谋大同的党。在党的领导下，我国积极承担大国责任、展现大国担当，为应对全球性挑战贡献中国

① 《习近平谈治国理政》第 3 卷，外文出版社 2020 年版，第 460 页。
② 习近平：《论坚持推动构建人类命运共同体》，中央文献出版社 2018 年版，第 372 页。

力量。第一，我国积极参与全球治理体系改革和建设，旗帜鲜明地维护以联合国为核心的国际多边体系、以国际法为基础的国际秩序、以联合国宪章宗旨和原则为基础的国际关系基本准则，维护和践行多边主义。第二，我国坚持在和平共处五项原则基础上同各国发展友好合作，推动构建新型国际关系。第三，我国建设性参与国际和地区热点问题政治解决，在气候变化、减贫、反恐、网络安全和维护地区安全等领域发挥积极作用。第四，我国一贯反对霸权主义和强权政治，积极推动经济全球化朝着更加开放、包容、普惠、平衡、共赢的方向发展，中国经济发展亦为世界作出巨大贡献。中国高度重视，并以实际行动应对全球性挑战。

作为负责任的大国，中国积极参与全球治理和应对全球性挑战，得到了国际社会的广泛认可和赞誉。在世界之变、时代之变、历史之变正以前所未有的方式展开的今天，世界又一次站在历史的十字路口。中国用自己的行动彰显了责任担当，同时也向世界发出携手构建人类命运共同体的倡议。进一步讲，中国提出全球发展倡议、全球安全倡议、全球文明倡议，以此为方案依托，来解答事关人类和平与发展重大问题。中国真诚呼吁，只有携起手来，共同应对各种全球性挑战，共同推动建设持久和平、普遍安全、共同繁荣、开放包容、清洁美丽的世界，我们才能开创人类更加美好的未来！

第二节　抵御重大风险

"我们面临的重大风险，既包括国内的经济、政治、意识形态、社会风险以及来自自然界的风险，也包括国际经济、政治、军事风险等。如果发生重大风险又扛不住，国家安全就可能面临重大威胁。"[1] 党的十八大以来，在以习近平同志为核心的党中央坚强领导下，我们开展了一系列抵御重大风险的伟大斗争，国家安全工作取得历史性成就、发生历史性变革，国家安全得到全面加强，经受住了来自政治、经济、意识形态、自然界等方面的风险挑战考验，为党和国家兴旺发达、长治久安提供了有力保证。

一、防范化解政治和意识形态安全风险

政治安全是国家安全的根本，意识形态关乎旗帜、道路和国家政治安全，抵御重大风险首先要防范化解政治和意识形态安全风险。我国宪法明确规定："中华人民共和国是工人阶级领导的、以工农联盟为基础的人民民主专政的社会主义国家。社会主义制度是中华人民共和国的根本制度。中国共产党领导是中国特色社会主义最本质

---

① 习近平：《论坚持全面深化改革》，中央文献出版社 2018 年版，第 182 页。

的特征。禁止任何组织或者个人破坏社会主义制度。"①中国共产党领导和社会主义制度是中国社会发展的历史选择，符合中国最广大人民的根本利益，容不得丝毫含糊和动摇。关于这一点，我们头脑一定要清醒、一定要坚定，绝不能在根本性问题上出现颠覆性错误。

但是，"各种敌对势力一直企图在我国制造'颜色革命'，妄图颠覆中国共产党领导和我国社会主义制度。这是我国政权安全面临的现实危险。他们选中的一个突破口就是意识形态领域，企图把人们思想搞乱，然后浑水摸鱼、乱中取胜"②。与此同时，境内外敌对势力还利用民族问题、宗教问题进行分裂、渗透、破坏行动；反中乱港势力及其背后的外部敌对势力挑战"一国两制"原则底线，损害香港繁荣稳定；"台独"分裂势力及其活动严重损害国家主权和领土完整；一些单位和党政干部政治敏锐性、责任感不强，在重大意识形态问题上含含糊糊、遮遮掩掩，助长错误思潮扩散；等等。国家政治安全和意识形态安全面临的风险亟须防范化解。

习近平总书记旗帜鲜明地指出："我们治国理政的本根，就是中国共产党领导和社会主义制度。"③"意识形态工作是党的一项极端重要的工作。"④党的十八大以来，以习近平同志为核心的党中央采取

① 《中华人民共和国宪法》，中国民主法制出版社2018年版，第6页。
② 《习近平关于防范风险挑战、应对突发事件论述摘编》，中央文献出版社2020年版，第42页。
③ 《习近平关于防范风险挑战、应对突发事件论述摘编》，中央文献出版社2020年版，第25页。
④ 《习近平著作选读》第1卷，人民出版社2023年版，第147页。

一系列重大战略举措，深入推进维护国家政治和意识形态安全工作，不断开创新时代国家安全工作新局面。我们毫不动摇坚持和加强党的全面领导，以宪法这一国家根本大法的形式确认了"中国共产党领导是中国特色社会主义最本质的特征"，为同一切危害党的领导的错误行为作坚决斗争提供了根本法律依据。我们毫不动摇坚持和完善中国特色社会主义制度，党的十九届四中全会专门审议通过有关决定，为坚持和完善中国特色社会主义制度提供了科学指南，为坚定中国特色社会主义制度自信提供了基本依据，为维护国家政治安全尤其是制度安全提供了坚强保障。我们坚决开展意识形态斗争，不断巩固马克思主义在意识形态领域的指导地位，全面学习贯彻习近平新时代中国特色社会主义思想，旗帜鲜明加强对思想舆论尤其是网络舆论的引导，坚决抵御西方敌对势力对我国的意识形态渗透。新时代以来，以政权安全、制度安全为核心的国家政治安全得到切实维护，意识形态领域形势发生全局性、根本性转变。[1] 我们在防范化解政治和意识形态安全风险方面所进行的伟大斗争已取得重要成果。

二、防范化解经济发展风险

经济建设是党的中心工作，防范化解经济风险，尤其是防范化解金融风险、防止发生系统性金融风险，是经济建设的题中之义。习近平总书记从经济风险积累和化解分析我国经济社会发展情况，

---

[1]　参见《习近平著作选读》第1卷，人民出版社2023年版，第8—11页。

指出:"过去,经济高速发展掩盖了一些矛盾和风险。现在,伴随着经济增速下调,各类隐性风险逐步显性化,地方政府性债务、影子银行、房地产等领域风险正在显露,就业也存在结构性风险。"①这些风险,有的来自经济结构调整中政府行为越位,有的来自经济繁荣时市场主体的盲目投资,有的源于缺乏深远考虑而不适当规划,有的源于国际金融危机冲击。在经济风险中,"金融风险易发高发,虽然系统性风险总体可控,但不良资产风险、流动性风险、债券违约风险、影子银行风险、外部冲击风险、房地产泡沫风险、政府债务风险、互联网金融风险等正在累积,金融市场上也乱象丛生"。这些金融风险虽处于累积阶段,但有可能如美国次贷危机一样在短时间内爆发。"如果我们将来出大问题,很可能就会在这个领域出问题,这一点要高度警惕。"②

　　面对经济运行面临的新情况新问题新挑战,以习近平同志为核心的党中央把增强忧患意识、防范化解风险挑战摆在突出位置,统筹发展和安全,采取了一系列重大举措,着力防范化解重大风险尤其是经济风险,保持了经济持续健康发展和社会大局稳定。我们立足新发展阶段,完整、准确、全面贯彻新发展理念,构建新发展格局,推动高质量发展;我们深入推进供给侧结构性改革,不断优化经济结构,加快推动经济发展转型升级;我们扎实做好稳就业、稳

---

① 《习近平谈治国理政》第 2 卷,外文出版社 2017 年版,第 232 页。
② 《习近平关于防范风险挑战、应对突发事件论述摘编》,中央文献出版社 2020 年版,第 58 页。

金融、稳外贸、稳外资、稳投资、稳预期工作，全面落实保居民就业、保基本民生、保市场主体、保粮食能源安全、保产业链供应链稳定、保基层运转任务；我们着力整治各种金融乱象，着力整顿金融秩序，着力加强风险源头管控，着力完善金融安全防线和风险应急处置机制，为科学防范金融风险打下坚实基础。

习近平总书记在党的二十大报告中指出，我们经受住了来自经济等方面的风险挑战考验。与此同时，"必须清醒看到，我们的工作还存在一些不足，面临不少困难和问题"，"防范金融风险还须解决许多重大问题"，要"深化金融体制改革，建设现代中央银行制度，加强和完善现代金融监管，强化金融稳定保障体系，依法将各类金融活动全部纳入监管，守住不发生系统性风险底线"。① 这为同经济风险作伟大斗争吹响新号角、发出新动员。

三、防范化解社会稳定风险

社会稳定是人民幸福和国家强盛的重要前提，全面深化改革和实现高质量发展要求保持社会大局稳定、防范化解社会稳定风险。新中国成立以来，党领导人民不懈奋斗、不断进取，创造了经济快速发展和社会长期稳定两大奇迹，彰显了我国社会主义制度优势。但是，影响我国社会稳定的因素和社会稳定风险是存在的，对此要有清醒认识。习近平总书记指出："我国改革进入攻坚期和深水区，

---

① 《习近平著作选读》第 1 卷，人民出版社 2023 年版，第 12、24—25 页。

社会稳定进入风险期，各种一般矛盾和深层次矛盾交织叠加，一些重大问题敏感程度明显增大，处理不慎极易影响社会稳定。"①宏观地看，就业、养老、医疗、教育、住房、社保等民生大计事关广大人民群众的切身利益，坚持以人民为中心、扎实做好民生保障工作对防范化解社会稳定风险、维护社会稳定具有重要意义。具体来讲，像毒奶粉、地沟油、假羊肉、镉大米、毒生姜、染色脐橙等食品安全事件；"楼歪歪""楼脆脆""楼倒倒"等建筑安全问题；湖南衡阳源江山煤矿"11·29"重大透水事故和江苏苏州四季开源酒店"7·12"重大坍塌事故等生产安全事故；甘肃白银景泰"5·22"山地越野赛等公共安全责任事件；2020年中国南方洪涝灾害和河南郑州"7·20"特大暴雨灾害等自然灾害中存在各类社会稳定风险，如果处理不好，就会影响党和国家工作大局，对其加以有效防范、化解、管控是维护社会和谐稳定、推进平安中国建设、保障经济社会发展的重要条件。

为防范化解社会稳定风险、维护社会大局稳定，习近平总书记多次发表重要讲话、作出重要指示批示。他强调要"处理好政府和群众利益关系，从源头上预防减少社会矛盾，做好矛盾纠纷源头化解和突发事件应急处置工作，做到发现在早、防范在先、处置在小，防止碰头叠加、蔓延升级"②。新时代以来，在党的领导下，我们落

① 《习近平关于社会主义社会建设论述摘编》，中央文献出版社2017年版，第145—146页。
② 《十八大以来重要文献选编》上，中央文献出版社2014年版，第683—684页。

190

实防范化解社会稳定风险责任，创新完善立体化、信息化社会治安防控体系和社会治理体系，健全平安建设社会协同机制；切实落实保安全、护稳定各项措施，下大气力解决人民群众切身利益问题，全面做好就业、教育、社会保障、医药卫生、食品安全、安全生产、社会治安、住房市场调控等各方面工作，不断增加人民群众获得感、幸福感、安全感；坚持和发展新时代"枫桥经验"，从源头上提升维护社会稳定能力和水平；坚持保障合法权益和打击违法犯罪两手都要硬、都要快，深入推进扫黑除恶专项斗争，坚定不移打赢禁毒人民战争。"我国社会建设全面加强，人民生活全方位改善，社会治理社会化、法治化、智能化、专业化水平大幅度提升，发展了人民安居乐业、社会安定有序的良好局面，续写了社会长期稳定奇迹。"①

四、防范化解生态安全风险

生态兴则文明兴，生态衰则文明衰。建设中华民族现代文明必然要求做好推进生态文明建设和防范化解生态环境风险这同一个问题的两个方面工作。整体而言，"我国环境容量有限，生态系统脆弱"，生态环境状况带有"污染重、损失大、风险高"特征，"独特的地理环境加剧了地区间的不平衡"。② 在环境保护和治理中，存在细颗粒物（$PM_{2.5}$）、饮用水、土壤、重金属、化学品等方面损害群

① 《中共中央关于党的百年奋斗重大成就和历史经验的决议》，人民出版社 2021 年版，第 50 页。
② 《十九大以来重要文献选编》上，中央文献出版社 2019 年版，第 445 页。

众健康的突出环境问题。人民群众对这些问题反映强烈。这些局部性问题如果处理不好，就可能演变为全局性风险。因而这些问题不仅是重大生态环境问题，还是重大经济问题、重大社会和政治问题。

新时代以来，为解决生态环境问题、防范化解生态环境风险、不断实现人民对美好生活的向往，以习近平同志为核心的党中央把生态文明建设作为统筹推进"五位一体"总体布局和协调推进"四个全面"战略布局的重要内容，提出一系列新理念新思想新战略，开展一系列根本性、开创性、长远性工作，推动我国生态环境保护发生历史性、转折性、全局性变化。从思想理论上看，以习近平同志为核心的党中央提出"人与自然和谐共生"，强调要"像对待生命一样对待生态环境"；提出"绿水青山就是金山银山"，统筹把握经济社会发展和生态环境保护的关系；提出保护生态环境、提供更多优质生态产品以满足人民日益增长的美好生活需要；提出山水林田湖草是生命共同体，系统治理生态问题；等等。在实践工作方面，党从多方面发力，不断完善生态环境保护体制机制、压实各级党委和政府生态环境保护责任、密集出台有关改革方案和政策文件，全方位、全地域、全过程加强生态环境保护，推动划定生态保护红线、环境质量底线、资源利用上线三条红线，领导着力打赢污染防治攻坚战，深入实施大气、水、土壤污染防治三大行动计划，打好蓝天、碧水、净土保卫战，京津冀大气污染治理、长江经济带生态环境保护等行动取得重要成效，生态环境风险得到有力有效防范化解。

2023年7月17日至18日，全国生态环境保护大会召开。习近平总书记发表重要讲话，全面总结了防范化解生态环境风险、推进生态文明建设的巨大成就。与此同时，习近平总书记还深入分析了工作继续推进所面临的形势，系统作了战略任务和重大举措等部署。他强调，"我国生态环境保护结构性、根源性、趋势性压力尚未根本缓解"，"必须以更高站位、更宽视野、更大力度来谋划和推进新征程生态环境保护工作，谱写新时代生态文明建设新篇章"。[①] 这为继续开展防范化解生态环境风险的伟大斗争提供了方向指引和根本遵循。

五、防范化解党的建设面临的风险

办好中国的事情，关键在党。只有勇于面对党面临的重大风险考验和党内存在的突出问题，以自我革命精神推进全面从严治党，才能为党和国家事业发展提供坚强政治保证。一方面，勇于自我革命、以伟大自我革命引领伟大社会革命，是中国共产党进行伟大斗争、建设伟大工程、推进伟大事业、实现伟大梦想的本质要求，自我革命是进行伟大斗争题中应有之义；另一方面，斗争是自我革命的实践形式，进行自我革命意味着坚决同一切弱化党的先进性、损害党的纯洁性的问题作斗争，与此同时，只有发扬斗争精神，才能把新时代党的自我革命推向深入。简言之，必须坚持敢于斗争，勇于自我革命，不断防范化解党的建设面临的风险。

---

① 《习近平在全国生态环境保护大会上强调　全面推进美丽中国建设　加快推进人与自然和谐共生的现代化》，《人民日报》2023 年 7 月 19 日。

就现实情况来讲，中国特色社会主义进入新时代时，改革开放和社会主义现代化建设取得巨大成就，党的建设新的伟大工程取得显著成效，但同时一系列长期积累及新出现的突出矛盾和问题亟待解决，党的建设面临的风险亟须防范化解。党内存在不少对坚持党的领导认识模糊、行动乏力问题，存在不少落实党的领导弱化、虚化、淡化、边缘化问题；党内政治生活存在"七个有之"等突出问题；有些党员、干部政治信仰发生动摇乃至出现严重危机；有的党组织软弱涣散，一些地方和部门选人用人风气不正；一些地方和部门形式主义、官僚主义、享乐主义和奢靡之风屡禁不止，特权思想和特权现象较为普遍存在；一些贪腐问题触目惊心；有的地方和单位管党治党意识不强，履行管党治党政治责任不到位，甚至不愿不屑抓党建；等等。针对这些严重风险和严重隐患，"如果不严加防范、及时整治，久而久之，必将积重难返，小问题就会变成大问题、小管涌就会沦为大塌方，甚至可能酿成全局性、颠覆性的灾难"①。

党的十八大以来，以习近平同志为核心的党中央以前所未有的勇气和定力推进全面从严治党，经过不懈努力，找到了自我革命这一跳出治乱兴衰历史周期率的"第二个答案"；经过坚决斗争，从根本上扭转了管党治党宽松软状况，取得并全面巩固反腐败斗争压倒性胜利，消除了党、国家、军队内部存在的严重隐患，使党在革命性锻造中更加坚强有力，有力保证了党中央权威和集中统一领导。我们坚持

---

① 《习近平谈治国理政》第 3 卷，外文出版社 2020 年版，第 531 页。

打铁必须自身硬，从制定和落实中央八项规定开局破题，把全面从严治党纳入战略布局，提出和落实新时代党的建设总要求，以党的政治建设统领党的建设各项工作，坚持思想建党和制度治党同向发力，持续开展党内集中教育，提出和坚持新时代党的组织路线，突出政治标准选贤任能，持之以恒正风肃纪，坚持反腐败无禁区、全覆盖、零容忍，形成比较完善的党内法规体系，推动全党坚定理想信念、严密组织体系、严明纪律规矩，在全面从严治党基础上全面加强党的领导。党内许多突出问题和一些重大风险得到解决和化解，但"四大考验"和"四大危险"将长期存在。"全党必须牢记，全面从严治党永远在路上，党的自我革命永远在路上，决不能有松劲歇脚、疲劳厌战的情绪，必须持之以恒推进全面从严治党，深入推进新时代党的建设新的伟大工程，以党的自我革命引领社会革命。"①

第三节　克服重大阻力

"改革是我们进行具有新的历史特点的伟大斗争的重要方面。"②2013 年 11 月，党的十八届三中全会审议通过了《中共中央关于全面深化改革若干重大问题的决定》，明确了全面深化改革的总目

---

① 《习近平著作选读》第 1 卷，人民出版社 2023 年版，第 52 页。

② 《习近平主持召开中央全面深化改革领导小组第三十八次会议强调　加强领导总结经验运用规律　站在更高起点谋划和推进改革》，《人民日报》2017 年 8 月 30 日。

标，对改革的战略重点、优先顺序、主动方向、工作机制和推进方式进行了全面部署。新时代以来，全面深化改革涉及思想观念解放的深刻性、触及利益格局调整的尖锐性、突破体制机制障碍的艰巨性前所未有。伴随改革进入深水期和攻坚期，各种矛盾问题进一步交织叠加，风险隐患进一步集聚显露，改革遇到的阻力也越来越大。以习近平同志为核心的党中央以强大的政治勇气全面深化改革，在把握改革内在规律的基础上，克服来自思想观念、利益关系和体制机制多方面的阻力，推动国家治理体系和治理能力现代化水平实现明显提高。

一、克服思想观念束缚

全面深化改革的斗争之难，首先难在统一思想、形成共识。要想冲破思想观念的障碍，解放思想是首要的。2013 年 11 月，党的十八届三中全会提出要"进一步解放思想、进一步解放和发展社会生产力、进一步解放和增强社会活力"。其中，解放思想是前提和后两者的总开关。思想不解放，我们就很难看清各种矛盾问题的症结所在，很难找准突破的方向和着力点，很难拿出创造性的改革举措。克服改革斗争中的重大阻力，必须首先廓清困扰和束缚实践发展的思想迷雾。当前，冲破思想观念障碍，主要表现在两个方面：

一是要克服懈怠保守的思想观念。中国特色社会主义进入新时代以来，一些人没能跟上迅速变化的国内国际形势，对改革和发展的理解逐渐落后于现实，认为当前改革的"四梁八柱"已经构建完成，该改的、能改的已经差不多了，因而思想上产生懈怠，改革的主动性不足；也有一些人认为改革影响重大、牵涉太多，想着避重就轻、维持现状，因而对各种改革举措谨小慎微，裹足不前，最终演变成什么也不敢干、不敢试，什么都不动、都不改。针对这些问题，一方面，习近平总书记强调："改革开放只有进行时、没有完成时。"① 改革开放是决定当代中国命运的关键一招，必须继续高举改革旗帜，站在更高起点上谋划和推进改革；另一方面，习近平总书记指出："容易的、皆大欢喜的改革已经完成了，好吃的肉都吃掉了，剩下的都是难啃的硬骨头。"② 改革越往纵深发展，阻力只会越来越大，更需要广大党员、干部迎难而上，敢于啃硬骨头，敢于涉险滩。在思想观念障碍的来源问题上，习近平总书记特别指出："有时候，影响改革的许多思想障碍不是来自体制外而是来自体制内，不是来自下面而是来自上面、来自领导干部。"③ 领导干部作为"关键少数"，必须以身作则，敢于担当，带头冲破不想改、不敢改、不愿改、不会改的错误思想观念，争当改革的促进派、实干派。

二是要抵制以西为尊的错误思想观念。一些敌对势力和别有用心的人把改革定义为往西方政治制度的方向改，否则就是不改革。甚至有些党员也对这一问题看不清楚、想不明白，去接受那些模糊的、似是而非的乃至错误的观点。习近平总书记在多个场合反复强

---

① 《习近平著作选读》第 1 卷，人民出版社 2023 年版，第 158 页。
② 《习近平谈治国理政》第 1 卷，外文出版社 2018 年版，第 101 页。
③ 习近平：《论坚持全面深化改革》，中央文献出版社 2018 年版，第 103 页。

调："改革开放必须勇于解放思想，但解放思想是有方向、有立场、有原则的。"① 这一方向、原则、立场就是要始终坚持中国特色社会主义道路。在过去一段时间内，社会上一些人在国企改革问题上大谈"国有企业垄断论"，宣扬"国有企业与民争利"；在军队改革问题上鼓吹"军队非党化、非政治化"和"军队国家化"。针对这些错误观点，习近平总书记明确指出这是醉翁之意不在酒，是敌对势力想要搞乱人心、釜底抽薪，企图诱导我们自己打倒自己。以供给侧结构性改革为例，习近平总书记强调："不能把供给侧结构性改革看成是西方供给学派的翻版，更要防止有些人用他们的解释来宣扬'新自由主义'，借机制造负面舆论。"② 改革需要借鉴西方政治文明的有益成果，但不能把西方的理论、观点生搬硬套在我们的改革中来，而必须在坚持社会主义制度的前提下，从我国国情出发设计改革内容。

总而言之，面对全面深化改革中出现的思想观念阻力，既要帮助广大党员和人民不断转变理念、更新观念，自觉站在全局、战略高度认识和把握全面深化改革的重大意义和丰富内涵，在解放思想中统一思想，进而凝聚改革共识，形成改革合力；又要提醒和教育广大党员、干部，对于涉及我国根本政治制度的错误思想，必须洞若观火，坚决斗争，要善于从政治上看问题，保持政治坚定性，明确政治定位，在全面深化改革的进程中，做到应该改又能够改的坚

① 习近平：《论坚持全面深化改革》，中央文献出版社 2018 年版，第 6 页。
② 习近平：《论坚持全面深化改革》，中央文献出版社 2018 年版，第 239 页。

决改，不应改的坚决守住；应该改而不具备条件的创造条件改，该快的一定要快、不能快的则循序渐进。

二、克服利益固化藩篱

改革就意味着要变革旧有的某些利益关系，必然会触及某些群体的切身利益，必然会遭遇各种阻力。阻力大小和强弱程度的变化正取决于改革内容之于这些群体的利益相关性。习近平总书记曾以战国商鞅变法、北宋王安石变法和明代张居正变法为例提醒道："改革触动了一些既得利益集团的利益，他们的变法都遭遇了强大阻力，甚至弄得自己身败名裂。"[①] 伴随着改革向纵深发展，改革不可避免地会触及更深层次的社会关系和利益矛盾，牵动既有利益格局发生更剧烈的变化。当前，突破利益固化藩篱，主要表现在两个方面：

一是要兼顾不同群体的利益诉求，畅通利益流动渠道。不同地方、不同阶层、不同领域、不同方面由于改革加诸己身产生的利益关系变化，对改革必然会有不同看法和反应。习近平总书记指出："现在党内外对深化改革思想认识上有较大差异，但越是思想认识不统一就越要善于寻求最大公约数。"[②] 要考虑他们的利益诉求中哪些可以"求同"，哪些需要继续"存异"，在尽可能减少利益受损面的基础上调整复杂的利益关系，以减少改革的阻力，甚至变阻力为动

---

① 习近平：《论坚持全面深化改革》，中央文献出版社 2018 年版，第 61 页。
② 习近平：《论坚持全面深化改革》，中央文献出版社 2018 年版，第 62 页。

力。不论怎样，促进社会公平、增进人民福祉都是改革的出发点和落脚点。习近平总书记指出："在全面深化改革进程中，遇到关系复杂、难以权衡的利益问题，要认真想一想群众实际情况究竟怎样？群众到底在期待什么？群众利益如何保障？群众对我们的改革是否满意？"① 以农村土地制度改革为例，习近平总书记指出："不管怎么改，不能把农村土地集体所有制改垮了，不能把耕地改少了，不能把粮食产量改下去了，不能把农民利益损害了。"② 在处理复杂的利益调整问题时，要及时倾听群众的利益诉求，主动回应群众的利益关切；对于不可避免的利益损失，要积极主动做好群众的思想开导和补偿工作。但最重要的、最根本的是要使发展、改革成果更多更公平惠及全体人民，畅通利益流动渠道，提高社会成员向上流动的能力，维护好社会的公平正义。

二是要引导全党全社会正确对待利益关系调整，着眼于长远利益和整体利益。一些人习惯于"一亩三分地"的思维和行为方式，拘泥于部门或行业的权限和利益，在一些具体问题上讨价还价，更有甚者打小算盘，搞画地为牢，借改革之机强化局部利益；也有一些人由于改革触动了自身当前的既得利益，对改革方案不理解不支持，对改革举措缺乏热情，消极应付，更有甚者是非不分，为了一己私利恶意诋毁改革，有意阻挠改革，肆意散播负面舆论。针对这

---

① 习近平：《论坚持全面深化改革》，中央文献出版社 2018 年版，第 54 页。
② 习近平：《论坚持全面深化改革》，中央文献出版社 2018 年版，第 74 页。

些问题，一方面，习近平总书记指出："全党同志特别是各级领导干部要有自我革新的勇气和胸怀，跳出条条框框限制，正确处理中央和地方、全局和局部、长远和当前的关系，正确对待利益格局调整，坚决克服地方和部门利益的掣肘。"① "改革哪有不触动现有职能、权限、利益的？需要触动的就要敢于触动，各方面都要服从大局。"② 各个部门、行业只有跳出眼前利益和局部利益的框框，做到相互支持、相互配合，才能使改革事半功倍，否则改革必然是互相推诿、磕磕绊绊、难有作为。另一方面，习近平总书记指出："要高度重视舆论引导特别是网上舆论工作，打好主动仗，传播正能量，为推进改革营造良好舆论氛围。"③ 改革出现负面舆论多是因为信息获取不对称，对此要耐心加以疏导，做好政策解读工作。对于有意污蔑、抹黑和破坏改革的言行则必须坚决依法予以打击。

总而言之，面对全面深化改革中出现的利益固化阻力，既要畅通利益流动渠道，在利益格局调整的过程中兼顾不同群体的利益诉求，保护群众理性、合法表达利益诉求的权利，妥善协调和处理不同方面群众的利益关切；又要密切关注各级特别是高级干部思想动态和社会舆情状况，教育引导各方面增强大局意识，自觉在大局下思考、在大局下行动，加大政策解读力度，把改革精神讲全、讲透，有针对性地做好解疑释惑工作，及时发出正面声音，营造有利于改

---

① 习近平：《论坚持全面深化改革》，中央文献出版社 2018 年版，第 58 页。
② 习近平：《论坚持全面深化改革》，中央文献出版社 2018 年版，第 142 页。
③ 习近平：《论坚持全面深化改革》，中央文献出版社 2018 年版，第 213 页。

革的良好氛围，而对于恶意诋毁改革、有意阻挠改革的行为，必须坚决斗争，绝不妥协。

三、克服体制机制弊端

全面深化改革的总目标是完善和发展中国特色社会主义制度，推进国家治理体系和治理能力现代化。其中，"国家治理体系"就是指在党领导下管理国家的制度体系，包括经济、政治、文化、社会、生态文明和党的建设等各领域体制机制、法律法规安排。制度问题往往带有根本性、全局性、稳定性和长期性。习近平总书记指出："我们说坚定制度自信，不是要固步自封，而是要不断革除体制机制弊端，让我们的制度成熟而持久。"[①]克服体制机制弊端，就是要使各方面制度更加科学、更加完善，实现党、国家、社会各项事务治理制度化、规范化、程序化。当前，革除体制机制弊端，主要表现在：

改革不适应实践发展要求的体制机制，不断构建新的体制机制，并更加突出"体系化"的要求。我国发展中出现的诸多问题，如党的领导弱化、党政机构重叠交叉、经济发展方式粗放、产业结构不合理、科技创新能力不足、腐败问题多发、监督责任落实不到位等，除历史和主观原因之外，客观上是体制机制不健全导致的。2019年10月，党的十九届四中全会通过了《中共中央关于坚持和完善中国

---

① 《习近平在省部级主要领导干部学习贯彻十八届三中全会精神全面深化改革专题研讨班开班式上发表重要讲话强调　完善和发展中国特色社会主义制度　推进国家治理体系和治理能力现代化》，《人民日报》2014年2月18日。

特色社会主义制度　推进国家治理体系和治理能力现代化若干重大问题的决定》，全面回答了在我国国家制度和国家治理体系上应该坚持和巩固什么、完善和发展什么这个重大政治问题。习近平总书记在关于这一决定的说明中指出："相比过去，新时代改革开放具有许多新的内涵和特点，其中很重要的一点就是制度建设分量更重，改革更多面对的是深层次体制机制问题，对改革顶层设计的要求更高，对改革的系统性、整体性、协同性要求更强，相应地建章立制、构建体系的任务更重。"①

　　党的十八大以来，以习近平同志为核心的党中央统筹部署，对多方面的体制机制进行了重大改革。在党和国家机构改革方面，形成和巩固总揽全局、协调各方的党的领导体系，加强党中央对重大工作的集中统一领导。在行政体制改革方面，推行简政放权、放管结合、优化服务，实现政府职能转变。在经济体制改革方面，建立和完善市场在资源配置中起决定性作用的体制机制，完善产权制度和要素市场，建设高标准市场体系。在政治体制改革方面，健全人民当家作主制度体系，提出全过程人民民主的重大理念。在文化体制改革方面，建立健全把社会效益放在首位、社会效益和经济效益相统一的文化创作生产体制机制。在社会体制改革方面，深化户籍制度改革，构建城乡居民身份地位平等的户籍登记制度。在生态文明体制改革方面，形成和巩固源头预防、过程控制、损害赔偿、责

---

① 《十九大以来重要文献选编》中，中央文献出版社 2021 年版，第 264 页。

任追究的生态文明制度体系。在科技体制改革方面，构建社会主义市场经济条件下关键核心技术攻关新型举国体制，建立以企业为主体、市场为导向，产学研深度融合的技术创新体系。在司法体制改革方面，健全保证宪法全面实施的制度体系，推行司法责任制综合配套改革。在纪检监察体制改革方面，建立纪检监察工作双重领导体制具体化、程序化、制度化，一体推进不敢腐、不能腐、不想腐体制机制。除此之外，还有教育体制改革、国防动员体制改革、医药卫生体制改革、外贸体制改革，等等。

总而言之，面对全面深化改革中出现的体制机制阻力，要高度重视制度在国家治理中的关键性作用，不断推动体制机制创新，着力构建系统完备、科学规范、运行有效的制度体系，使各方面制度更加成熟更加定型。目前，"各领域基础性制度框架基本建立，许多领域实现历史性变革、系统性重塑、整体性重构"①。我国正站在新的历史高度，朝着全面实现国家治理体系和治理能力现代化的目标稳步前进。

第四节　解决重大矛盾

社会主要矛盾是我国发展过程中居于主导地位、处于全局位置

---

① 《习近平著作选读》第 1 卷，人民出版社 2023 年版，第 8 页。

的决定性矛盾，规定和影响着其他矛盾；社会重大矛盾一般指影响面广、涉及人数多、可能影响社会秩序的矛盾，可以根据性质的不同区分为人民内部矛盾和敌我矛盾。正确处理国内各种重大矛盾是我们开展伟大斗争的重要内容，也是保障经济社会发展稳定、扎实推进中国式现代化的重要基础。

一、解决社会主要矛盾

社会基本矛盾是一般性、规律性的矛盾，即生产力和生产关系，经济基础和上层建筑之间的矛盾。而社会主要矛盾是一个国家在一定历史时期或发展阶段内社会基本矛盾的具体体现，是在多种矛盾中起着支配性作用的矛盾，是影响和制约一定时期一个国家发展的决定性矛盾，决定了一个时期内全党和全国人民必须解决的主要问题和中心任务。科学合理地分析、研判社会主要矛盾是社会主义国家进行发展规划的中心问题。伴随着时代的发展与社会的进步，我国社会主要矛盾发生了多次变化。1956 年，党的八大报告指出："我们国内的主要矛盾，已经是人民对于建立先进的工业国的要求同落后的农业国的现实之间的矛盾，已经是人民对于经济文化迅速发展的需要同当前经济文化不能满足人民需要的状况之间的矛盾。"[①]1981 年，党的十一届六中全会通过的《关于建国以来党的若干历史问题的决议》将社会主要矛盾界定为"人民日益增长的物质

---

① 《建国以来重要文献选编》第 9 册，人民出版社 2011 年版，第 293 页。

文化需要同落后的社会生产之间的矛盾"①。2017 年 10 月，党的十九大指出："中国特色社会主义进入新时代，我国社会主要矛盾已经转化为人民日益增长的美好生活需要和不平衡不充分的发展之间的矛盾。"并强调："必须认识到，我国社会主要矛盾的变化是关系全局的历史性变化，对党和国家工作提出了许多新要求。"②这一重大判断，深刻揭示了我国经济发展的阶段性特征，为认识和把握我国基本国情，有针对性地制定党和国家大政方针、长远战略提供了重要依据。

从需求侧看，"人民日益增长的物质文化需要"向"人民日益增长的美好生活需要"转变的基础是改革开放以来不断提高的人民物质文化生活水平。我国稳定解决了十几亿人的温饱问题，并且于 2021 年 7 月宣告全面建成小康社会，向着全面建成社会主义现代化强国的第二个百年奋斗目标迈进。但在这一过程中，人民群众不仅对物质文化提出了更高要求，而且在民主、法治、公平、正义、安全、环境等方面的要求也日益增长，具体表现为"幼有所育""学有所教""劳有所得""病有所医""老有所养""住有所居""弱有所扶"等方面更高水平、更迫切的需求。

从供给侧看，"落后的社会生产"向"不平衡不充分的发展"转变的基础是改革开放以来不断提高的生产力水平。从"生产"到

---

① 《三中全会以来重要文献选编》下，人民出版社 1982 年版，第 168 页。
② 《习近平著作选读》第 2 卷，人民出版社 2023 年版，第 10 页。

"发展"的字眼转变，就最直观地反映出改革开放以来经济社会的快速发展和阶段上的变化。仅看新时代十年来的经济成就，我国国内生产总值从54万亿元增长至114万亿元，我国经济总量占世界经济的比重达18.5%，稳居世界第二位。伴随着生产力水平的巨大跃升，我国进入高质量发展阶段，社会生产能力在很多方面已经居于世界前列，社会生产的落后局面已经得到改变，不再是我国的基本国情。在这一过程中，发展不平衡、不充分的问题日益突出，具体表现为区域、城乡、收入分配、经济和社会发展之间的不平衡，实体经济、创新能力、有效供给、市场改革上的不充分。

认识矛盾、分析矛盾是解决矛盾的开始。社会主要矛盾直接影响着社会发展的方向，制约着其他矛盾的解决。新时代伟大斗争的开展必须紧紧围绕解决社会主要矛盾展开，积极应对经济社会发展所提出的新要求，着力解决中国式现代化建设过程中暴露的新问题，积极提升发展质量和效益，进一步解放和发展社会生产力，从而更好地满足人民群众在多方面日益增长的需求。

二、解决人民内部矛盾

就社会发展过程中出现的各类具体矛盾的性质来说，矛盾可以主要被区分为人民内部矛盾和敌我矛盾这两类矛盾。其中，人民内部矛盾是在人民利益根本一致基础上的矛盾，主要以非对抗性的形式存在，可以表现为国家利益、集体利益同个人利益、群体利益之间的矛盾，干部和群众之间的矛盾，受雇者与雇主之间的矛盾，不同经济成分之间的矛盾等。中国特色社会主义进入新时代以来，我国的社会矛盾虽然在表现形式上复杂多样，但就其性质来说主要表现为人民内部矛盾。

习近平总书记明确指出："我国进入了社会矛盾多发期，各种人民内部矛盾和社会矛盾较多，而我们的社会管理工作在很多方面还跟不上。"[①]伴随着我国经济社会的快速发展，社会结构深刻变动，利益格局深刻调整，思想观念深刻变化，发展不平衡不充分的问题日益显露，不同社会阶层对于利益调整愈加敏感。相对应地，各种人民内部矛盾覆盖范围更为广泛，相互交织更加复杂，分析和解决起来更加困难。从矛盾产生的原因来看，习近平总书记指出："当前，各种人民内部矛盾和社会矛盾已经成为影响社会稳定很突出、处理起来很棘手的问题，而其中大量问题是由利益问题引发的。"[②]我国社会现存的矛盾大多是因社会结构失衡出现的利益问题。如因劳动就业、收入分配、住房出行、社会保障等涉及群众切身利益问题发生的不满和情感失衡，进而引起的群体性事件；在追求共同富裕的过程中，因改革的持续深入打破沉淀固化的利益关系，从而使私人利益受损而导致的冲突性事件等。

还需要特别注意的是，非对抗性矛盾和个体事件如果没有得到

---

① 《习近平关于社会主义社会建设论述摘编》，中央文献出版社 2017 年版，第119 页。

② 《习近平关于社会主义社会建设论述摘编》，中央文献出版社 2017 年版，第147 页。

妥善处理，很有可能转化升级为对抗性矛盾和群体事件。习近平总书记指出："各种矛盾风险挑战源、各类矛盾风险挑战点是相互交织、相互作用的。如果防范不及、应对不力，就会传导、叠加、演变、升级，使小的矛盾风险挑战发展成大的矛盾风险挑战。"①随着互联网平台的不断发展和信息传播媒介的多样化，群众表达自身权益诉求渠道增加，负面和不满情绪传播速度快。许多问题如若处理不当，则极易使小矛盾酿成大矛盾、个体事件发展为群体事件，最终危及党的执政地位、危及国家安全。因此，我们要正确把握新形势下人民内部矛盾的特点和规律，不断探索解决矛盾的正确途径和有效方法，不断提高正确处理人民内部矛盾的本领：

一是要充分认识发展和稳定之间的辩证关系，增强发展的全面性、协调性、可持续性，加强保障和改善民生工作，从源头上预防和减少社会矛盾的产生。习近平总书记指出："国家安全和社会稳定是改革发展的前提。"②我们要正视人民内部矛盾中的利益因素，毫不动摇地坚持发展是第一要务，不断增强我国综合实力，为解决人民群众所需所急所盼提供坚实的物质基础。同时，通过民生事业的发展，通过构建公平正义合理的分配秩序来化解潜在的社会危机，有效解决因利益受损而引发的社会矛盾。这对于维持我国社会稳定具有关键性意义。

---

①《习近平著作选读》第 1 卷，人民出版社 2023 年版，第 143 页。

②《习近平关于总体国家安全观论述摘编》，中央文献出版社 2018 年版，第 3 页。

二是要掌握正确处理人民内部矛盾的方法，引导群众通过法律程序、运用法律手段解决纠纷，逐渐形成"办事依法、遇事找法、解决问题用法、化解矛盾靠法"①的良好环境。一方面，要畅通和规范群众诉求表达、利益协调、权益保障通道，为民众合理合法表达自身诉求提供渠道；另一方面，在处理人民内部矛盾时，要采取妥当的斗争形式，"要善于运用法治、民主、协商的办法进行处理"②。2019 年 10 月，党的十九届四中全会提出的"建设人人有责、人人尽责、人人享有的社会治理共同体"③，为我国创新社会治理，增强政治沟通、利益协调、社会凝聚等方面的能力，妥善解决人民内部矛盾指明了正确方向。

三、解决敌我矛盾

敌我矛盾是在根本利益对立基础上的矛盾，主要以对抗性的形式存在。解决敌我矛盾，必须进行绝不妥协的坚决斗争。自新中国成立以来，由于意识形态差异、国家之间的利益竞争以及社会主义与资本主义的制度竞争，我国长期以来在国际舞台上面临着严峻的斗争形势。敌对势力对于中国的遏制、打压、封锁甚至阴谋颠覆从

---

① 《习近平关于社会主义社会建设论述摘编》，中央文献出版社 2017 年版，第 173 页。
② 《习近平关于社会主义社会建设论述摘编》，中央文献出版社 2017 年版，第 147 页。
③ 《十九大以来重要文献选编》中，中央文献出版社 2021 年版，第 287 页。

未停止。一段时间内，在国际上，霸权主义、强权政治、单边主义倾向逐渐抬头，一些西方国家将弱肉强食奉作信条，极力维护自身霸权地位，运用威迫利诱甚至军事入侵的手段强迫其他国家照搬自己的发展模式，使其在政治、经济和外交上成为自己的附庸；分裂主义、恐怖主义、极端主义"三股势力"一度猖獗，一些狂热分子扩大民族之间的文化差异，煽动民族隔阂和仇恨，鼓吹宗教极端，进行恐怖活动，进而达到实现分裂的政治目的；在国内，敌对势力一方面利用所谓的人权问题、民族问题、宗教问题对我国进行渗透、破坏、颠覆和分裂活动，企图在我国制造"颜色革命"，还暗中支持"港独""台独""藏独""疆独"分子；另一方面，千方百计地利用一些热点、难点问题进行炒作，煽动基层群众对于党委和政府的不满，挑动党群干群对立情绪，企图把人心搞乱。凡此种种行径，无不威胁到我国的国家安全。对此，习近平总书记强调："各种敌对势力绝不会让我们顺顺利利实现中华民族伟大复兴，这就是为什么我们要郑重提醒全党必须准备进行具有许多新的历史特点的伟大斗争的一个原因。"并指出："这场斗争既包括硬实力的斗争，也包括软实力的较量。"①

党的十八大以来，以习近平同志为核心的党中央高度重视国家安全问题，在同敌对势力的斗争中，真正做到了既有硬实力，也有软实力。一方面，习近平总书记首次提出"总体国家安全观"重大

---

① 《习近平著作选读》第 1 卷，人民出版社 2023 年版，第 141 页。

战略，明确将"国家政权、主权、统一和领土完整"纳入国家安全的范畴。此后，我国又先后制定了《国家安全战略纲要》《中华人民共和国国家安全法》《中华人民共和国反间谍法》《中华人民共和国反恐怖法》《中华人民共和国香港特别行政区维护国家安全法》等相关法律法规，严厉依法打击防范、制止危害我国家安全和利益的渗透颠覆破坏活动、暴力恐怖活动、民族分裂活动和极端宗教活动。另一方面，习近平总书记明确提出要牢牢掌握意识形态工作的领导权、管理权、话语权，一刻也不能放松和削弱意识形态工作，强调对于意识形态阵地，要做到守土有责、守土负责、守土尽责。在这些思想的指导下，我国最终扭转在意识形态领域一度存在的被动局面，确立和坚持马克思主义在意识形态领域指导地位的根本制度，使意识形态领域形势发生全局性、根本性转变。

习近平总书记强调："要充分估计国际矛盾和斗争的尖锐性，更要看到和平与发展的时代主题不会改变。"① 前些年，"修昔底德陷阱"之说在西方十分盛行，一些西方学者和西方媒体以此为依据，极力渲染"中国威胁论"。究其根本，"修昔底德陷阱"反映的是"国强必霸"的底层逻辑。对此，习近平总书记指出："世界上本无'修昔底德陷阱'，但大国之间一再发生战略误判，就可能自己给自己造成'修昔底德陷阱'。"② 在涉及我国核心利益的问题上，同敌对

---

① 《习近平著作选读》第 1 卷，人民出版社 2023 年版，第 318 页。
② 《十八大以来重要文献选编》中，中央文献出版社 2016 年版，第 689 页。

势力进行坚决斗争的同时，也要始终倡导推动构建以相互尊重、合作共赢为核心的新型国际关系，致力于维护和平稳定的国际环境。

本章小结

2017 年 10 月，习近平总书记在党的十九大报告中指出："社会是在矛盾运动中前进的，有矛盾就会有斗争。我们党要团结带领人民有效应对重大挑战、抵御重大风险、克服重大阻力、解决重大矛盾，必须进行具有许多新的历史特点的伟大斗争。"[1] 当前和今后一个时期，我国发展进入各种风险挑战、矛盾阻力不断积累甚至集中显露的时期，面临的重大斗争不会少。

在新时代伟大斗争中，我们既要拥有从危机中寻求机遇的辩证意识，拥有战胜前路中风险挑战、矛盾阻力的强大信心，也要拥有见微知著、一叶知秋的洞察力，做到"对潜在的风险有科学预判，知道风险在哪里，表现形式是什么，发展趋势会怎样，该斗争的就要斗争"[2]。

① 《习近平著作选读》第 2 卷，人民出版社 2023 年版，第 13 页。
② 《习近平谈治国理政》第 3 卷，外文出版社 2020 年版，第 226—227 页。

第五章　新时代伟大斗争的基本原则

　　"坚持原则是共产党人的重要品格，是衡量一个干部是否称职的重要标准。"① "共产党人讲党性、讲原则，就要讲斗争。在原则问题上决不能含糊、决不能退让，否则就是对党和人民不负责任，甚至是犯罪。"② 习近平总书记从方法论层面科学阐述了新时代开展伟大斗争必须坚持的基本原则：坚持党的领导、充分发挥中国特色社会主义制度优势、紧紧依靠广大人民群众、坚持多种形式斗争相统一。只有在风险挑战、矛盾阻力面前时刻保持清醒，在原则问题上寸步不让，才能做到在各种重大斗争考验面前"不畏浮云遮望眼""乱云飞渡仍从容"。

---

① 《习近平谈治国理政》第 4 卷，外文出版社 2022 年版，第 531 页。
② 《习近平谈治国理政》第 4 卷，外文出版社 2022 年版，第 532 页。

第一节　坚持党的领导

坚持党的领导既是新时代伟大斗争的根本方向，也是新时代开展伟大斗争所必须坚持的基本原则。新时代继续进行伟大斗争，必须牢牢把握坚持党的领导这一要义。只有清醒地认识到坚持党的领导是赢得新时代伟大斗争胜利的根本保证，反对、颠覆党的领导是境内外敌对势力邪恶企图的根本目标；在坚持党的领导问题上做到坚持党的全面领导、党中央集中统一领导和党的绝对领导相统一，才能保证新时代伟大斗争始终为党的正确领导所指引，才能保证新时代伟大斗争始终不偏航、不动摇、不越界。

一、坚持党的领导是赢得伟大斗争胜利的根本保证

中国共产党的领导地位不是自封的，而是在带领人民为实现民族复兴而进行的伟大斗争中历史地形成的，是历史的选择、人民的选择。中国共产党的领导是中国特色社会主义的本质特征和中国特色社会主义制度最大优势，是夺取新时代伟大斗争胜利的根本保证，也是战胜一切困难和风险的定海神针。

党的十八大以来，中国共产党团结带领中国人民义无反顾地进行具有许多新的历史特点的伟大斗争，经受住了来自政治、经济、意识形态、自然界等方面的风险挑战考验。之所以能够取得如此大

的成就，正是因为有以习近平同志为核心的党中央的正确领导。习近平总书记指出："应对和战胜前进道路上的各种风险和挑战，关键在党。"①"伟大斗争，伟大工程，伟大事业，伟大梦想，紧密联系、相互贯通、相互作用，其中起决定性作用的是党的建设新的伟大工程。"②指明了党的领导对于伟大斗争的意义所在。这就要求我们将坚持党的领导的政治原则贯彻在进行伟大斗争的全过程和各方面——既要在推进伟大斗争的过程中更加坚定地坚持和加强党的领导，同一切妄图歪曲、削弱、否定、颠覆党的领导的行为作坚决斗争；又要始终坚持党对伟大斗争的领导，使广大人民在党的团结带领下战胜一切可以预见和难以预见的风险挑战。

同时，党的领导不能脱离具体实践而言。对于广大党员干部来说，既要深刻领会"两个确立"的决定性意义，清楚地认识到坚强的领导核心和科学的理论指导，是关乎党和国家前途命运、党和人民事业成败的根本性问题，能够为新时代伟大斗争提供组织和思想层面的保障；又要践行"两个维护"这一党的最高政治原则和根本政治规矩，坚决维护习近平总书记党中央的核心、全党的核心地位，坚决维护以习近平同志为核心的党中央权威和集中统一领导，确保党始终成为领导新时代伟大斗争的坚强核心。

习近平总书记强调："在坚持党的领导这个重大原则问题上，我

---

① 《习近平关于全面从严治党论述摘编》，中央文献出版社 2021 年版，第 6 页。
② 《习近平著作选读》第 2 卷，人民出版社 2023 年版，第 14 页。

们脑子要特别清醒、眼睛要特别明亮、立场要特别坚定，绝不能有任何含糊和动摇。"①党要团结带领广大人民群众赢得新时代伟大斗争的胜利，就必须贯彻坚持党的领导这个基本原则。只有将坚持党的领导放在新时代伟大斗争的核心位置，才能确保伟大斗争始终在正确的航线上稳步开展。广大党员、干部对此必须保持高度的思想自觉、政治自觉、行动自觉。

二、坚持党的领导面临的挑战

伴随着中国综合国力不断增强、国际地位不断上升，一些境内外敌对势力加紧了对我国的意识形态渗透，企图制造"颜色革命"。他们惯用的一个手段就是散播历史虚无主义思潮，以歪曲近代历史、贬损建设成就、抹黑革命领袖等方式，达到搞乱人们的思想的目的，妄图以此颠覆中国共产党领导，使社会主义中国改旗易帜、改名换姓。而这正是我国国家安全、党的执政安全面临的现实危险。对此，习近平总书记指出："国内外敌对势力往往就是拿中国革命史、新中国历史来做文章，竭尽攻击、丑化、污蔑之能事，根本目的就是要搞乱人心，煽动推翻中国共产党的领导和我国社会主义制度。"并举以苏联解体的例子加以说明："全面否定苏联历史、苏共历史，否定列宁，否定斯大林，搞历史虚无主义，思想搞乱了，各级党组织几乎没任何作用了，军队都不在党的领导之下了。最后，苏联共产党

---

① 《习近平关于全面从严治党论述摘编》，中央文献出版社 2021 年版，第 61 页。

偌大一个党就作鸟兽散了，苏联偌大一个社会主义国家就分崩离析了。这是前车之鉴啊！"①苏联和东欧众多社会主义国家之所以会改旗易帜，就是在西方意识形态的渗透下，在坚持共产党的领导地位这个根本原则上犯下了颠覆性错误。这一教训不可谓不深刻。

此外，境内外敌对势力还鼓吹"自由主义""民主宪政""三权分立""多党轮流执政"等，鼓吹移植和嫁接西方制度模式，歪曲、否定我们的人民民主、政府体制、政党制度，希望以此来达到颠覆党的领导的目的。对此，习近平总书记指出："搞了西方的那套东西就更自由、更民主、更稳定了吗？一些发展中国家照搬西方政治制度和政党制度模式，结果如何呢？很多国家陷入政治动荡、社会动乱，人民流离失所。活生生的例子就在眼前。"②一旦我们放弃了党的领导，中国人民和中华民族就会失去主心骨，中国的经济社会发展和现代化进程将受到严重阻碍，人民生活将重新回到水深火热之中，中华民族伟大复兴的进程将迟滞甚至阻断，革命先烈和中国人民追寻上百年的事业将毁于一旦，而敌对势力打压中国崛起、维持霸权地位的阴谋诡计也将得逞。

在党的领导问题上犯错误往往是灾难性的、颠覆性的。众多的历史事实和鲜活例子已经充分证明了这一点。"没有中国共产党，哪有社会主义中国？哪有中国特色社会主义？哪有中华民族伟大复

① 《十八大以来重要文献选编》上，中央文献出版社2014年版，第113页。
② 《习近平关于防范风险挑战、应对突发事件论述摘编》，中央文献出版社2020年版，第31页。

兴?"① 在坚持党的领导的重大原则问题上，广大党员干部一定要时刻保持清醒，坚定政治立场，清楚地认识到颠覆党的领导是境内外敌对势力的根本目标，坚决同一切削弱、歪曲、否定党的领导的言行作毫不妥协的斗争。

三、坚持党的全面领导、党中央集中统一领导和党的绝对领导相统一

坚持党对新时代伟大斗争的领导，要从坚持党的全面领导、党中央集中统一领导和党的绝对领导三个方面着手。

其一，所谓"全面领导"就是强调党的领导对象要全面覆盖、内容要全面覆盖、过程要全面覆盖。党的领导不仅要覆盖总体层面的经济、政治、文化、社会、生态文明建设布局，也要覆盖具体层面的内政、外交、国防、民族等实际工作。简单来说，坚持党的全面领导就是要求必须将党的领导落实到国家治理的各领域、各方面、各环节。

以 2018 年党和国家机构改革为例。习近平总书记指出："坚持和加强党的全面领导，既是深化党和国家机构改革的内在要求，也是深化党和国家机构改革的重要任务，是贯穿改革全过程的政治主题。"② 此次改革针对以往党政机构改革不同步的情况，将党和政府

---

① 《习近平关于全面从严治党论述摘编》，中央文献出版社 2021 年版，第 29 页。
② 《习近平关于全面从严治党论述摘编》，中央文献出版社 2021 年版，第 72 页。

机构改革放在一起统筹推进，将机构改革向纵深推进。中共中央印发的《深化党和国家机构改革方案》，对调整议事协调机构，健全党对重大工作的领导机制、强化党的组织在同级组织中的领导地位，党的工作机关实行归口领导，纪律检查体制和国家监察体制改革等内容进行了统筹谋划，为保证党的全面领导的实现，为开展新时代伟大斗争提供了一系列机构设置和职能配置保障。

其二，所谓"集中统一领导"就是强调党总揽全局、协调各方的领导作用和党中央一锤定音、定于一尊的权威。习近平总书记将这一领导核心作用形象地比喻为"众星捧月"，将党中央比作国家治理体系的大棋盘中坐镇中军帐的"帅"，并指出："坚持党的领导，首先是坚持党中央权威和集中统一领导，这是党的领导的最高原则。"① 简单来说，坚持党的集中统一领导就是要做到事在四方，要在中央；"政出一门"，避免群龙无首、各自为政、一盘散沙的局面出现。

以 2023 年的党和国家机构改革为例。3 月，中共中央和国务院印发的《党和国家机构改革方案》在一开头就明确指出，"（深化机构改革）以加强党中央集中统一领导为统领"②，将科学技术、金融监管、数据管理、乡村振兴、知识产权、老龄工作等重点领域作为机构职责优化和调整的重点，组建了中央金融委员会和中央金融工

---

① 《习近平谈治国理政》第 3 卷，外文出版社 2020 年版，第 85—86 页。
② 《中共中央国务院印发〈党和国家机构改革方案〉》，《人民日报》2023 年 3 月 17 日。

作委员会、中央科技委员会、中央社会工作部，以加强党中央对金融工作、科技工作、人民信访等工作的集中统一领导，确保这些领域未来的改革和斗争开展沿着党制定的大政方针和决策部署的方向进行。

其三，所谓"绝对领导"就是强调坚持党的领导唯一性、彻底性和无条件性。这就要求党员、干部自觉在思想上政治上行动上同党中央保持高度一致，一切行动听指挥，党叫干什么就坚决干，党不允许干什么就坚决不干。2012 年 12 月，习近平总书记在中央军委扩大会议上指出："坚持党对军队绝对领导，关键是要达到'绝对'这两个字的要求。"①

以新时代以来对军委主席负责制的巩固和完善为例。党的十八大以来，习近平总书记在理论和实践上不断丰富完善军委主席负责制，指出："军委主席负责制是坚持党对军队绝对领导的根本制度。"② 强调坚决同敌对势力恶意挑拨党和军队关系，妄图动摇人民军队政治立场和政治方向的言行进行严肃政治斗争，打好这场不见硝烟的战争。与此同时，修订和出台《中央军事委员会工作规则》《关于贯彻落实军委主席负责制建立和完善相关工作机制的意见》《全面深入贯彻军委主席负责制的若干规定》等一系列文件，积极推动国防和军队改革，不仅为全面深入贯彻军委主席负责制，加强党

---

① 《习近平关于全面从严治党论述摘编》，中央文献出版社 2021 年版，第 57 页。
② 《习近平关于全面从严治党论述摘编》，中央文献出版社 2021 年版，第 141 页。

对军队的绝对领导提供了法规和制度保障，同时也为加强党对新时代伟大斗争的领导提供了规范。

第二节　充分发挥社会主义制度的独特优势

中国特色社会主义不是从天上掉下来的，而是党和人民历经千辛万苦、付出各种代价取得的宝贵成果。中国特色社会主义制度历经长时期的完善和发展，形成了科学的制度体系，彰显出显著的比较优势。习近平总书记指出："制度优势是一个国家的最大优势，制度竞争是国家间最根本的竞争。"① 自社会主义制度出现以来，资本主义制度和社会主义制度之间的斗争和较量从未停歇。面对敌对势力对社会主义制度的攻击和诋毁，我们既要保持战略定力，坚定对马克思主义和社会主义制度的理论自信和制度自信，坚决抵制和驳斥抛弃社会主义的错误主张，也要集中精力办好自己的事情，不断完善社会主义制度设计，将制度优势转化为治理效能，善于运用制度优势应对风险挑战冲击。

一、中国特色社会主义制度优势的主要体现

中国特色社会主义制度是党和人民在长期实践探索过程中形成

---

① 《习近平著作选读》第 2 卷，人民出版社 2023 年版，第 277 页。

的科学的制度体系。自新中国成立以来，中国共产党团结带领全国各族人民以巨大的政治勇气、理论勇气和实践勇气，将马克思主义基本原理同中国具体实际相结合，不断推进社会主义制度体系完善和发展，使这一制度的先进性得以充分显现，生命力不断增强。2019 年 10 月，习近平总书记在党的十九届四中全会上第二次全体会议上强调："看一个制度好不好、优越不优越，要从政治上、大的方面去评判和把握。"① 此次全会通过的《中共中央关于坚持和完善中国特色社会主义制度　推进国家治理体系和治理能力现代化若干重大问题的决定》指出要突出坚持和完善支撑中国特色社会主义制度的根本制度、基本制度、重要制度，并从 13 个方面系统、科学、全面地总结和概括了我国国家制度和国家治理体系的显著优势：

坚持党的集中统一领导，坚持党的科学理论，保持政治稳定，确保国家始终沿着社会主义方向前进的显著优势；坚持人民当家作主，发展人民民主，密切联系群众，紧紧依靠人民推动国家发展的显著优势；坚持全面依法治国，建设社会主义法治国家，切实保障社会公平正义和人民权利的显著优势；坚持全国一盘棋，调动各方面积极性，集中力量办大事的显著优势；坚持各民族一律平等，铸牢中华民族共同体意识，实现共同团结奋斗、共同繁荣发展的显著优势；坚持公有制为主体、多种所有制经济共同发展和按劳分配为主体、多种分配方式并存，把社会主义制度和市场经济有机结合起

---

① 《习近平谈治国理政》第 3 卷，外文出版社 2020 年版，第 122 页。

来，不断解放和发展社会生产力的显著优势；坚持共同的理想信念、价值理念、道德观念，弘扬中华优秀传统文化、革命文化、社会主义先进文化，促进全体人民在思想上精神上紧紧团结在一起的显著优势；坚持以人民为中心的发展思想，不断保障和改善民生、增进人民福祉，走共同富裕道路的显著优势；坚持改革创新、与时俱进，善于自我完善、自我发展，使社会始终充满生机活力的显著优势；坚持德才兼备、选贤任能，聚天下英才而用之，培养造就更多更优秀人才的显著优势；坚持党指挥枪，确保人民军队绝对忠诚于党和人民，有力保障国家主权、安全、发展利益的显著优势；坚持"一国两制"，保持香港、澳门长期繁荣稳定，促进祖国和平统一的显著优势；坚持独立自主和对外开放相统一，积极参与全球治理，为构建人类命运共同体不断作出贡献的显著优势。[1]《决定》对 13 个方面显著优势的科学阐述，使中国特色社会主义制度优势综合成为一个内在统一、紧密结合的系统化、体系化架构。

习近平总书记指出："衡量一个社会制度是否科学、是否先进，主要看是否符合国情、是否有效管用、是否得到人民拥护。中国特色社会主义国家制度和法律制度是一套行得通、真管用、有效率的制度体系。"[2] 习近平总书记之所以作出这一判断，正是因为新中国成立以来，特别是改革开放以来国民经济的飞速发展、综合国力的

---

① 《十九大以来重要文献选编》中，中央文献出版社 2021 年版，第 270—271 页。

② 习近平：《坚持、完善和发展中国特色社会主义国家制度与法律制度》，《求是》2019 年第 23 期。

大幅提升、人民生活的极大改善，对比同一时期西方资本主义国家充分证明了社会主义制度的优越性。

　　制度优势往往是在比较中显现的，制度优势究其本质是比较优势。自社会主义制度确立以来，社会主义和资本主义之间的制度斗争就长期存在。如果说，马克思主义从理论上论证了社会主义制度相较于资本主义制度的优越性，中国特色社会主义制度所取得的成就则从实践上证明了社会主义制度相较于资本主义制度的优越性。但同时，比较优势是相对而言的，并不是一成不变的。现在的优势不等于未来的优势，社会主义制度如果不能适应时代、实现发展，也将失去自身的比较优势。因此，我们不能满足于社会主义制度现有的制度优势，而要思考如何继续完善社会主义制度，思考如何将社会主义的制度优势转化为治理效能。

二、坚持中国特色社会主义制度面临的挑战

　　"当今世界，意识形态领域看不见硝烟的战争无所不在，政治领域没有枪炮的较量一直未停。"① 东欧剧变、苏联解体之后，中国作为现存的最大的社会主义国家不可避免地成为西方敌对势力"西化分化""和平演变"的主要目标。伴随着中国经济的快速发展，一些西方国家尤其是美国出于冷战思维，将社会主义中国的崛起认定为

---

　　① 《习近平关于防范风险挑战、应对突发事件论述摘编》，中央文献出版社 2020 年版，第 31 页。

对自身霸权地位的冲击和挑战，开始大肆宣扬"中国威胁论""文明冲突论"，想尽办法在经济、政治、文化、军事各方面对中国进行威迫利诱，利用历史、民族、宗教、人权等问题向中国发难，甚至联合其他国家集体施压，对中国孤立和制裁。

在方法上，习近平总书记指出："一个政权的瓦解往往是从思想领域开始的，政治动荡、政权更迭可能在一夜之间发生，但思想演化是个长期过程。思想防线被攻破了，其他防线就很难守住。"① 敌对势力为攻击中国特色社会主义制度选定的一个突破口就是意识形态领域，其所采取的一个惯用手段就是歪曲党的革命历史，否定社会主义最终胜利的历史必然性，利用党在社会主义建设时期经历的曲折，抹黑党的形象，甚至将中国特色社会主义冠以"资本社会主义""国家资本主义"的名号，以此制造思想混乱，乘机浑水摸鱼，消解主流意识形态，最终将中国导向西方价值观和制度模式，实现"和平演变"。

在对象上，西方敌对势力"下功夫最大的一个领域就是争夺我们的青少年"②。青少年群体思维活跃，充满好奇心和求知欲，但由于缺乏成熟的辩证思维能力，对于一些错误观点的鉴别能力较弱，很容易在纷繁复杂的思潮和虚假信息的洪流冲击下，沦为敌对势力

---

① 《习近平关于防范风险挑战、应对突发事件论述摘编》，中央文献出版社 2020 年版，第 36 页。

② 《习近平关于防范风险挑战、应对突发事件论述摘编》，中央文献出版社 2020 年版，第 45 页。

宣传攻势的"俘虏"或者诱导利用的对象，甚至可能最终成为社会主义制度的掘墓人。习近平总书记引用毛泽东同志关于帝国主义将"和平演变"的希望寄托于第三代、第四代上的判断，强调"争夺青少年的斗争是长期的、严峻的，我们不能输，也输不起"①。因此，必须完善社会主义核心价值体系，引导广大青少年形成正确的世界观、人生观、价值观，增强对中国特色社会主义制度自信，确保青年一代成为社会主义的建设者和接班人。

在媒介上，互联网等新兴媒体逐渐成为西方敌对势力兜售其价值观和腐朽思想文化、散布谣言、攻击诋毁中国的新阵地，一些西方政要甚至宣扬"社会主义国家投入资本主义怀抱，将从互联网开始"。对此，习近平总书记指出"互联网已经成为舆论斗争的主战场"②，必须正视"很多人特别是年轻人基本不看主流媒体，大部分信息都从网上获取"③的事实。因此，必须克服在运用现代传媒新手段、新方法上的"本领恐慌"，掌握网络舆论战场上的主动权，既要持续壮大主流舆论强势，也要组织力量对错误思想观点进行批驳，切实防范和抑制网上攻击渗透行为，维护意识形态安全和政权安全。

---

① 《习近平关于防范风险挑战、应对突发事件论述摘编》，中央文献出版社 2020 年版，第 45 页。

② 《习近平关于总体国家安全观论述摘编》，中央文献出版社 2018 年版，第 103 页。

③ 《习近平关于总体国家安全观论述摘编》，中央文献出版社 2018 年版，第 103 页。

三、通过理论和实践斗争捍卫中国特色社会主义制度

一方面，要巩固马克思主义的指导地位，坚定对马克思主义和社会主义制度的理论自信和制度自信。习近平总书记指出："尽管我们所处的时代同马克思所处的时代相比发生了巨大而深刻的变化，但从世界社会主义 500 年的大视野来看，我们依然处在马克思主义所指明的历史时代。"[①] "事实一再告诉我们，马克思、恩格斯关于资本主义社会基本矛盾的分析没有过时，关于资本主义必然消亡、社会主义必然胜利的历史唯物主义观点也没有过时。"[②] 面对那些颠倒历史是非、散布社会主义失败论的言行，在事关社会主义制度前途命运的大是大非问题上，既要保持强大的战略定力，坚决抵制抛弃社会主义的错误主张和各种错误思潮的冲击，也要毅然决然站出来捍卫社会主义制度，有理有据地驳斥敌对势力的攻击、诋毁。如果对这些错误观点听之任之，使中国人民的共同理想产生动摇，最终走上改旗易帜的邪路，那么中华民族苦苦追寻百年的民族复兴的伟大梦想就将毁于一旦，党和人民的事业就将陷入万劫不复的境地，社会主义的实践又将要长期在黑暗中徘徊。因此，在坚持社会主义制度的原则问题上，在意识形态领域的斗争上，我们没有任何妥协、退让的余地，必须要取得全胜。

[①] 《习近平谈治国理政》第 2 卷，外文出版社 2017 年版，第 66 页。
[②] 《十八大以来重要文献选编》上，中央文献出版社 2014 年版，第 117 页。

　　同时，我们也必须认识到资本主义最终消亡、社会主义最终胜利必然是一个很长的历史过程。一方面，我国仍处于并将长期处于社会主义初级阶段的基本国情没有变，要充分估计到西方发达国家在一些领域长期占据优势的客观事实，做好两种制度长期合作和斗争的各方面准备；另一方面，也要对社会主义制度的光明前途充满信心，要看到目前在世界范围内两种意识形态、两种社会制度的历史演进和相互较量，已经逐渐发生了有利于马克思主义、有利于社会主义的重大转变。

　　另一方面，要集中精力办好自己的事情，不断发展和完善社会主义制度，使之更加成熟，同时也要善于将社会主义制度优势转化为治理效能，运用制度优势应对风险挑战冲击。中国特色社会主义制度是不是"行得通、真管用、有效率"，最终都要靠事实来说话，关键要看中国特色社会主义制度能不能实现中华民族伟大复兴、能不能改善人民的生活。制度优势的形成既不是一劳永逸的，也不是一蹴而就的，只有根据不断变化的实际，从我国的国情出发，推动制度创新，强化顶层设计，加快构建系统完备、科学规范、运行有效的制度体系，才能使中国特色社会主义制度体系更加完善，使中国特色社会主义制度的优越性充分彰显，从而为我们赢得主动、赢得优势、赢得未来打下更坚实的基础。

　　同时，当今世界局势正在发生深刻变化，来自各方面的风险挑战明显增多，迫切需要我们在加强制度建设和治理能力建设上下更大功夫，使社会主义制度优势充分发挥出来，更好转变为治理效能。

习近平总书记强调："发展环境越是严峻复杂，越要坚定不移深化改革，健全各方面制度，完善治理体系，促进制度建设和治理效能更好转化融合，善于运用制度优势应对风险挑战冲击。"① 这就要求我们既要提高掌握和运用制度优势的能力，在实践中充分发挥党的领导这个最大优势、充分发挥集中力量办大事的优势、充分发挥我国强大的社会动员的优势；也要健全权威高效的制度执行机制，严格制度执行，同对制度缺乏敬畏、随意变更制度、在执行上搞变通等损害制度权威的行为开展坚决斗争。

第三节　紧紧依靠广大人民群众

人民性是马克思主义的本质属性，全心全意为人民服务是中国共产党的根本宗旨，人民至上是新时代伟大斗争的价值旨归。新时代的伟大斗争是人民广泛参与的群众性斗争，这决定了新时代伟大斗争只有紧紧依靠人民才能赢得胜利。但同时需要注意的是，动员、组织人民群众广泛参与新时代伟大斗争不等于大规模地运动群众进行斗争，而是要密切同群众的血肉联系，坚持群众路线，引导广大人民群众在法治的轨道上，充分发挥主体意识，充分发挥首创精神，

---

① 《习近平主持召开中央全面深化改革委员会第十三次会议强调　深化改革健全制度完善治理体系　善于运用制度优势应对风险挑战冲击》，《人民日报》2020 年 4 月 28 日。

有序参与到社会矛盾风险化解的斗争中来。

一、人民至上是新时代伟大斗争的价值旨归

"中国共产党之所以能够发展壮大，中国特色社会主义之所以能够不断前进，正是因为依靠了人民。中国共产党之所以得到人民拥护，中国特色社会主义之所以能够得到人民支持，也正是因为造福了人民。"[1]在新时代开展伟大斗争必须将为了人民的斗争目标和依靠人民的斗争原则结合起来。

一方面，马克思主义是为无产阶级和人类解放而斗争的学说。人民性是马克思主义的本质属性。历史唯物主义认为，人民群众是推动历史进步的根本力量。人类社会发展进步是社会基本矛盾运动的结果，而社会基本矛盾运动及由此形成的人类社会发展规律，不是自发形成的，而是经由人民群众的斗争实现的。以马克思主义为指导的中国共产党必须时刻把全心全意为人民服务作为一切工作的出发点与落脚点，必然需要重视人民群众在新时代伟大斗争中的决定性作用。

另一方面，中国共产党既是工人阶级的先锋队，也是中国人民和中华民族的先锋队。这一性质决定了中国共产党除了工人阶级和最广大的人民群众的利益外，没有自己的特殊利益。在长期革命实践过程中，我们党逐渐形成了"一切为了群众、一切依靠群众，从

---

[1] 《习近平谈治国理政》第 2 卷，外文出版社 2017 年版，第 52 页。

群众中来，到群众中去"的群众路线。这条群众路线既是党的生命线，也是党的根本政治路线、根本组织路线和根本工作路线。党的十八大以来，习近平总书记结合时代背景，立足于人民群众的切身利益，系统阐述了"我是谁、为了谁、依靠谁"这一根本问题，提出了以人民为中心的发展思想，极大地丰富了党的群众路线理论，为其赋予了人民至上的理论内涵。

2021 年 11 月，党的十九届六中全会通过的《中共中央关于党的百年奋斗重大成就和历史经验的决议》将"坚持人民至上"列为中国共产党百年奋斗的历史经验之一，并指出："只要我们始终坚持全心全意为人民服务的根本宗旨，坚持党的群众路线，始终牢记江山就是人民、人民就是江山，坚持一切为了人民、一切依靠人民，坚持为人民执政、靠人民执政，坚持发展为了人民、发展依靠人民、发展成果由人民共享，坚定不移走全体人民共同富裕道路，就一定能够领导人民夺取中国特色社会主义新的更大胜利。"[①] 这就要求我们在开展新时代伟大斗争时，必须牢牢树立人民至上的理念，始终把人民群众放在心中的最高位置，必须尊重人民主体地位，始终坚持紧紧依靠人民的根本原则。

二、为人民群众参与伟大斗争创造有利条件

新时代伟大斗争只有紧紧依靠人民才能赢得胜利。如何使新时

---

① 《十九大以来重要文献选编》下，中央文献出版社 2023 年版，第 534 页。

代伟大斗争得到人民群众的高度认同和支持？这就需要让人民群众感受到中国共产党是人民群众利益的忠实代表，新时代伟大斗争是为维护人民群众根本利益而开展的斗争。但需要注意的是，在这一过程中仍然存在一些阻碍人民群众参与伟大斗争的不利因素，如部分群众的主体意识、参与意识不强；一些党组织和党员干部存在比较严重的脱离群众的作风问题等。因此，党必须注重始终保持和人民群众的血肉联系，使新时代的伟大斗争具有广泛的群众基础，而不是党组织"唱独角戏"。

一方面，要切实维护人民群众的切身利益，尊重人民群众的主体地位，保障人民群众的各项权利。既要通过新时代伟大斗争不断满足人民群众的美好生活需要，使广大人民群众通过获得感增强对伟大斗争的认同感；也要充分认识到人民群众是新时代伟大斗争的基础性力量，营造尊重人民主体地位的社会氛围，调动人民群众在伟大斗争中的主动性、积极性。人民群众的主体意识、参与意识不强，往往与民主权利保障不够到位、参与社会治理体制不够健全等因素相关。为此，必须着力强化基层民主，保护人民群众的民主权利，畅通人民群众参与社会治理的渠道，不断培育人民群众的参与意识和参与能力，引导人民群众自主、理性、合法、有序参与到斗争中来。

另一方面，要通过加大对人民群众反映强烈的问题的整治力度，不断以全面从严治党的实效取信于民。如果失去了人民群众的拥护和支持，不仅伟大斗争的目标无法实现，党也会因脱离人民群众，最终上演霸王别姬的悲剧。"一个政党，一个政权，其前途命运取决于人心向背。人民群众反对什么、痛恨什么，我们就要坚决防范和纠正什么。"① 各级党组织要顺应人民期待，回应社会关切，既要同一切损害人民群众利益、脱离群众的行为进行坚决斗争，又要虚心向群众学习、真心对群众负责、热心为群众服务、虚心接受群众监督。同时，也要鼓励人民群众切实参与到反对不良作风的斗争中来，充分发挥群众监督、舆论监督作用，让人民群众不断看到新时代伟大斗争带来的实实在在的成效和变化。

三、动员广大人民参与新时代伟大斗争

人民群众是物质财富、精神财富的创造者，是变革社会、推动发展的决定性力量，也是新时代伟大斗争的主体力量。新中国成立以来，我国在经济、政治、文化、社会、生态文明等多方面取得的历史性成就，离不开人民群众的支持参与和艰苦奋斗。新时代开展伟大斗争要想取得胜利，必然也需要紧紧依靠广大人民群众，最大限度调动起人民群众的积极性、主动性和创造性。但需要注意的是，动员广大人民群众参与伟大斗争不能采取大规模的群众运动的形式，而是要在民主和法治的轨道上将人民群众组织起来，坚持群众路线，运用群众工作方法，使新时代伟大斗争在党的领导下有序开展。新时代伟大斗争不是破坏性的，而是要尽可能减少和消除不稳定因素，

---

① 《习近平著作选读》第 2 卷，人民出版社 2023 年版，第 50 页。

防止矛盾积累、激化，最终实现社会整体的和谐和稳定，从而在最大程度上增进公共利益。

以坚持和发展新时代"枫桥经验"为例。"枫桥经验"是指20世纪60年代，浙江省诸暨县枫桥镇的干部群众在社会主义教育运动中创造的"少捕人，矛盾不上交，依靠群众，以说理斗争的形式把绝大多数'四类分子'改造成为新人"的工作经验。2013年10月，习近平总书记作出重要批示，强调要将"依靠群众就地化解矛盾"的"枫桥经验"坚持好、发展好，"善于运用法治思维和法治方式解决涉及群众切身利益的矛盾和问题"①，使"枫桥经验"从社会管理经验发展成为新时代预防调处化解矛盾的社会治理经验。习近平总书记指出："社会治理的最好办法，就是将矛盾消解于未然，将风险化解于无形。"② 新时代"枫桥经验"之所以能够持续焕发生机，正是因为做到了尊重人民群众首创精神，鼓励人民群众就和自己切身利益相关的矛盾问题化解进行自觉创造，让人民群众广泛参与到社会治理中来，打造人人有责、人人尽责的社会治理共同体，形成共建共治共享的现代基层社会治理新格局。

随着世情、国情、党情的不断变化，我们所面临的矛盾风险挑战也愈发复杂。矛盾问题如果没有处理好，一旦积累、叠加、激化、

---

① 《习近平就创新群众工作方法作出重要指示强调　把"枫桥经验"坚持好、发展好　把党的群众路线坚持好、贯彻好》，《人民日报》2013年10月12日。

② 《习近平著作选读》第2卷，人民出版社2023年版，第242页。

爆发，将会产生难以预测的严重后果，不仅会影响社会稳定，甚至可能会危及党的执政地位、危及国家安全。因此，从源头上预防减少社会矛盾，做好矛盾纠纷源头化解和突发事件应急处置工作，及时将矛盾纠纷化解在基层、化解在萌芽状态就显得尤为重要。这就要求在新时代伟大斗争的过程中始终坚持群众路线，既要关注人民群众的利益诉求，畅通和规范群众利益表达的渠道，也要注意将广大人民群众动员、组织起来，自觉形成利害相关的共同体意识，主动、广泛参与到社会矛盾风险化解的斗争中来。

第四节　坚持思想舆论斗争、法治斗争及其他形式斗争相统一

　　斗争的形式不是单一的，而是多样的。在开展新时代伟大斗争的过程中，我们必须坚持多种形式斗争相统一的基本原则。在思想舆论斗争方面，在党内开展思想斗争，在国内开展意识形态斗争，在国际上开展同西方价值观、制度模式的斗争；在法治斗争方面，运用党内法规开展党内斗争，运用国家法律开展国内斗争，运用国际法规开展国际斗争；在其他形式斗争方面，在国内要巩固人民民主专政，确保国家专政职能的实现，在国际上涉及我国主权、领土完整、国家安全等问题上保留使用武力的必要手段。

一、开展思想舆论斗争

其一是要注重党内的思想斗争。早在 1937 年，毛泽东同志就曾在《矛盾论》中写道："党内不同思想的对立和斗争是经常发生的，这是社会的阶级矛盾和新旧事物的矛盾在党内的反映。党内如果没有矛盾和解决矛盾的思想斗争，党的生命也就停止了。"[①] 习近平总书记强调，"我们党历来提倡团结，但团结是通过积极健康的思想斗争达成的，不是无原则的一团和气"[②]，指明了党内思想斗争对于维护党内团结、形成统一意志的重要意义。

党的十八大以来，以习近平同志为核心的党中央着力营造风清气正的政治生态，强调要不断增强党内生活的政治性、时代性、原则性、战斗性，清除党内政治生活的随意化、形式化、平淡化、庸俗化现象。必须通过积极健康的思想斗争，洗涤党员干部的思想和灵魂。在方式方法上，习近平总书记在多个场合特别指出要用好批评和自我批评这个解决党内矛盾、保持党的肌体健康、清除党内政治灰尘和微生物的有力武器，一方面帮助广大党员、干部分清是非、辨别真假，坚持真理、修正错误，统一意志、增进团结。另一方面引导广大党员、干部摒弃私心杂念，在党内主动开展思想交锋，将爱党、忧党、兴党、护党落实在工作生活的各个环节，敢于同形形

---

① 《毛泽东选集》第 1 卷，人民出版社 1991 年版，第 306 页。
② 《习近平谈治国理政》第 4 卷，外文出版社 2022 年版，第 532 页。

色色违反党内政治生活原则的和制度的现象作斗争。

其二是要注重国内的意识形态斗争。重视意识形态工作一直是党的传统优势。在当前国际国内局势纷繁复杂、思想领域斗争激烈的情况下，能否做好意识形态斗争工作是党面临的现实考验。

党的十八大以来，以习近平同志为核心的党中央将意识形态工作视为极端重要的工作，着力巩固马克思主义在意识形态领域的指导地位，尤其强调要抓好宣传思想阵地，做到守土有责、守土负责、守土尽责。具体在意识形态斗争上，习近平总书记强调广大党员干部要增强阵地意识，敢抓敢管，敢于亮剑，敢于站在风口浪尖上进行斗争，有理有利有节开展舆论斗争，同时注意在红色、黑色和灰色地带采取不同的斗争策略；就党性修养而言，习近平总书记强调广大党员干部不能搞"爱惜羽毛"那一套，牵涉到大是大非问题、政治原则问题，不能含糊其辞，不能退避三舍，不能当开明绅士，而要以身作则，主动帮助群众划清是非界限、澄清模糊认识。

其三是要注重国际的同西方价值观、制度模式的斗争。世界上的各种文化之争，本质上是价值观念之争。在各种思想文化相互激荡、不同文明交流交融更加频繁的当下，如何扩大社会主义核心价值观的影响力，掌握价值观念领域的主动权、主导权、话语权，抵御西方价值观的冲击，是党必须解决好的重大课题。

党的十八大以来，以习近平同志为核心的党中央一方面大力培育和弘扬社会主义核心价值体系和核心价值观，着力构建具有强大感召力的核心价值观，努力抢占价值体系的制高点，巩固全党全国各族人民团结奋斗的共同思想基础，坚持在我国大地上形成和发展起来的道德价值。另一方面坚决防范境内外敌对势力对我国进行价值观渗透。习近平总书记以伊拉克、叙利亚、利比亚等国家为例，指明了这些国家之所以陷入四分五裂、战火纷飞的境地，正是遭受了西方价值观念的鼓捣，陷入了以西方资本主义评价体系衡量本国发展实践的陷阱。① 吸收人类优秀文明成果不等于不加区分、盲目地成为西方价值观、制度模式的应声虫。对于那些无原则地认可"普世价值"，迷信西方制度模式，奉行西方理论话语，不自觉甚至自愿成为西方资本主义意识形态鼓吹手的思想和行为，必须主动发声、及时反驳、坚决斗争。

二、开展法治斗争

其一是运用党内法规开展党内斗争。习近平总书记指出："加强党内法规制度建设是全面从严治党的长远之策、根本之策。我们党要履行好执政兴国的重大历史使命、赢得具有许多新的历史特点的伟大斗争胜利、实现党和国家的长治久安，必须坚持依法治国与制度治党、依规治党统筹推进、一体建设。"②

党的十八大以来，以习近平同志为核心的党中央以强调党章在党的建设中的地位和作用为起点，部署了党的历史上第一次党内法

---

① 《习近平关于总体国家安全观论述摘编》，中央文献出版社 2018 年版，第 33—34 页。

② 《习近平关于全面从严治党论述摘编》，中央文献出版社 2021 年版，第 450 页。

规和规范性文件的集中清理工作，为构建系统的党内法规制度体系奠定了基础；编制了党的历史上第一个中央党内法规制定工作的规划纲要，为加强党内法规制度体系建设的顶层设计指引了方向。2016年新制定的《关于新形势下党内政治生活的若干准则》以及截至2023年12月已经三次修订的《中国共产党纪律处分条例》都明确将对错误思想和行为"不抵制、不斗争"，"明哲保身、当老好人"，"放任不管，搞无原则一团和气"列为党纪处分的对象。通过明确细则、划清底线，新时代党内法规制度体系的不断完善使广大党员干部心有所畏、言有所戒、行有所止，不仅为党内斗争目标的实现明确了标准，也为党内斗争在法治轨道上有序开展提供了制度保障。

其二是运用国家法律开展国内斗争。习近平总书记指出："领导干部要牢固树立宪法法律至上，法律面前人人平等，权由法定、权依法使等基本法治观念，彻底摒弃人治思想和长官意志，决不搞以言代法、以权压法。对各种危害法治、破坏法治、践踏法治的行为，领导干部要挺身而出、坚决斗争。"①

党的十八大以来，以习近平同志为核心的党中央明确提出"法治是治国理政的基本方式"②，将全面依法治国纳入"四个全面"战略布局，并将其作为坚持和发展中国特色社会主义的基本方略，称之为"国家治理的一场深刻革命"③。习近平总书记指出，在统筹推

---

① 《习近平关于全面依法治国论述摘编》，中央文献出版社2015年版，第121页。
② 《习近平关于全面依法治国论述摘编》，中央文献出版社2015年版，第5页。
③ 《习近平著作选读》第2卷，人民出版社2023年版，第32页。

进"四个伟大"的新征程上"要更好发挥法治固根本、稳预期、利长远的保障作用"①。具体在国内斗争方面，既要综合利用立法、执法、司法等手段开展反对违法犯罪行为的斗争，防范风险，应对挑战；也要坚持依法治国、依法执政、依法行政共同推进，将权力关在制度的笼子里，防止无原则和运动式斗争对权力的滥用，对人权和公民权利进行有效保护，最终实现全社会尊法学法守法用法的意识和能力的增强。

其三是运用国际法规开展国际斗争。习近平总书记指出："要加快涉外法治工作战略布局，协调推进国内治理和国际治理，更好维护国家主权、安全、发展利益。"② 要强化法治思维，运用法治方式，有效应对挑战、防范风险，综合利用立法、执法、司法等手段开展斗争，坚决维护国家主权、尊严和核心利益。

党的十八大以来，以习近平同志为核心的党中央统筹推进国内法治和涉外法治，一方面提出按照急用先行原则，加强涉外领域立法。早在 2014 年 10 月，《中共中央关于全面推进依法治国若干重大问题的决定》中就已经明确规定了"加强涉外法律工作"的要求；2020 年 11 月，习近平总书记在中央全面依法治国工作会议上系统阐释了涉外法治理念。另一方面坚决拥护《联合国宪章》，既在占据现有国际法和国际秩序法治制高点的基础上，运用法治思维和法治

---

① 习近平：《加强党对全面依法治国的领导》，《求是》2019 年第 4 期。

② 《习近平著作选读》第 2 卷，人民出版社 2023 年版，第 386 页。

方式同破坏国际和平稳定的强权政治，违反国际规则的霸权主义，侵犯我国主权、领土完整和发展利益行为相斗争，也积极参与国际规则制定、主导国际立法，推动国际治理体系变革，为中华民族伟大复兴创造有利的国际环境。

三、坚持多种形式斗争相统一

其一是在国内巩固人民民主专政，确保国家专政职能的实现。人民民主专政不仅有在人民内部实行民主的一面，同时也有全体人民对极少数破坏社会主义的敌对势力实行专政的一面，两者都是为了维护国内安定团结的政治局面，为中国特色社会主义现代化建设创造稳定的国内环境。对于前者，以习近平同志为核心的党中央总结出了"全过程人民民主"这一人民民主的全新实践形态，并提出要健全人民当家作主的制度体系，保证人民广泛、有序参与国家治理和社会治理，妥善处理人民内部矛盾。面对各种敌对势力变本加厉的渗透破坏颠覆活动，面对民族分裂势力和宗教极端势力穷凶极恶的暴力恐怖活动，我们要毫不迟疑、毫不动摇地拿起人民民主专政的武器。对敌我矛盾，既要旗帜鲜明、敢于斗争，稳准狠打击敌人、震慑犯罪，防止养痈遗患，又要讲究谋略、巧于斗争，有效争取舆论、赢得人心，防止授人以柄。总之，对人民要像春天一般温暖，对敌人要像寒冬一样严酷。除了强调要敢于用好人民民主专政的武器外，还要正确认识和处理民主和专政之间的关系，既要讲民主，也要讲专政，不能觉得讲专政不合时宜，也不能一听到讲专政就紧张、不能理直气壮。

确保国家专政职能实现，首先要巩固党对人民军队的绝对领导，巩固军委主席负责制，发扬人民军队的光荣传统和优良作风，使人民军队成为人民民主专政的坚强柱石。必须警惕敌对势力对"军队非党化、非政治化""军队国家化"的鼓吹，将"枪杆子"牢牢掌握在党和人民手中。其次要紧抓政法机关这一人民民主专政的国家政权机关。习近平总书记将政法机关形象地比喻为"党和人民掌握的刀把子"，强调政法队伍必须旗帜鲜明地坚持党的领导，在面对歪风邪气时必须敢于亮剑、坚决斗争，绝不能听之任之。

其二是在国际，在涉及我国主权等问题上绝不承诺放弃使用武力。台湾问题作为历史遗留问题不能无限期拖延下去，否则将会阻碍民族复兴的战略全局。习近平总书记在党的二十大报告中就两岸统一问题指出："我们坚持以最大诚意、尽最大努力争取和平统一的前景，但决不承诺放弃使用武力，保留采取一切必要措施的选项，这针对的是外部势力干涉和极少数'台独'分裂分子及其分裂活动，绝非针对广大台湾同胞。"① 既展现了我们追求两岸和平统一的最大诚意和美好期盼，也表明了我们维护国家主权和领土完整的坚定决心。一些西方政客将"绝不承诺放弃使用武力"用作借口，攻击中国政府和中国共产党是试图凭借实力"单方面改变现状"，将台海局势紧张的责任推给中国。但实际上，极少数"台独"分裂分子妄

---

① 《习近平著作选读》第 1 卷，人民出版社 2023 年版，第 49 页。

图挟洋自重，绑架其他爱好和平的台湾同胞，外部势力与之相互勾结妄图以台制华，阻碍中国的发展，继续维持自己主导的霸权体系。对于这些真正在破坏台海局势稳定的敌对分子，我们绝不能心慈手软，而要严阵以待，坚决保留武力解决台湾问题的必要选项，以震慑"台独"分裂分子的嚣张气焰。

同时需要指出的是，不放弃使用武力不等于滥用武力，强军备战不等于穷兵黩武。习近平总书记强调："（我们）坚持以和平方式解决争端，反对动辄使用武力或以武力相威胁，反对为一己之私挑起事端、激化矛盾，反对以邻为壑、损人利己。"[①] 中华民族一直是一个崇尚和平的民族。中国始终坚持和平发展道路，致力于建设一个持久和平的世界。在国际舞台上，为追求本国利益而牺牲他国利益的行为；打着维护"以规则为基础的国际秩序"的名号，实则维护霸权主义、强权政治的行为；崇尚弱肉强食、丛林法则而肆意挥舞制裁大棒，动辄实施"长臂管辖"的行为，才是中国坚决反对和斗争、绝不妥协和退让的对象。

本章小结

2019年9月3日，习近平总书记在中共中央党校（国家行政学

---

① 《习近平著作选读》第2卷，人民出版社2023年版，第252页。

院）中青年干部培训班开班式上的讲话中强调："共产党人的斗争是有方向、有立场、有原则的。"① 明确新时代伟大斗争中必须坚持的基本原则，就是要划定开展斗争实践所必须遵守的准则，指明不能妥协退让的底线，从而使广大党员干部在重大的风险挑战、矛盾阻力面前，在敌对势力的攻击诋毁、威迫利诱面前，时刻保持清醒的头脑和坚定的立场，做到"不在困难面前低头，不在挑战面前退缩，不拿原则做交易，不在任何压力下吞下损害中华民族根本利益的苦果"②，由此确保新时代的伟大斗争始终沿着正确的方向稳步开展。

---

① 《习近平著作选读》第 2 卷，人民出版社 2023 年版，第 258 页。
② 《习近平著作选读》第 1 卷，人民出版社 2023 年版，第 551 页。

第六章　新时代伟大斗争的基本要求

习近平总书记指出，党的十八大以来，我们"锻造敢于善于斗争、勇于自我革命的干部队伍"，"总结运用党积累的伟大斗争经验，教育引导党员、干部发扬斗争精神、掌握斗争策略、练就斗争本领，在决胜全面小康、决战脱贫攻坚、抗击疫情、防汛救灾、应对外部打压遏制等一线接受考验"，"广大基层党组织的战斗堡垒作用和共产党员的先锋模范作用充分彰显"。①在新征程上，进行具有许多新的历史特点的伟大斗争，我们必须发扬斗争精神、掌握斗争策略、练就斗争本领、投身斗争实践，才能不断增强制胜优势、夺取新时代伟大斗争新的胜利、推动党和人民事业稳步向前。

---

① 《习近平著作选读》第 2 卷，人民出版社 2023 年版，第 591 页。

第一节 发扬斗争精神

"坚持发扬斗争精神"是全面建设社会主义现代化国家前进道路上，必须牢牢把握的重大原则。① 发扬斗争精神就是要增强全党全国各族人民的志气、骨气、底气，提振进行伟大斗争的精气神；就是要勇于担当、善于作为，切实肩负起时代赋予的重任；就是要敢于斗争、敢于胜利，战胜前进道路上的一切艰难险阻，不断夺取新时代伟大斗争的新胜利。

一、增强志气、骨气、底气

党的二十大报告强调："增强全党全国各族人民的志气、骨气、底气，不信邪、不怕鬼、不怕压，知难而进、迎难而上，统筹发展和安全，全力战胜前进道路上各种困难和挑战，依靠顽强斗争打开事业发展新天地。"② 要发扬斗争精神，必须增强志气、骨气、底气，以更坚的志气、更硬的骨气、更足的底气投身伟大斗争。

增强志气，牢牢锚定斗争目标。"革命理想高于天。共产主义远大理想和中国特色社会主义共同理想，是中国共产党人的精神支柱

---

① 《习近平著作选读》第 1 卷，人民出版社 2023 年版，第 21—23 页。
② 《习近平著作选读》第 1 卷，人民出版社 2023 年版，第 23 页。

和政治灵魂。"① 从最初只有 50 多名党员，发展到如今的 9900 多万名党员，从夺取新民主主义革命伟大胜利，到推进社会主义革命和建设，再到进行改革开放和社会主义现代化建设，进而开创中国特色社会主义新时代，支撑我们党从斗争中走来并在斗争中发展壮大的，正是坚定的理想信念和远大的志向抱负。在推进党和国家事业发展的过程中，我们要始终坚定理想信念、志向抱负，锚定实现人民对美好生活的向往、实现中华民族伟大复兴这一斗争目标，共同团结奋斗、付出艰苦努力，披荆斩棘、过关斩将，克服一个又一个困难、夺取一个又一个胜利。

增强骨气，充分展现斗争姿态。近代以来，为实现民族独立和人民解放，无数先进中国人前仆后继，进行了不屈不挠的抗争，展现了中国人的骨气。作为中国工人阶级的先锋队、中国人民和中华民族的先锋队，中国共产党在面对帝国主义、封建主义、官僚资本主义时，在面对一穷二白和敌人封锁禁运的境况时，在面对新的历史时期新的时代主题新的目标任务时，都没有丝毫退缩，而是发扬革命乐观主义和大无畏奋斗精神，开展了伟大斗争，展现了战天斗地的风骨和气魄。站在新的历史起点上，面对前所未有的风险考验，我们要继续增强骨气，下定"明知山有虎，偏向虎山行"的决心，保持奋发向上的蓬勃朝气和一往无前的斗争姿态，在新的长征路上战胜强敌、争取更大光荣。

---

① 《习近平著作选读》第 2 卷，人民出版社 2023 年版，第 52 页。

　　增强底气，坚持锻炼斗争本领。党领导人民百年奋斗，取得了在坚持党的全面领导等 13 个方面的伟大成就。党的百年奋斗从根本上改变了中国人民的前途命运，开辟了实现中华民族伟大复兴的正确道路，展示了马克思主义的强大生命力，深刻影响了世界历史进程，锻造了走在时代前列的中国共产党，积累了坚持党的领导等宝贵历史经验。实现我们的目标任务，我们有充足的底气。同时，我们必须谦虚谨慎、艰苦奋斗，坚持增强底气、坚持锻炼本领，经受严格的思想淬炼、政治历练、实践锻炼和专业训练，从而不断增强斗争的底气和力量，成为敢于斗争、善于斗争的勇士，为不断夺取新时代伟大斗争的新胜利奠定坚实基础。

二、勇于担当、善于作为

　　2020 年 1 月 8 日，习近平总书记在"不忘初心、牢记使命"主题教育总结大会上发表重要讲话，强调"必须发扬斗争精神，勇于担当作为"，"敢字为先、干字当头，勇于担当、善于作为，在有效应对重大挑战、抵御重大风险、克服重大阻力、解决重大矛盾中冲锋在前、建功立业"。① 进行具有许多新的历史特点的伟大斗争必须发扬斗争精神，必须勇于担当、善于作为。如果不发扬斗争精神、不担当、不作为，没有执行力、战斗力，只是把工作落实在口号上，斗争停留在嘴巴上，那就不可能扎实推进工作、不可能取得新时代

━━━━━━━━━━

　　① 《习近平著作选读》第 2 卷，人民出版社 2023 年版，第 302—303 页。

伟大斗争的新胜利。

从实际情况来讲，有一些党员干部，缺乏斗争精神，在工作中不愿担当、不敢担当、不会担当。具体的像摆花架子、做表面文章，应景造势、敷衍应付，消极懈怠、得过且过；做"老好人""太平官""墙头草"，怕触动现有利益格局、得罪人而缩手缩脚、打退堂鼓，为了不出事，宁愿不干事，或者只想争功、不想揽过；缺乏应对风险挑战的能力本领，变成经不起风雨的"庙里的泥菩萨"，遇到斗争就惊慌失措、惶恐不安；等等。我们应当认识到，共产党人绝不能如此行事，而应当时刻保持警醒，不断振奋精神，发扬斗争精神，勇于担当、善于作为。

发扬斗争精神，勇于担当、善于作为。一是要求面对大是大非时敢于亮剑、坚守原则，时刻保持清醒和坚定，同以习近平同志为核心的党中央保持高度一致，绝对不搞态度暧昧，绝对不动摇政治立场，绝对不被错误言论所左右。二是要求面对矛盾时迎难而上、加以解决，社会是在不断解决矛盾和问题的斗争中前进的，遇到矛盾问题必须要有"逆水行舟，不进则退"的清醒，准确把握矛盾、认真分析问题，及时采取正确方法攻坚克难。三是要求面对危机时挺身而出、加以化解，精准研判潜在的危机风险，妥善应对出现的危机风险，经得起风雨、挑得起担子，既有防范预备的先手，又有应对化解的高招。四是要求面对失误时承担责任、加以改正，以实事求是的态度对待失误、承担责任，而非一味推诿或者躲闪；以知错能改的态度改正失误，从中吸取教训，从失败走向成功；以敢于试错的勇气敢为人先、继续推进工作，而非畏葸不前。五是要求面对歪风邪气时坚决斗争、加以纠治，牢记"作风建设永远在路上"，切实开展批评和自我批评，做到一心为公、一切唯实、一身正气，勇于揭露和纠正动摇党的根基、危害党的事业的歪风邪气。

三、敢于斗争、敢于胜利

当前，世界百年未有之大变局加速演进，世界进入新的动荡变革期，我国面临随时可能升级的外部打压遏制。中华民族伟大复兴进入关键时期，我国改革发展稳定面临不少躲不开、绕不过的深层次矛盾，党的建设特别是党风廉政建设和反腐败斗争面临不少顽固性、多发性问题。因而总想过太平日子、不想斗争是不切实际的。"敢于斗争、敢于胜利，是中国共产党不可战胜的强大精神力量。"①我们唯有发扬斗争精神，敢于斗争、敢于胜利，才能战胜强大对手和重大风险、夺取新时代伟大斗争的胜利，才能赢得尊严和求得发展、胜利实现我们的目标任务。发扬斗争精神，敢于斗争、敢于胜利要求我们做到以下三点。

第一，面对国际局势的急剧变化，特别是外部讹诈、遏制、封锁、极限施压，甚至是颠覆我国党的领导和社会主义制度的企图，我们必须保持战略定力，发扬斗争精神，敢于斗争、敢于胜利，在

① 《习近平著作选读》第 2 卷，人民出版社 2023 年版，第 486 页。

斗争中维护国家尊严和核心利益，牢牢掌握我国发展和安全主动权。要坚决做到在事关中国特色社会主义前途命运的大是大非问题上坚定不移，在维护国家核心利益上敢于针锋相对，不在任何压力下吞下损害中华民族根本利益的苦果。要坚决反对那些态度模棱两可、立场摇摆不定，对错误言行退避三舍、三缄其口，缺乏自信、不敢坚持原则的错误行为。

第二，面对严峻复杂的形势、接踵而至的巨大风险挑战、艰巨繁重的改革发展稳定任务，我们必须在改革发展稳定工作中做到敢于碰硬、不在困难面前低头、不在挑战面前退缩，发扬斗争精神，敢于斗争、敢于胜利，在斗争中推进党和国家事业向前发展、推进中华民族伟大复兴。要解决好人民日益增长的美好生活需要和不平衡不充分的发展之间的矛盾这一社会主要矛盾，坚决同一切阻碍我国实现第二个百年奋斗目标、迟滞中华民族伟大复兴进程的各种风险挑战作斗争并夺取斗争胜利。

第三，面对仍将长期存在的"四大考验"和"四大危险"，我们必须牢记，全面从严治党永远在路上，党的自我革命永远在路上，坚决做到在全面从严治党上敢于动硬，发扬斗争精神，敢于斗争、敢于胜利，消除一切损害党的先进性和纯洁性的因素、侵蚀党的健康肌体的病毒，在斗争中推进全面从严治党，深入推进新时代党的建设新的伟大工程，确保党在应对国内外各种风险挑战的历史进程中始终成为全国人民的主心骨。

第二节　掌握斗争策略

斗争是一门学问、一门艺术。"要取得各方面斗争的胜利，我们不仅要有战略谋划，有坚定斗志，还要有策略、有智慧、有方法。"[①] 在 2019 年秋季学期中央党校（国家行政学院）中青年干部培训班开班式上，习近平总书记发表重要讲话，说明了对于斗争这门艺术我们应该注重和掌握的策略方法，为我们运用正确策略夺取斗争胜利提供了科学指南。"要抓主要矛盾、抓矛盾的主要方面，坚持有理有利有节，合理选择斗争方式、把握斗争火候，在原则问题上寸步不让，在策略问题上灵活机动。要根据形势需要，把握时、度、效，及时调整斗争策略。要团结一切可以团结的力量，调动一切积极因素，在斗争中争取团结，在斗争中谋求合作，在斗争中争取共赢。"[②] 在推进中华民族伟大复兴的进程中，我们要深刻认识策略问题重要性、灵活掌握和运用斗争策略，合理选择斗争方式，及时调整斗争策略，调动一切积极因素，为不断夺取新时代伟大斗争的新胜利提供策略支持。

---

① 《习近平著作选读》第 2 卷，人民出版社 2023 年版，第 585 页。
② 《习近平著作选读》第 2 卷，人民出版社 2023 年版，第 259 页。

一、合理选择斗争方式

"我们共产党人的斗争，从来都是奔着矛盾问题、风险挑战去的。"① 进行斗争、合理选择斗争方式，要求了解矛盾、抓住主要矛盾和矛盾的主要方面。在事物发展的过程中，存在许多矛盾，但其地位和作用是不平衡的。其中处于主导地位、对事物的发展起决定性作用的是主要矛盾，其他则是次要矛盾。矛盾是对立统一，矛盾的两个方面的发展也是不平衡的。其中处于支配地位、决定矛盾特点和事物本质的是矛盾的主要方面，另一则是次要方面。主要矛盾和次要矛盾、矛盾的主要方面和次要方面相互联系、相互影响，在一定条件下相互转化。我们面对矛盾运动，要区分主要矛盾和次要矛盾、矛盾的主要方面和次要方面，同时也要坚持重点论和两点论的统一，密切关注矛盾的变化发展。在脱贫攻坚伟大斗争中，我们始终坚持精准扶贫，聚焦贫困问题实施灵活的斗争策略、采取不同的斗争方式。我们坚持因人因地施策、因贫困原因施策、因贫困类型施策，通过扶持生产和就业发展、易地搬迁安置、生态保护补偿、发展教育、低保政策兜底等不同方式推进精准扶贫、推动脱贫攻坚斗争取得伟大胜利。

合理选择斗争方式还要求把握有理、有利、有节三个原则。这三个原则是毛泽东同志在领导同国民党顽固派作斗争的过程中提出的。他指出，第一是自卫原则，人不犯我，我不犯人，人若犯我，

---

① 《习近平著作选读》第 2 卷，人民出版社 2023 年版，第 258 页。

我必犯人；第二是胜利原则，不斗则已，斗则必胜，决不可举行无计划无准备无把握的斗争；第三是休战原则，决不可无止境地每日每时地斗下去，决不可被胜利冲昏自己的头脑。这些体现了斗争的防御性、局部性、暂时性，毛泽东同志将其总结为"有理、有利、有节"原则。①新的历史条件下，我们依旧要坚持这三个原则，合理选择斗争方式以正确开展新时代伟大斗争。如应对美国政府蓄意挑起的贸易摩擦，我们保持战略定力、发扬斗争精神，坚持有理、有利、有节原则，坚持释放善意并在世界贸易组织争端解决机制下理性谈判，坚持采取同等力度和同等规模的反制措施以坚定维护国家利益，坚持在合理限度内有力地回击不友好行为，选择合理的斗争方式加以应对。

在进行新时代伟大斗争的过程中，在选择斗争方式时，我们必须做到原则性和灵活性相统一，在原则问题上寸步不让，在策略问题上灵活机动。如在脱贫攻坚伟大斗争中，坚定推进脱贫攻坚、灵活选择帮扶方式。再如同美国霸权主义作斗争时，坚定维护国家利益、灵活选择应对方式。事实证明，只有合理选择斗争方式，才能顺利进行伟大斗争、取得伟大斗争胜利。

二、及时调整斗争策略

辩证唯物主义是中国共产党人的世界观和方法论，唯物辩证法

---

① 参见《毛泽东选集》第2卷，人民出版社1991年版，第749—750页。

是中国共产党人认识世界和改造世界的根本方法。在进行具有许多新的历史特点的伟大斗争时，我们要始终坚持具体问题具体分析，一切以时间、地点、条件为转移。具体到策略问题，就是要根据形势需要，把握时、度、效，及时调整斗争策略。

一是把握时势，根据实际情况和实践需要对斗争策略进行调整。一方面，我们进行的新时代伟大斗争具有许多新的历史特点，带有长期性、复杂性和艰巨性，应调整斗争策略使其适应这些特点。另一方面，在伟大斗争的发展过程中，经过艰苦努力，我们会取得一些阶段性成果，推动斗争形势发生一定变化，这也相应要求我们根据斗争的形势发展和前进需要对斗争策略进行一定调整。

二是把握尺度，既不能不调整斗争策略，也不能乱调整斗争策略。我们的改革开放是有方向、有立场、有原则的，我们的改革是在中国特色社会主义道路上不断前进的改革，既不能走封闭僵化的老路，也不能走改旗易帜的邪路。我们进行的新时代伟大斗争亦是如此，有方向、有立场、有原则。我们既不能无视斗争的发展情况和发展需要、不调整斗争策略，也不能忽视、违背斗争规律而对斗争策略进行乱调整，更不能背离斗争的方向、立场和原则对斗争策略进行调整。

三是把握效果，以取得良好的斗争效果为目标导向调整斗争策略。我们掌握斗争策略的目的是进行伟大斗争并不断夺取伟大斗争的新胜利。我们必须根据形势需要及时调整斗争策略，但应当始终牢记，斗争策略的调整要服务于实现良好的斗争效果，要服务于维护最广大人民的根本利益，要服务于实现中华民族伟大复兴，否则策略就变成无源之水、无本之木。

在领导人民抗击新冠肺炎疫情的斗争中，我们党就根据形势需要，对疫情防控策略进行了及时调整。面对突如其来的严重疫情，党中央统揽全局、果断决策，明确坚决遏制疫情蔓延势头、坚决打赢疫情防控阻击战的总目标，因时因势制定重大战略策略，以非常之举应对非常之事。经过一段时间艰苦努力，我国疫情防控形势持续向好。但同时，境外疫情加速扩散蔓延。针对国内和国际疫情防控形势发生的重大变化，以习近平同志为核心的党中央及时将全国总体防控策略调整为"外防输入、内防反弹"，推动防控工作由应急性超常规防控向常态化防控转变，健全及时发现、快速处置、精准管控、有效救治的常态化防控机制。①在党中央的坚强领导下，我们统筹疫情防控和经济社会发展工作，既最大限度保护了人民生命安全和身体健康，又最大限度减少了疫情对经济社会发展的影响。

三、调动一切积极因素

"团结就是力量，团结才能胜利。"②新时代新征程，我们必须团结一切可以团结的力量，调动一切积极因素，为夺取伟大斗争新的

① 参见习近平：《在全国抗击新冠肺炎疫情表彰大会上的讲话》，人民出版社2020年版，第4—6页。
② 《习近平著作选读》第1卷，人民出版社2023年版，第57页。

胜利、实现中华民族伟大复兴、促进世界和平与发展而团结奋进。

贯彻群众路线，在斗争中不断巩固全国各族人民大团结。我们党的根基在人民、血脉在人民、力量在人民。进行新时代伟大斗争，必须紧紧依靠人民，从人民群众中汲取无穷力量和智慧。党的群众路线是党的生命线和根本工作路线、根本工作方法。我们要站稳人民立场，贯彻党的群众路线，保持同人民群众的血肉联系，集聚起万众一心、共克时艰的磅礴力量，充分发挥亿万人民的创造伟力，在斗争中不断巩固全国各族人民大团结，以全国各族人民大团结为力量继续推进新时代伟大斗争。

巩固和发展最广泛的爱国统一战线，在斗争中谋求合作。"爱国统一战线是中国共产党团结海内外全体中华儿女实现中华民族伟大复兴的重要法宝。"① 新征程上，我们必须不断巩固和发展中国共产党领导的、以工农联盟为基础的，包括全体社会主义劳动者、社会主义事业的建设者、拥护社会主义的爱国者、拥护祖国统一和致力于中华民族伟大复兴的爱国者的联盟，在进行新时代伟大斗争的历史进程中坚持大团结大联合，加强海内外中华儿女大团结，形成推进强国建设、民族复兴的强大合力。

携手共进，推动构建人类命运共同体，在斗争中争取共赢。我们始终坚持走和平发展道路，始终是世界和平的建设者、全球发展的贡献者、国际秩序的维护者，愿同世界上一切进步力量携手

---

① 《习近平著作选读》第 2 卷，人民出版社 2023 年版，第 486 页。

前进，反对并坚决同霸权主义和强权政治等一切不利于人类社会进步发展的因素作斗争，促进世界和平与发展，共创人类美好未来。我们不断推动构建人类命运共同体，推动共建"一带一路"高质量发展，以中国的新发展为世界提供新机遇，在斗争中实现共赢。

第三节　练就斗争本领

进行新时代伟大斗争，除了要有顽强的斗争精神和灵活的斗争策略，还需要有过硬的斗争本领。没有过硬的斗争本领，我们就难以担负起新的使命任务，难以胜利实现我们的目标。党的十八大以来，习近平总书记多次就本领问题作出重要论述、提出明确要求，为我们练就斗争本领、解决本领不足等问题提供了科学的认识论和方法论。练就斗争本领，要求保持"本领恐慌"意识、增强八项执政本领、提高七种干事能力。

一、保持"本领恐慌"意识

早在延安时期，我们党就认识到了"本领恐慌"问题，强调加紧学习以克服这一问题，从而更好地领导革命工作。1939 年 5 月 20 日，毛泽东同志在延安在职干部教育动员大会上发表讲话时指出："我们队伍里边有一种恐慌，不是经济恐慌，也不是政治恐慌，而是本领恐慌。"① 这种"本领恐慌"的一种典型表现就是，在新的形势下，教员只熟悉许久之前的课本，而难以结合新情况把书本上的内容加以发挥，从而影响教学效果。从工作实践来讲，知识不够、本领不足亦影响到党、政、军、民、学等各方面干部领导革命工作。解决"本领恐慌"这一迫切问题要求加紧学习、增加知识、增强本领。

党的十八大以来，习近平总书记高度重视解决"本领恐慌"问题，进一步提出要保持"本领恐慌"忧患意识。在中央党校建校 80 周年庆祝大会暨 2013 年春季学期开学典礼上，习近平总书记对"本领恐慌"现象作了深刻分析。他指出："从总体上看，与今天我们党和国家事业发展的要求相比，我们的本领有适应的一面，也有不适应的一面。特别是随着形势和任务不断发展，我们适应的一面正在下降，不适应的一面正在上升。"② 正确应对国际国内环境深刻复杂变化，扎实做好艰巨繁重的改革发展稳定各项工作，都要求我们不断增强本领。面对新情况新问题，如果只是有做好工作的真诚愿望和一腔热情，而没有掌握规律、知识和本领，就可能会落入新办法不会用、老办法不管用、硬办法不敢用、软办法不顶用的困境，最终事倍功半、事与愿违。

因此，习近平总书记强调："当今时代是知识爆炸的时代，各种

---

① 《毛泽东文集》第 2 卷，人民出版社 1993 年版，第 178 页。
② 《习近平谈治国理政》第 1 卷，外文出版社 2018 年版，第 402 页。

新知识新技术日新月异、新情况新问题层出不穷。我说过，我们都要有'本领恐慌'的忧患意识。"① 保持"本领恐慌"忧患意识意味着我们要有本领不够的危机感，深刻认识到努力增强本领的重要性，并一刻不停地增强本领。比如，在纷繁复杂的形势变化面前，要反思能不能透过现象看本质、看清发展趋势、觉察出其中蕴藏的机遇和挑战；在改革进入攻坚期、深水区后，要反思能不能找到解决深层次的矛盾和问题、继续推进改革的有效管用的好思路好办法；面对信息化不断发展，要反思能不能正确把握网络规律、妥善应对处置网络舆情、牢牢守住网络阵地；等等。

回顾历史，在领导人民进行革命、建设、改革的伟大征程中，党凭借高超的斗争本领克服了所遇到的种种艰难险阻。在前进道路上，来自各方面以各种形式表现的困难、风险、挑战还将不断出现，我们只有保持"本领恐慌"意识，不断练就克服它们、战胜它们、驾驭它们的高超本领，才能取得斗争胜利、推动党和人民事业向前发展。

二、增强八项执政本领

习近平总书记在党的十九大报告中强调："全面增强执政本领。领导十三亿多人的社会主义大国，我们党既要政治过硬，也要本领高强。"② 具体来讲，进行伟大斗争、建设伟大工程、推进伟大事业、

---

① 习近平：《论党的青年工作》，中央文献出版社 2022 年版，第 38 页。
② 《习近平著作选读》第 2 卷，人民出版社 2023 年版，第 56 页。

实现伟大梦想，要求增强学习本领、政治领导本领、改革创新本领、科学发展本领、依法执政本领、群众工作本领、狠抓落实本领、驾驭风险本领这八项本领。

第一，增强学习本领。"中国共产党人依靠学习走到今天，也必然要依靠学习走向未来。"①马克思主义是我们的看家本领，增强学习本领首先要把马克思主义看家本领学到手。我们要老老实实、原原本本地学习马克思列宁主义、毛泽东思想、邓小平理论、"三个代表"重要思想、科学发展观，尤其要学深悟透习近平新时代中国特色社会主义思想这一当代中国马克思主义、二十一世纪马克思主义。只有掌握好马克思主义立场、观点、方法，我们才能科学分析判断局势、把握前进正确方向、推进斗争取得胜利。当然，我们也要结合工作需要来学习经济、政治、历史、文化、社会、科技、军事、外交等方面的知识，不断提高自己的知识化、专业化水平，以便更好地推进工作。

第二，增强政治领导本领。邓小平曾指出："党委的领导，主要是政治上的领导，保证正确的政治方向，保证党的路线、方针、政策的贯彻，调动各个方面的积极性。"②对党员干部来说，增强政治领导本领，就是要坚持战略思维、创新思维、辩证思维、法治思维、底线思维，提高把握方向、把握大势、把握全局的能力，科学制定

① 《习近平著作选读》第 2 卷，人民出版社 2023 年版，第 300 页。
② 《邓小平文选》第 2 卷，人民出版社 1994 年版，第 98 页。

和坚决执行党的路线方针政策，把党总揽全局、协调各方落到实处，切实发挥党把方向、谋大局、定政策、促改革、保落实的作用。党是最高政治领导力量，党员干部必须增强其政治领导本领，才能保证伟大斗争沿着正确道路、朝着正确方向进行。

第三，增强改革创新本领。一方面，改革是社会发展的直接动力，以习近平同志为核心的党中央将"全面深化改革"纳入"四个全面"战略布局，彰显了全面深化改革的决心和勇气。另一方面，创新是引领发展的第一动力，创新驱动发展战略是国家的优先战略。增强改革创新本领，就是要精准把握和深入贯彻党中央有关全面深化改革的总目标、战略重点、优先顺序、主攻方向、工作机制、推进方式和时间表、路线图等方面要求；保持锐意进取的精神风貌，紧跟时代步伐、顺应实践发展，不断推进理论创新、实践创新、制度创新、文化创新以及其他各方面创新，敢于说前人没有说过的新话，敢于干前人没有干过的事情，善于结合实际创造性推动工作，从而打开伟大斗争新局面。

第四，增强科学发展本领。"高质量发展是全面建设社会主义现代化国家的首要任务。发展是党执政兴国的第一要务。"[1] 全面建成小康社会之后，开启全面建设社会主义现代化国家新征程，我国进入新发展阶段。增强科学发展本领要求科学把握新发展阶段，完整、准确、全面贯彻创新、协调、绿色、开放、共享的新发展理念，为

---

① 《习近平著作选读》第 1 卷，人民出版社 2023 年版，第 23 页。

构建以国内大循环为主体、国内国际双循环相互促进的新发展格局作出贡献。唯有增强科学发展本领、切实贯彻新发展理念、不断开创发展新局面，才能为赢得新时代伟大斗争胜利打下坚实物质基础。

第五，增强依法执政本领。依法治国是我们党领导人民治理国家的基本方略，依法执政是我们党治国理政的基本方式。作为拥有9900多万名党员、领导着14亿多人口大国、具有重大全球影响力的世界第一大执政党，我们党在宪法和法律的范围内活动。与此同时，我们已形成比较完善的党内法规体系，依规治党有规可依、有章可循。增强依法执政本领要求坚持依法治国与依规治党有机统一，统筹推进、一体建设依法治国与依规治党；要求加强和改善党对国家政权机关的领导，把党总揽全局、协调各方，同人大、政府、政协、审判机关、检察机关依法依章履行职能、开展工作统一起来；要求"增强依法执政意识，坚持以法治的理念、法治的体制、法治的程序开展工作，改进党的领导方式和执政方式，推进依法执政制度化、规范化、程序化"[①]，从而保证在法治轨道上领导进行伟大斗争。

第六，增强群众工作本领。我们党的最大政治优势是密切联系群众，党执政后的最大危险是脱离群众。增强群众工作本领要求坚决贯彻实行群众路线，一切为了群众，一切依靠群众，从群众中来，到群众中去，既服务群众，又带领群众坚定不移贯彻落实党的理论

---

① 《习近平著作选读》第1卷，人民出版社2023年版，第304页。

和路线方针政策，把党的主张变为群众的自觉行动。具体来讲，就是要"创新群众工作体制机制和方式方法，推动工会、共青团、妇联等群团组织增强政治性、先进性、群众性，发挥联系群众的桥梁纽带作用，组织动员广大人民群众坚定不移跟党走"[①]。只有不断增强群众工作本领、做好群众工作，进行伟大斗争才有牢固的根基、坚实的依托、磅礴的力量和强大的底气。

第七，增强狠抓落实本领。空谈误国、实干兴邦，一分部署、九分落实。狠抓落实既是马克思主义世界观和方法论的题中之义，也是我们党百年奋斗的历史经验，还是实现我们奋斗目标的必然要求，具有深刻的理论逻辑、历史逻辑和实践逻辑。在当下，增强狠抓落实本领就是要"坚持说实话、谋实事、出实招、求实效，把雷厉风行和久久为功有机结合起来，勇于攻坚克难，以钉钉子精神做实做细做好各项工作"[②]；就是要求真务实、持之以恒、善作善成，不折不扣、坚决贯彻落实党中央决策部署，把党中央各项决策部署抓实抓细抓落地。唯有不断增强狠抓落实本领，才能真正进行伟大斗争、保证伟大斗争取得胜利。

第八，增强驾驭风险本领。当今世界百年未有之大变局加速演进，国际力量对比发生新的变化，世界经济进入深度调整，我国发展面临的国际环境更加复杂严峻。我国经济发展进入新常态，改革

---

① 《习近平著作选读》第2卷，人民出版社2023年版，第56页。
② 《习近平著作选读》第2卷，人民出版社2023年版，第56页。

进入攻坚期、深水区，各种深层次矛盾和问题不断呈现，各种可以预见和难以预见的风险因素明显增多。在前进道路上，要赢得优势、赢得主动、赢得未来，我们必须坚持底线思维、增强风险意识，增强驾驭风险本领，不断健全各方面风险防控机制，着力防范化解重大风险，做好风险防控工作，善于处理各种复杂矛盾，勇于战胜前进路上的各种艰难险阻，牢牢掌握工作主动权，从而不断夺取新时代伟大斗争的新胜利。

三、提高七种干事能力

2020年10月10日，习近平总书记在2020年秋季学期中央党校（国家行政学院）中青年干部培训班开班式上发表重要讲话时强调："面对复杂形势和艰巨任务，我们要在危机中育先机、于变局中开新局，干部特别是年轻干部要提高政治能力、调查研究能力、科学决策能力、改革攻坚能力、应急处突能力、群众工作能力、抓落实能力，勇于直面问题，想干事、能干事、干成事，不断解决问题、破解难题。"① 习近平总书记指出的这七种干事能力同前述八项执政本领相一致，为我们练就斗争本领提供了科学指引和基本遵循。

第一，提高政治能力。"在干部干好工作所需的各种能力中，政治能力是第一位的。""提高政治能力，首先要把握正确政治方

---

① 《习近平在中央党校（国家行政学院）中青年干部培训班开班式上发表重要讲话强调　年轻干部要提高解决实际问题能力　想干事能干事干成事》，《人民日报》2020年10月11日。

向，坚持中国共产党领导和我国社会主义制度。"① 这是进行新时代伟大斗争、不断夺取伟大斗争新胜利的根本政治保证和有力制度保障。要提高政治判断力，观察分析形势时首先要把握政治因素，要能透过现象看本质、明辨大是大非，坚决站稳政治立场。要提高政治领悟力，掌握马克思主义立场观点方法，掌握中国化的马克思主义，深入学习贯彻落实党中央精神，同以习近平同志为核心的党中央保持高度一致，始终做政治上的"明白人""老实人"。要提高政治执行力，切实做到党中央提倡的坚决响应，党中央决定的坚决执行，党中央禁止的坚决不做，不折不扣抓好党中央精神贯彻落实。

第二，提高调查研究能力。"调查研究是谋事之基、成事之道。没有调查，就没有发言权，更没有决策权。"② 从理论上看，实践是认识的来源和检验真理的唯一标准，要了解客观实际情况、制定正确路线方针政策并根据实践需要予以调整，就必须进行调查研究。从历史上看，调查研究是我们党的优良传统和作风，是我们党的传家宝和制胜密码，百年党史可以说就是一部不断调查研究并解决问题的历史。从实践上看，调查研究是把握事物的本质和规律、找到

---

① 《习近平在中央党校（国家行政学院）中青年干部培训班开班式上发表重要讲话强调　年轻干部要提高解决实际问题能力　想干事能干事干成事》，《人民日报》2020 年 10 月 11 日。

② 《习近平关于全面深化改革论述摘编》，中央文献出版社 2014 年版，第 37—38 页。

破解难题的办法和路径、应对新时代新征程前进路上的风浪考验、推进中国式现代化的有力举措。只有牢牢掌握调查研究这个基本功，才能深入了解、正确进行、精准推进新时代伟大斗争。

第三，提高科学决策能力。毛泽东同志强调："领导者的责任，归结起来，主要地是出主意、用干部两件事。一切计划、决议、命令、指示等等，都属于'出主意'一类。"①科学决策是解决实际问题、进行伟大斗争、实现目标任务的重要基础。做到科学决策，要树立正确政绩观，解决好政绩为谁而树、树什么样的政绩、靠什么树政绩的问题，不搞脱离实际的盲目攀比，不搞劳民伤财的形象工程、政绩工程，真正做到对历史和人民负责；要有战略眼光，看得远、想得深，坚持"功成不必在我，功成必定有我"，多做打基础、利长远的事；要深入研究、综合分析、全面权衡、科学决断，了解实际情况，开展可行性研究，作出符合实践需要的决策。

第四，提高改革攻坚能力。"改革只有进行时、没有完成时，停顿和倒退没有出路。"②要啃硬骨头涉险滩、解决一些深层次体制机制问题、破除利益固化的藩篱、推进改革这一"第二次革命"和伟大斗争，我们必须提高改革攻坚能力。我们要有壮士断腕的决心、背水一战的勇气、攻城拔寨的拼劲，咬定青山不放松，越是艰险越向前；我们要掌握正确改革方法，使出台的各项改革举措符合客观

---

① 《毛泽东选集》第 2 卷，人民出版社 1991 年版，第 527 页。

② 《中共中央关于党的百年奋斗重大成就和历史经验的决议》，人民出版社 2021 年版，第 37 页。

规律、符合工作需要、符合群众利益，在这一基础上实现变革创新；我们要尊重群众首创精神，既加强顶层设计，使各项改革举措相互配合、相互促进、相得益彰，又坚持问计于民，从人民群众的实践中汲取改革智慧。

第五，提高应急处突能力。应急处突能力是推进国家治理体系和治理能力现代化的题中应有之义。提高应急处突能力，一是要科学预判风险、把握风险走向、增强风险意识、做好风险防控工作，下好先手棋、打好主动仗，做好随时应对各种风险挑战的准备。二是要努力成为所在工作领域的行家里手，不断提高应急处突的见识和胆识，有效掌控局势、化解危机风险。三是要坚持底线思维、增强忧患意识，备豫不虞、居安思危，认真查找并及时完善工作中和体制机制上的漏洞。由此，我们才能牢牢把握进行伟大斗争的战略主动。

第六，提高群众工作能力。这同增强群众工作本领是相一致的。我们要始终坚持全心全意为人民服务的根本宗旨，从群众中来，到群众中去，心中装着人民，工作为了人民，想群众之所想、急群众之所急、解群众之所难，切实增强人民群众的获得感、幸福感、安全感。

第七，提高抓落实能力。这同增强狠抓落实本领是相一致的。我们要坚决杜绝只做样子、空喊口号等情况，坚持谋划实、推进实、作风实，脚踏实地、求真务实、真抓实干，以钉钉子精神不断推进我们事业向前发展，不断开创工作新局面。

总而言之，新时代新征程，进行具有许多新的历史特点的伟大斗争，要求我们练就高超的斗争本领。我们要认真学习贯彻习近平总书记重要论述，始终保持"本领恐慌"意识，不断增强八项执政本领，继续提高七种干事能力，练就斗争本领，为夺取斗争胜利而不懈努力。

第四节　投身斗争实践

习近平总书记强调："要胸怀强烈的政治责任感、历史使命感，积极投身伟大斗争、伟大工程、伟大事业、伟大梦想的火热实践，把人生理想融入国家富强、民族振兴、人民幸福的伟业之中。"① 新时代新征程，我们要以饱满的精神状态投身伟大斗争实践，在斗争中经受考验、在斗争中学会斗争、在斗争中赢得胜利，坚决完成党和人民赋予的使命任务、书写新的辉煌历史篇章。

一、在斗争中经受考验

从理论逻辑讲，在斗争中经受考验是坚持实践第一的观点的题中之义。马克思主义经典作家十分重视实践的作用，自觉地将实践作为自己哲学的基础。马克思指出："哲学家们只是用不同的方式

---

① 《习近平谈治国理政》第 3 卷，外文出版社 2020 年版，第 520—521 页。

解释世界，问题在于改变世界。"① 列宁则明确强调："生活、实践的观点，应该是认识论的首要的和基本的观点。"② 中国共产党人继承和发展了实践第一的观点。从毛泽东同志写作《实践论》，到学习贯彻习近平新时代中国特色社会主义思想主题教育"学思想、强党性、重实践、建新功"的总要求，无不彰显中国共产党人的实践品格。具体到进行新时代伟大斗争，我们必须始终坚持实践第一，投身斗争实践、经受斗争考验，在斗争中推进斗争。如果只是空谈斗争、缺乏在斗争中经受考验的自觉，就必定招致失败。

从历史逻辑讲，在斗争中经受考验是我们党百年奋斗得出的深刻认识。社会主义发展史告诉我们，马克思主义的形成和发展、社会主义国家的诞生和进步，都是在斗争中实现的。考察我们党的历史，也会形成同样认识。我们党诞生于国家内忧外患、民族生死存亡之时，"一出生就铭刻着斗争的烙印，一路走来就是在斗争中求得生存、获得发展、赢得胜利"③。自成立以来，我们党自觉投身伟大斗争实践，经受住了斗争考验，在百余年的伟大斗争历史进程中，领导创建人民军队、成立中华人民共和国、实行改革开放、推进中国特色社会主义进入新时代。可以说，离开了斗争、不经受斗争考验、不经受住斗争考验，就不能发展壮大我们的党，就不能推进我们的伟大事业，就不能实现我们的目标任务。

---

① 《马克思恩格斯选集》第 1 卷，人民出版社 2012 年版，第 136 页。
② 《列宁选集》第 2 卷，人民出版社 2012 年版，第 103 页。
③ 《习近平著作选读》第 2 卷，人民出版社 2023 年版，第 302 页。

从实践逻辑讲，在斗争中经受考验是进行新时代伟大斗争的必然要求。我们面临着难得的历史机遇，同时也面临着一系列重大风险考验，我们必须勇于进行具有许多新的历史特点的伟大斗争以胜利实现我们党确定的目标任务。但斗争的胜利，不是仅凭一腔热血或满怀热情就能取得的，还要求我们有灵活的斗争策略和高超的斗争本领并付出切实的行动。"温室里长不出参天大树，懈怠者干不成宏图伟业"，"要在经风雨、见世面中长才干、壮筋骨，练就担当作为的硬脊梁、铁肩膀、真本事"。①斗争策略和斗争本领并非天生就有，我们必须坚持敢于斗争和善于斗争的统一，只有坚决投身斗争实践、接受斗争考验和锤炼才能牢牢掌握斗争策略和不断增强斗争本领。

总而言之，社会是在矛盾运动中向前发展的，有矛盾就会有斗争。面对新时代伟大斗争，我们不能袖手旁观，必须更加自觉地投身斗争实践、经受斗争考验，从而不断夺取斗争胜利、推动社会进步发展。

二、在斗争中学会斗争

在领导中国革命时，毛泽东同志指出"读书是学习，使用也是学习，而且是更重要的学习。从战争学习战争——这是我们的主要方法"②。进行伟大斗争也是同样的道理。在 2021 年春季学期中央党

① 《习近平著作选读》第 2 卷，人民出版社 2023 年版，第 303 页。
② 《毛泽东选集》第 1 卷，人民出版社 1991 年版，第 181 页。

校（国家行政学院）中青年干部培训班开班式上，习近平总书记发表重要讲话强调："要自觉加强斗争历练，在斗争中学会斗争，在斗争中成长提高，努力成为敢于斗争、善于斗争的勇士。"① 人在事上练，刀在石上磨。我们要在斗争中磨练斗争意志，在斗争中掌握斗争规律，在斗争中增长斗争才干，从而实现在斗争中学会斗争。

在斗争中磨练斗争意志。"一百年来，在应对各种困难挑战中，我们党锤炼了不畏强敌、不惧风险、敢于斗争、勇于胜利的风骨和品质。这是我们党最鲜明的特质和特点。"② 经过数十年的发展，我们现在所处的，是一个船到中流浪更急、人到半山路更陡的时候，是一个愈进愈难、愈进愈险而又不进则退、非进不可的时候。我们要充分认识新时代伟大斗争所具有的长期性、复杂性和艰巨性等新的历史特点，坚持在斗争中磨炼斗争意志，坚定志向、坚定立场，发扬不畏强敌、不惧风险、敢于斗争、勇于胜利的精神，在斗争中迎难而上、战胜强敌。

在斗争中掌握斗争规律。斗争是一门学问、一门艺术，有规律可循。习近平总书记强调："在各种重大斗争中，我们要坚持增强忧患意识和保持战略定力相统一、坚持战略判断和战术决断相统一、坚持斗争过程和斗争实效相统一。"③ 这从规律的高度揭示了进行新时代伟大斗争必须牢牢把握的原则。我们要认识到道路虽是曲折的，

---

① 《习近平谈治国理政》第4卷，外文出版社2022年版，第80页。
② 《习近平著作选读》第2卷，人民出版社2023年版，第423页。
③ 《习近平著作选读》第2卷，人民出版社2023年版，第259页。

但前途是光明的，既居安思危又坚定信心；要从战略和战术等角度把握斗争，既"藐视"斗争又重视斗争；要始终重视斗争，但又不能迷失于纷繁复杂的表象中，要牢牢把握斗争目标，掌握并运用斗争规律从而不断夺取斗争的新胜利。

在斗争中增长斗争才干。习近平总书记强调要始终保持"本领恐慌"意识，不断增强八项执政本领，继续提高七种干事能力，为我们增长斗争才干指明了努力方向。我们要深入学习领会其深刻内涵和精神要义，在斗争实践中加以贯彻落实。我们必须坚持在斗争中磨砺，加强思想淬炼、政治历练、实践锻炼、专业训练，要迎着困难上、向着挑战走，在斗争形势愈发严峻、情况愈发复杂的情况下，更加英勇无畏地投身斗争，从而最大程度增长斗争才干、增强斗争本领。

三、在斗争中赢得胜利

习近平总书记强调："凡是危害中国共产党领导和我国社会主义制度的各种风险挑战，凡是危害我国主权、安全、发展利益的各种风险挑战，凡是危害我国核心利益和重大原则的各种风险挑战，凡是危害我国人民根本利益的各种风险挑战，凡是危害我国实现'两个一百年'奋斗目标、实现中华民族伟大复兴的各种风险挑战，只要来了，我们就必须进行坚决斗争，而且必须取得斗争胜利。"[①] 历

---

① 《习近平著作选读》第 2 卷，人民出版社 2023 年版，第 258 页。

史和现实都告诉我们，进行新时代伟大斗争并取得斗争胜利，必须要有党的领导、科学理论的指导和人民群众的支持。

牢牢坚持党的坚强领导。进行具有许多新的历史特点的伟大斗争，最根本的保证是党的领导。正是在党的领导下，我们才得以创造新民主主义革命的伟大成就、社会主义革命和建设的伟大成就、改革开放和社会主义现代化建设的伟大成就、新时代中国特色社会主义的伟大成就。我们必须毫不动摇地坚持和加强党的全面领导，确保我们党在应对国内外各种风险挑战的进程中始终成为全国人民的主心骨。我们要深刻领悟"两个确立"的决定性意义，增强"四个意识"、坚定"四个自信"、做到"两个维护"，在以习近平同志为核心的党中央坚强领导下进行伟大斗争。

认真学习贯彻习近平新时代中国特色社会主义思想。习近平新时代中国特色社会主义思想是当代中国马克思主义、二十一世纪马克思主义，是中华文化和中国精神的时代精华，是全党全国人民为实现中华民族伟大复兴而奋斗的行动指南，为进行新时代伟大斗争提供了科学理论指导。我们要学懂弄通做实习近平新时代中国特色社会主义思想，深刻认识和领会其时代意义、理论意义、实践意义、世界意义，深刻理解其核心要义、精神实质、丰富内涵、实践要求，做到学思用贯通、知信行统一，不断夯实敢于斗争、善于斗争的思想根基。

紧紧依靠人民。"同人民风雨同舟、血脉相通、生死与共，是我们党战胜一切困难和风险的根本保证。离开了人民，我们就会一事无成。"① 我们要始终牢记人民是历史的创造者、群众是真正的英雄，任何时候都不能忘记为了谁、依靠谁、我是谁，坚决做到真正同人民结合起来。我们要始终践行全心全意为人民服务的根本宗旨，把人民群众广泛团结在党的周围，从人民群众中吸取营养和力量，坚定不移依靠人民夺取斗争胜利、创造新的历史辉煌。

本章小结

在党的十九届六中全会第二次全体会议上，习近平总书记强调："我们党依靠斗争创造历史，更要依靠斗争赢得未来。"② 新的征程上，必然会遇到各种可以预料和难以预料的风险挑战、艰难险阻甚至惊涛骇浪，我们要认真学习习近平总书记关于伟大斗争的重要论述，牢牢把握进行新时代伟大斗争的基本要求，坚持发扬斗争精神、掌握正确的斗争策略、练就高超的斗争本领、投身火热的斗争实践，做到敢于斗争、善于斗争，通过顽强斗争打开事业发展新天地，为建设伟大工程、推进伟大事业、实现伟大梦想贡献力量。

---

① 《习近平谈治国理政》第 3 卷，外文出版社 2020 年版，第 520 页。
② 《习近平著作选读》第 2 卷，人民出版社 2023 年版，第 558 页。

结语　新时代伟大斗争理论与实践的价值

在理论方面，习近平总书记关于伟大斗争的重要论述丰富和发展了马克思列宁主义的斗争学说，在新的历史条件下完善了中国共产党关于斗争的理论，体现了斗争理论"两个结合"的特性；在实践方面，已经推动并将继续推动中国特色社会主义新时代党和国家各方面的事业在战胜各种艰难险阻中不断向前发展，使党的自我革命和党领导的伟大社会革命日益呈现出新的风貌、取得新的成就。它将在党领导人民以中国式现代化全面推进强国建设、民族复兴伟业中继续展现其中国化、时代化特色。

第一节　马克思主义"斗争"理论的新篇章

《中共中央关于党的百年奋斗重大成就和历史经验的决议》指出："以习近平同志为主要代表的中国共产党人，坚持把马克思主义基本原理同中国具体实际相结合、同中华优秀传统文化相结合，坚持毛泽东思想、邓小平理论、'三个代表'重要思想、科学发展观，深刻总结并充分运用党成立以来的历史经验，从新的实际出发，创立了习近平新时代中国特色社会主义思想。"① 我们在研究和分析作为这一思想重要组成部分的新时代伟大斗争理论地位和重要价值时，应当从三个维度予以把握，即习近平总书记关于伟大斗争的重要论述丰富和发展了马克思列宁主义的斗争学说，在新的历史条件下完善了中国共产党关于斗争的理论，体现了伟大斗争"两个结合"的特性。

第一，习近平总书记关于伟大斗争的重要论述丰富和发展了马克思列宁主义的斗争学说。首先，这一重要论述坚持唯物辩证法的基本立场和要求，承认矛盾存在的客观性和普遍性特点、同一性和斗争性属性，强调矛盾是事物开展的源泉和动力。"社会是在矛盾运动中前进的，有矛盾就会有斗争。""任何贪图享受、消极懈怠、回避矛盾的思想和行为都是错误的。"② 在当下的中国，及时化解矛盾是贯彻落实新发展理念必须守住的底线，"当前和今后一个时期，我们在国际国内面临的矛盾风险挑战都不少，决不能掉以轻心。各种

---

① 《中共中央关于党的百年奋斗重大成就和历史经验的决议》，人民出版社2021年版，第23—24页。

② 习近平：《决胜全面建成小康社会 夺取新时代中国特色社会主义伟大胜利——在中国共产党第十九次全国代表大会上的报告》，《人民日报》2017年10月28日。

矛盾风险挑战源、各类矛盾风险挑战点是相互交织、相互作用的。如果防范不及、应对不力，就会传导、叠加、演变、升级，使小的矛盾风险挑战发展成大的矛盾风险挑战，局部的矛盾风险挑战发展成系统的矛盾风险挑战，国际上的矛盾风险挑战演变为国内的矛盾风险挑战，经济、社会、文化、生态领域的矛盾风险挑战转化为政治矛盾风险挑战，最终危及党的执政地位、危及国家安全"①。其次，这一重要论述坚持了辩证唯物主义认识论基本观念，在肯定物质决定意识的前提下，强调意识对物质的能动作用，主张坚定马克思主义信仰，坚定共产主义理想，坚定中国特色社会主义信念，是进行伟大斗争以实现伟大梦想的坚强意志和十足底气。坚定马克思主义信仰，因为它"使我们党得以摆脱以往一切政治力量追求自身特殊利益的局限，以唯物辩证的科学精神、无私无畏的博大胸怀领导和推动中国革命、建设、改革，不断坚持真理、修正错误"；坚定共产主义远大理想和中国特色社会主义共同理想，就历史而言，"党之所以能够经受一次次挫折而又一次次奋起，归根到底是因为我们党有远大理想和崇高追求"。在当下，只有坚定理想信念，全党才能保持政治定力，在各种重大挑战、风险、阻力、矛盾面前，不犯战略性、颠覆性错误，不信邪、不怕鬼、不怕压；坚持中国特色社会主义的"四个自信"，因为中国特色社会主义"不是从天上掉下来的，是党和人民历尽千辛万苦、付出巨大代价取得的根本成就"，所以它

---

① 《习近平谈治国理政》第 2 卷，外文出版社 2017 年版，第 222 页。

"既是我们必须不断推进的伟大事业，又是我们开辟未来的根本保证"，而且"中国共产党人和中国人民完全有信心为人类对更好社会制度的探索提供中国方案"。① 再次，这一重要论述坚持历史唯物主义的根本立场，强调人民群众在伟大斗争中的主体地位。人民主体地位是马克思主义科学实践观的本质要求，也是马克思主义政党的根本政治立场，"人民性是马克思主义的本质属性"。在伟大斗争中"我们要站稳人民立场、把握人民愿望、尊重人民创造、集中人民智慧"②。这些无不体现了这一论述中"把马克思主义基本原理同中国具体实际相结合"的要求。

第二，习近平总书记关于伟大斗争的重要论述同样体现出马克思主义基本原理与中华优秀传统文化相结合的特征。中国这片土地上之所以有百万年的人类史、一万年的文化史、五千多年的文明史，绵延不绝，与一代代中华先民们敢于斗争、勇于斗争，不断奋发有为、开拓创新紧密相连。传说时代的盘古开天辟地、女娲造人补天、有巢氏筑屋、燧人氏取火、炎帝耕播、伏羲画卦、神农尝百草、夸父逐日、精卫填海、后羿射日、刑天断首，等等，无一不反映了上古人民战天斗地，创造中华人文的精神风貌。从信史时代的

---

① 习近平：《在庆祝中国共产党成立 95 周年大会上的讲话》，《人民日报》2016年 7 月 2 日。

② 习近平：《高举中国特色社会主义伟大旗帜　为全面建设社会主义现代化国家而团结奋斗——在中国共产党第二十次全国代表大会上的报告》，人民出版社 2022年版，第 19 页。

国人暴动到历代农民起义推翻旧王朝，无一不记载着劳动人民反抗暴政统治、反抗压迫欺凌、争取生存的斗争事迹。从三元里人民抗英到全民族抗战兴起，生动书写了中国人民捍卫民族利益、反抗外来侵略的英勇抗争历史。党的十八大以来，以习近平同志为核心的党中央从"三大规律"的高度，以及中国特色社会主义发展的历程和"具有许多新的历史特点"的实际出发，极为重视中国特色社会主义文化自信。特别是习近平总书记具有深厚的中华优秀传统文化修养。用马克思主义基本原理解读、理解、分析、运用中华优秀传统文化一直是中国共产党人理论创新的重要任务。中国特色社会主义进入新时代之后，习近平总书记将马克思主义基本原理与中华优秀传统文化相结合置于更高思想层次予以思考，并给予了明确的答案，即"第二个结合"。从习近平总书记对中华优秀传统文化的典籍涉及面和他的理解运用面看，如在论及伟大斗争艰巨性时，他引用《元遗山诗集·临汾李氏任运堂二首》中的"人生天地间，长路有险夷"诗句予以说明；在论及伟大斗争战略心理准备和政治定力时，他引用《贞观政要·卷二·直谏（附）》中的箴言"备豫不虞，为国常道"给予阐释；在论及不断增强进行伟大斗争的意志和本领时，他引用《墨子·修身》中的警句"志不强者智不达，言不信者行不果"进行阐述；等等。当然，习近平总书记在引用这些中国古代修身治国平天下的经典时赋予了它们马克思主义中国化时代化的新认识，他从马克思主义基本原理角度进行阐释，使这些反映中华优秀传统文化中奋发进取的"斗争"话语又有了时代的、世界的新精神。

第三，习近平总书记关于伟大斗争的重要论述在新的历史条件下完善了中国共产党关于斗争的理论。如前所述，党领导人民通过革命斗争，浴血奋斗 28 年，建立了新中国，实现民族独立、人民解放；党领导人民通过社会主义革命，消灭一切剥削制度，实现了中华民族有史以来最为广泛而深刻的社会变革，使中国大步迈进社会主义社会；党领导人民推进改革开放，进行了中国人民和中华民族发展史上一次伟大革命，实现了从生产力相对落后的状况到经济总量跃居世界第二的历史性突破，实现了人民生活从温饱不足到总体小康、奔向全面小康的历史性跨越。与这些伟大斗争所秉持的理论具有相同性的地方，党始终保持着为中国人民谋幸福、为中华民族谋复兴和为人类谋进步、为世界谋大同而进行斗争的初心使命，坚持着为实现共产主义理想的斗争方向，坚持着全心全意为了人民和紧紧依靠人民的价值立场，坚守着党的领导根本原则。在形式和内容上，它既不是为了夺取政权而进行的阶级斗争，也不是疾风暴雨式的群众运动，更不是扩大化了的"阶级斗争""继续革命"。当然，也与告别"革命"，回避"斗争"思维和言论决然不同，与在大是大非问题上没有立场、没有态度、无动于衷、置身事外，在错误言行面前不抵制、不斗争，明哲保身、当老好人等现象完全相反。它强调，"具有新的历史特点的伟大斗争"，以"以中国式现代化全面推进强国建设、民族复兴伟业"为方向、目标。以解决人民日益增长的美好生活需要和不平衡不充分的发展之间这一社会主要矛盾为斗争内容,具体包括有效应对重大挑战、抵御重大风险、克服重大阻力、解决重大矛盾等。以一切削弱、歪曲、否定党的领导和我国社会主义制度的言行,一切损害人民利益、脱离群众的行为,一切阻挠改革创新的顽瘴痼疾,一切分裂祖国、破坏民族团结和社会和谐稳定的行为,一切在政治、经济、文化、社会等领域和自然界出现的困难和挑战为斗争对象。对党来说,要以坚持党中央集中统一领导、充分发挥社会主义制度优势、紧紧依靠和团结全国人民、坚持依法治国与以德治国相结合、在宏观战略下灵活运用斗争政策策略为基本斗争方法;对干部,尤其是青年干部来说,要以不断进行思想淬炼、增强政治历练、投身实践锻炼,发扬斗争精神、增强斗争本领为主要要求。毫无疑义,这些都是新的历史条件下党的斗争理论的创新结论。

第二节　新时代新征程上的自我革命

党的二十大报告指出,新时代新征程,党的中心任务是团结带领全国各族人民全面建成社会主义现代化强国、实现第二个百年奋斗目标,以中国式现代化全面推进中华民族伟大复兴。要完成这一任务自然需要进行更为艰苦卓绝的伟大斗争。一方面,习近平总书记关于伟大斗争重要论述无疑是新时代新征程上伟大斗争的行动指南。另一方面，本着"打铁必须自身硬"的精神。党的二十大以来，党中央坚定不移推进党的自我革命，既是伟大斗争的重要组成部分，又引领着伟大斗争的方向，为伟大斗争提供动力和保障。党的二十大提出的"健全全面从严治党体系"重大举措，既是继续推进新时代党的建设新的伟大工程的必然要求，也是深入推进党的自我革命实践的有效途径。在这方面，以习近平同志为核心的党中央领导全党进行了如下卓有成效的工作。

第一，学习贯彻习近平新时代中国特色社会主义思想主题教育。在党的思想建设工作布局中"坚持不懈用新时代中国特色社会主义思想凝心铸魂"成为中心任务，并要求对"以县处级以上领导干部为重点在全党深入开展主题教育"作出体系化安排。其实，这不仅仅是党的思想建设的中心任务，也是党的政治建设中增强拥护"两个确立"政治自觉重要的基础性工作。2023 年 2 月召开的党的二十届二中全会明确提出，要在全党深入开展学习贯彻习近平新时代中国特色社会主义思想主题教育。3 月底召开的中共中央政治局会议决定从当年 4 月开始在全党自上而下分两批开展学习贯彻习近平新时代中国特色社会主义思想主题教育。4 月 3 日北京召开学习贯彻习近平新时代中国特色社会主义思想主题教育工作会议。习近平总书记在会上强调此次主题教育的目的在于加强党的创新理论武装，不断提高全党马克思主义水平，不断提高党的执政能力和领导水平。4 月 10 日中共中央发出关于学习《习近平著作选读》第一卷、第二卷的通知，并将此定性为凝心铸魂的重大政治任务。此次主题教育不划阶段、不分环节，力求把理论学习、调查研究、推动发展、检视整改贯通起来，有机融合、一体推进。

第二，在全党大兴调查研究。在全党开展深入学习贯彻习近平新时代中国特色社会主义思想主题教育之际，2023 年 3 月，中共中央办公厅印发《关于在全党大兴调查研究的工作方案》，将在全党大兴调查研究列为在全党开展的主题教育的重要内容，要求各地区各部门"突出问题导向和目标导向，促进广大党员、干部特别是领导干部带头深入调查研究，不断深化对党的创新理论的认识和把握，善于运用党的创新理论研究新情况、解决新问题、总结新经验、探索新规律，扑下身子干实事、谋实招、求实效，使调查研究工作同中心工作和决策需要紧密结合起来，更好为科学决策服务"①。调查研究的主要内容包括"贯彻落实党中央决策部署和习近平总书记对本地区本部门本领域工作重要指示批示精神的主要情况和重点问题"等 12 个方面。无疑，这是保证学习贯彻习近平新时代中国特色社会主义思想主题教育的落实之举，达到学思用贯通、知信行统一的目的。

第三，加强政治巡视。党的二十大强调政治巡视在"完善党的自我革命制度规范体系"中的价值，要求"发挥政治巡视利剑作用，加强巡视整改和成果运用"。党的二十大以来，以习近平同志为

---

① 《中办印发〈关于在全党大兴调查研究的工作方案〉》，《人民日报》2023 年 3 月 20 日。

核心的党中央着力推进政治监督具体化、精准化、常态化。2023 年 4 月，二十届中央第一轮巡视的 15 个巡视组开始陆续进驻被巡视单位党组织开展巡视工作。此次巡视工作包括对中国核工业集团有限公司等 30 家中管企业党组开展常规巡视，对中国投资有限责任公司等 5 家中管金融企业党委开展巡视"回头看"，对国家体育总局党组开展机动巡视。巡视反馈严肃指出了国企和金融领域、体育领域存在的突出问题，如落实党中央决策部署不到位，统筹发展和安全不到位，落实管党治党责任不到位，领导班子、干部人才队伍建设存在薄弱环节，基层党组织政治功能有待加强，等等。9 月，中共中央政治局召开会议，审议《关于二十届中央第一轮巡视情况的综合报告》，要求督促被巡视党组织特别是主要负责同志切实担起责任，从严从实抓好整改；要以巡视整改为契机，进一步加强党的全面领导，督促被巡视党组织提高政治站位，认真履行党中央赋予的职责使命。2023 年 10 月，二十届中央第二轮巡视对科学技术部等 31 家单位党委（党组）开展常规巡视，对国家铁路局党组、中国国家铁路集团有限公司党组开展巡视"回头看"。此外，2023 年 5 月，中共中央办公厅印发《中央巡视工作规划（2023—2027 年）》，对未来 5 年党的巡视工作的指导思想、基本原则、目标任务、工作重点等方面作了明确规定，这对推进巡视工作高质量发展具有重要价值。

第四，着力整治形式主义、官僚主义突出问题。党的二十大要求"持续深化纠治'四风'，重点纠治形式主义、官僚主义，坚决破除特权思想和特权行为"①。2023 年 1 月，二十届中央纪委二次全会强调要"重点纠治形式主义、官僚主义，紧盯贯彻党中央重大决策部署不担当、不用力，对政策举措和工作部署片面理解、机械执行、野蛮操作，玩忽职守不作为，任性用权乱作为，权力观异化、政绩观扭曲、事业观偏差等问题，深挖根源、找准症结，精准纠治、增强实效"②。2023 年 6 月，中央层面整治形式主义为基层减负专项工作机制会议要求各级党委（党组）在理论学习、调查研究、推动发展、检视整改中，将纠治和力戒形式主义、官僚主义摆在更加突出的位置，持续推动党风政风社会风气向上向好，以整治成果彰显主题教育成效。③7 月，中央纪委国家监委对吉林省白城市政府办公室重复转发文件、照搬照抄上级文件内容问题等 10 起加重基层负担的形式主义、官僚主义典型问题进行公开通报。12 月，中央纪委国家监委又对河南省信阳市息县在农村人居环境整治中层层加码、检查考评过多过频、搞"面子工程"等 6 起形式主义、官僚主义典型问题进行公开通报。这些对纠治形式主义、官僚主义，持续推进

---

① 习近平：《高举中国特色社会主义伟大旗帜　为全面建设社会主义现代化国家而团结奋斗——在中国共产党第二十次全国代表大会上的报告》，人民出版社 2022 年版，第 68 页。

② 《中国共产党第二十届中央纪律检查委员会第二次全体会议公报》，《人民日报》2023 年 1 月 11 日。

③ 《中央层面整治形式主义为基层减负专项工作机制会议在京举行　毫不放松整治形式主义为基层减负　以深化拓展实际成果彰显主题教育成效》，《人民日报》2023 年 6 月 16 日。

为基层减负发挥了重要作用。

第五，坚决清除党员、干部队伍中的害群之马。党的二十大提出了"坚决打赢反腐败斗争攻坚战持久战"要求。二十届中央纪委二次全会强调在反腐败斗争中，要严查重点问题、突出重点领域、紧盯重点对象；坚决整治各种损害群众利益的腐败问题，查处新型腐败和隐性腐败，受贿行贿一起查等工作要求。2023 年 9 月，中共中央办公厅印发《中央反腐败协调小组工作规划（2023—2027年）》，落实党的二十大精神，明确了未来 5 年反腐败组织协调工作的指导思想、基本原则、目标任务和重点工作等。2023 年，各级纪检监察机关深化整治金融、国企、医疗、体育、粮食购销等领域腐败。如金融系统内接受执纪审查的干部 104 人，有银行系统背景的达 70 人，其中五大国有银行被调查干部 36 人[①]；2023 年上半年曝光的医疗领域涉及贪腐案件的医院负责人就近 120 人[②]；2023 年上半年国资央企本级查办留置案件 142 起，中管企业 214 人主动投案[③]；短短一年时间里，足球领域系列腐败案被查处的涉案人员有 14 人[④]。

[①] 王方然：《2023 年金融反腐盘点：百余名干部被查、信贷领域成重灾区》，第一财经，2024 年 1 月 3 日。

[②] 阿廖沙：《2023 年，医疗反腐再升级！上百位院长落马》，赛柏蓝器械微信公众号，2023 年 7 月 1 日。

[③] 曹溢、吕佳蓉：《上半年国资央企本级查办留置案件 142 起 中管企业 214 人主动投案》，中央纪委国家监委网站，2023 年 8 月 10 日。

[④] 《中超公司董事长刘军被查 本轮足坛反腐已有 14 人通报被查》，中国新闻网，2023 年 8 月 30 日。

此外，纪检机关还加大了对新型腐败和隐性腐败、"蝇贪蚁腐"的查处力度。

第三节　伟大斗争永远在路上

大千世界，矛盾无所不在。解决矛盾，唯有斗争。以中国式现代化全面推进强国建设、民族复兴伟业，绝不是轻轻松松、敲锣打鼓就能实现的，前进道路上会遇到各种重大挑战、风险、阻力、矛盾。这就需要全党和全国人民以斗争的心理、姿态、精神、意志来迎接、抵御、克服、解决。国家主席习近平在 2024 年新年贺词中一方面充分肯定了 2023 年国家在各个方面取得的成就："我们接续奋斗、砥砺前行，经历了风雨洗礼，看到了美丽风景，取得了沉甸甸的收获。"另一方面强调，"前行路上，有风有雨是常态"，并相信"人民永远是我们战胜一切困难挑战的最大依靠"。①

就国际局势而言，目前的世界形势及其走向印证了以习近平同志为核心的党中央多年前的战略判断："放眼世界，我们面对的是百年未有之大变局。"②金融环境紧张、地缘政治分化、生成式人工智能快速进步的阻力，令全球经济整体走势低迷。美国的霸权主义思

---

① 《国家主席习近平发表二〇二四年新年贺词》，《人民日报》2024 年 1 月 1 日。
② 《习近平接见二〇一七年度驻外使节工作会议与会使节并发表重要讲话》，《人民日报》2017 年 12 月 29 日。

维、"修昔底德陷阱"执拗，以及西方的意识形态偏见，等等，这些对中国的发展产生了强大的阻力。

就国内形势来说，人口老龄化程度加深，劳动力供给不足，社会保障压力增大；区域发展不平衡问题短时间内难以解决；2022 年，国内基尼指数为 0.474，贫富差距依然较大，经济、社会生活的矛盾、挑战客观存在，而境外敌对势力对我文化渗透、间谍活动、网络攻击、政治运动、心理战术等渗透方式无时不在。这些无不考验着党的领导水平和执政能力。

就党内情形看，党的十八大以来党的自我革命取得了很大的成效，但党面临的"四大考验""四个危险"并未消除，全面从严治党任重道远。不少地方、不少单位、不少党员和干部，对习近平总书记关于党的建设重要思想学习、理解不全、不深，对新时代党的建设新的伟大工程的精髓把握不到位，对党的自我革命重要思想重要意义（尤其是跳出历史周期率的"第二个答案"）认识不够，对推进全面从严治党体系构建力度不足；不少干部存在固守旧思维、旧理念、老套路、老办法的懒汉思想，存在不担当不作为、推脱躲绕、不思进取的躺平行为；不少年轻干部缺乏斗争精神、斗争本领；党的二十大后仍然不收手、不收敛，顶风违纪的干部大有人在。这些无不说明时刻保持解决大党独有难题的清醒和坚定多么重要。总而言之，伟大斗争永远在路上。

不过我们相信，任凭征途风云变幻，伟大斗争的最后胜利终将属于中国共产党、中国人民、中华民族。这是因为：

其一，有中国共产党的坚强领导作根本政治保证。从世界政党政治发展的历程看，中国共产党不是西方作为政治中介和选举工具的政党。它既继承了中国近代革命（革新）政党救国救民的立党传统，又以马克思主义理论为指导，致力于为中国人民谋幸福、为中华民族谋复兴、为人类谋进步、为世界谋大同。100 多年来，它团结带领全国各族人民从根本上改变了中国人民的前途命运，开辟了实现中华民族伟大复兴的正确道路，展示了马克思主义的强大生命力，深刻影响了世界历史进程，也使自身成为伟大光荣正确的党。在全世界 6000 多个政党中，党的历史超过 100 年、连续执政时间超过 70 年并还在继续执政的政党，唯有中国共产党。截至 2023 年 12 月 31 日，中国共产党党员总数为 9918.5 万名；全国共有党的各级地方委员会 3199 个；9125 个城市街道、29620 个乡镇、119437 个社区、488959 个行政村已建立党组织，覆盖率均超过 99.9%；机关基层党组织 77.1 万个，事业单位基层党组织 99.7 万个，企业基层党组织 160.0 万个，社会组织基层党组织 18.3 万个，基本实现应建尽建。① 尤其是新时代以来，在不断探索党的领导和执政规律的过程中，中国共产党形成了"坚持和加强党的全面领导"、做到"两个维护"、拥护"两个确立"等"党的领导"的新认识，使"党的领导"在实践中更加坚强有力，也使人们在进行伟大斗争中更加充满自信。

其二，有人民群众强大的力量支持。人民性是中国共产党最鲜

① 中共中央组织部：《中国共产党党内统计公报》，《人民日报》2024 年 7 月 1 日。

明的政治底色，党来自人民、为了人民、依靠人民、造福人民。100多年来，中国人民在中国共产党的领导下进行了艰苦卓绝的斗争，取得了革命、建设和改革一个又一个震惊世界的成就。在伟大斗争的过程中，党和人民形成了牢不可破的紧密关系——党离不开人民，人民也离不开党。今天的中国人民，不但与先辈们一样勤劳、勇敢、智慧，而且志气、骨气、底气空前增强，加上有党的组织和领导，任何力量都无可撼动，任何困难都不能压服。

其三，有中国特色社会主义制度的显著优势。在经济制度方面，公有制为主体、多种所有制经济共同发展，确保了经济的稳定和发展；按劳分配为主体、多种分配方式并存，既体现了公平，又鼓励了效率；社会主义市场经济体制结合了政府宏观调控和市场机制，实现了资源的有效配置和经济的快速发展。在政治制度方面，党的领导是人民当家作主和依法治国的根本保证，体现了中国特色社会主义政治制度的本质特征；人民代表大会制度确保了人民的国家主人翁地位，人民通过选举代表来行使国家权力；中国共产党领导的多党合作和政治协商制度保证了各党派和团体通过协商参与国家政治生活；民族区域自治制度保障了各民族的平等权利和自治权利，促进民族团结和社会稳定；基层群众自治制度使人民群众能够直接参与管理基层事务。由中华优秀传统文化、革命文化、社会主义文化为基本内容构建的中国特色社会主义文化，保证了中国式现代化建设的方向，并为它的发展提供了精神动力和智力支持。这些制度方面的优势在近年来应对新冠肺炎疫情、打赢脱贫攻坚战等实践中得到了充分展现，"中国之治"与"西方之乱"形成鲜明对比。它们为人们继续进行伟大斗争提供了制度保障。

其四，有强大的物质基础支撑。2024 年，中国国内生产总值为 18.94 万亿美元，居世界第二 14 年，超过位居第三、四、五、六的德国、日本、印度、英国四国的总和。粮食产量突破 1.4 万亿斤，新能源的开发利用取得重大突破，粮食、能源安全有了充分保障。高速铁路网、高速公路网世界第一。全社会研发经费支出、研发人员总量均居世界第二位。集成电路、人工智能、量子通信等领域取得新成果。嫦娥六号完成首次月背采样；世界上唯一一艘具备 11000 米超深水钻探能力的大洋钻探船"梦想"号探秘大洋；世界级"桥、岛、隧、水下互通"跨海集群工程"深中通道"通车试运营；中国第五个南极科考站"秦岭站"开站等，彰显了中国科技实力。回顾中国共产党的历史，党领导中国人民在物质基础极其匮乏的情况下，取得各种斗争的胜利，在今天新的历史条件下，必将取得新的伟大斗争的胜利。

参考文献资料

1.《马克思恩格斯选集》第 1—4 卷，人民出版社 2012 年版。

2.《列宁选集》第 1—4 卷，人民出版社 2012 年版。

3.《毛泽东选集》第 1—4 卷，人民出版社 1991 年版。

4.《毛泽东文集》第 1—8 卷，人民出版社 1993—1999 年版。

5.《建国以来毛泽东文稿》第 1—13 册，中央文献出版社 1987—1998 年版。

6.《刘少奇选集》上、下卷，人民出版社 1981、1985 年版。

7.《刘少奇论党的建设》，中央文献出版社 1991 年版。

8.《邓小平文选》第 1—3 卷，人民出版社 1993—1994 年版。

9.《江泽民文选》第 1—3 卷，人民出版社 2006 年版。

10.《胡锦涛文选》第 1—3 卷，人民出版社 2016 年版。

11.《习近平著作选读》第 1、2 卷，人民出版社 2023 年版。

12.《习近平谈治国理政》第 1、2、3、4 卷，外文出版社 2017—2022 年版。

13.《习近平外交演讲集》第 1、2 卷，中央文献出版社 2022 年版。

14. 习近平:《论坚持推动构建人类命运共同体》，中央文献出版社 2018 年版。

15. 习近平:《论坚持全面深化改革》，中央文献出版社 2018 年版。

16. 习近平:《论坚持党对一切工作的领导》，中央文献出版社 2019 年版。

17. 习近平:《论党的宣传思想工作》，中央文献出版社 2020 年版。

18. 习近平:《论坚持全面依法治国》，中央文献出版社 2020 年版。

19. 习近平:《论中国共产党历史》，中央文献出版社 2021 年版。

20. 习近平:《论党的自我革命》，中央文献出版社、党建读物出版社 2023 年版。

21.《习近平关于严明党的纪律和规矩论述摘编》，中央文献出版社、中国方正出版社 2016 年版。

22.《习近平关于全面建成小康社会论述摘编》，中央文献出版社 2016 年版。

23.《习近平关于全面从严治党论述摘编》，中央文献出版社 2016 年版。

24.《习近平关于社会主义生态文明建设论述摘编》，中央文献出版社 2017 年版。

25.《习近平关于社会主义社会建设论述摘编》，中央文献出版社 2017 年版。

26.《习近平关于社会主义文化建设论述摘编》，中央文献出版社 2017 年版。

27.《习近平关于社会主义政治建设论述摘编》，中央文献出版社 2017 年版。

28.《习近平关于社会主义经济建设论述摘编》，中央文献出版社 2017 年版。

29.《习近平关于总体国家安全观论述摘编》，中央文献出版社 2018 年版。

30.《习近平扶贫论述摘编》，中央文献出版社 2018 年版。

31.《习近平关于"不忘初心、牢记使命"论述摘编》，党建读物出版社、中央文献出版社 2019 年版。

32.《习近平关于力戒形式主义官僚主义重要论述选编》，中央文献出版社 2020 年版。

33.《习近平关于防范风险挑战、应对突发事件论述摘编》，中央文献出版社 2020 年版。

34.《习近平关于统筹疫情防控和经济社会发展重要论述选编》，中央文献出版社 2020 年版。

35.《习近平关于全面从严治党论述摘编（2021 年版）》，中央文献出版社 2021 年版。

36.《习近平关于依规治党论述摘编》，中央文献出版社 2022 年版。

37.《习近平新时代中国特色社会主义思想专题摘编》，中央文献出版社、党建读物出版社 2023 年版。

38.《建党以来重要文献选编（1921—1949）》第 1—26 册，中央文献出版社 2011 年版。

39.《中共中央文件选集（1949.10—1966.5）》第 1—50 册，人民出版社 2013 年版。

40.《三中全会以来重要文献选编》上、下，人民出版社 1982 年版。

41.《十二大以来重要文献选编》上、中、下，人民出版社 1986、1986、1988 年版。

42.《十三大以来重要文献选编》上、中、下，人民出版社 1991、1991、1993 年版。

43.《十四大以来重要文献选编》上、中、下，人民出版社 1996、1997、1999 年版。

44.《十五大以来重要文献选编》上、中、下，人民出版社 2000、2001、2003 年版。

45.《十六大以来重要文献选编》上、中、下，中央文献出版社 2005、2006、2008 年版。

46.《十七大以来重要文献选编》上、中、下，中央文献出版社

2009、2011、2013 年版。

47.《十八大以来重要文献选编》上、中、下，中央文献出版社 2014、2016、2018 年版。

48.《十九大以来重要文献选编》上、中、下，中央文献出版社 2019、2021、2023 年版。

49. 国际共产主义运动史编写组：《国际共产主义运动史》，人民出版社、高等教育出版社 2012 年版。

50. 中共中央党史和文献研究院：《中国共产党的一百年》，中共党史出版社 2022 年版。

51. 本书编写组：《十八大报告辅导读本》，人民出版社 2012 年版。

52. 本书编写组：《党的十九大报告辅导读本》，人民出版社 2017 年版。

53. 本书编写组：《党的二十大报告辅导读本》，人民出版社 2022 年版。

54. 中共中央宣传部编：《习近平新时代中国特色社会主义思想学习纲要（2023 年版）》，学习出版社、人民出版社 2023 年版。

55. 本书编写组编：《习近平新时代中国特色社会主义思想概论》，高等教育出版社、人民出版社 2023 年版。

56. 金冲及主编：《毛泽东传（1893—1949）》，中央文献出版社 1996 年版。

57. 逄先知、金冲及主编：《毛泽东传（1949—1976）》上、下，中央文献出版社 1996 年版。

58. 金冲及主编：《刘少奇传》，中央文献出版社 2008 年版。

59. 杨胜群主编：《邓小平传（1904—1974）》上、下，中央文献出版社 2014 年版。

60. 齐卫平等：《"四个伟大"与新时代中国共产党的历史使命》，人民出版社 2019 年版。

61. 刘佳：《中国共产党"伟大斗争"研究》，人民出版社 2019 年版。

62. 董振华主编：《斗争》，中共中央党校出版社 2019 年版。

63. 郝永平、黄相怀：《伟大斗争与新时代共产党人的使命担当》，人民出版社 2019 年版。

64. 肖光文等：《使命担当：为实现中华民族伟大复兴而进行的伟大斗争》，中央文献出版社、中共党史出版社 2021 年版。

65. 郝永平、黄相怀：《伟大斗争：中国人民的志气骨气底气》，浙江人民出版社 2023 年版。

后　记

　　经过一年的提纲研讨、组织写作和初步修改,《新时代伟大斗争的理论与实践》的书稿基本完成了。本书写作任务分工为：导论杨德山，第一章涂宗胜、杨德山，第二章涂宗胜，第三章况子峻，第四章况子峻，第五章况子峻、郭薇，第六章涂宗胜、郭薇，结语杨德山。刘红凛教授对提纲提出了很多宝贵修改意见。杨德山通读、修改了初稿。书中肯定还有不少缺陷，欢迎指正。对刘红凛教授及博士生况子峻、涂宗胜、郭薇等同志付出的辛劳，深表感谢。

杨德山

2025 年 1 月 20 日

图书在版编目(CIP)数据

新时代伟大斗争的理论与实践 / 杨德山等著.
上海 : 上海人民出版社,2025. -- ISBN 978-7-208
-19399-4

Ⅰ. D616

中国国家版本馆 CIP 数据核字第 2025L6E330 号

责任编辑　沈骁驰
封面设计　汪　昊

新时代伟大斗争的理论与实践

杨德山　等著

出　　版　上海人民出版社
　　　　　（201101　上海市闵行区号景路 159 弄 C 座）
发　　行　上海人民出版社发行中心
印　　刷　上海商务联西印刷有限公司
开　　本　720×1000　1/16
印　　张　19.5
插　　页　2
字　　数　191,000
版　　次　2025 年 4 月第 1 版
印　　次　2025 年 4 月第 1 次印刷
ISBN 978 - 7 - 208 - 19399 - 4/D · 4471
定　　价　85.00 元